Christian Welzel
Demokratischer Elitenwandel

AF125988

Christian Welzel

Demokratischer Elitenwandel

Die Erneuerung der ostdeutschen Elite
aus demokratie-soziologischer Sicht

Springer Fachmedien Wiesbaden GmbH 1997

Der Autor:
Dr. rer. pol. Christian Welzel, wissenschaftlicher Mitarbeiter
am Wissenschaftszentrum Berlin für Sozialforschung

Gedruckt auf säurefreiem und altersbeständigem Papier.

ISBN 978-3-663-09588-0   ISBN 978-3-663-09587-3 (eBook)
DOI 10.1007/978-3-663-09587-3

© 1997 Springer Fachmedien Wiesbaden
Ursprünglich erschienen bei Leske + Budrich, Opladen 1997

Das Werk einschließlich aller seiner Teile ist urheberrechtlich geschützt. Jede Verwertung
außerhalb der engen Grenzen des Urheberrechtsgesetzes ist ohne Zustimmung des Verlages
unzulässig und strafbar. Das gilt insbesondere für Vervielfältigungen, Übersetzungen, Mi-
kroverfilmungen und die Einspeicherung und Verarbeitung in elektronischen Systemen.

Vorwort

Die vorliegende Studie ist die gekürzte Fassung meiner Dissertationsschrift, die an der Wirtschafts- und Sozialwissenschaftlichen Fakultät der Universität Potsdam im November 1996 angenommen wurde. Sie entstand aus der von der Deutschen Forschungsgemeinschaft finanzierten Potsdamer Elitenstudie, an der ich von der Entstehung der Projektidee bis zur Verlegung des Abschlußberichts mitwirken konnte.

Die Arbeit behandelt im Schwerpunkt die politischen Ordnungspräferenzen ehemaliger DDR-Bürger in der bundesdeutschen Elite (hinfort: Ostelite) und bezieht sie systematisch auf deren gesellschaftliche Stellung im SED-Regime zurück. Zentrale Befunde zur osteuropäischen Elitentransformation finden dabei Berücksichtigung, weil ich zumindest nicht axiomatisch von einem reinen Sonderfall der Transformation in den neuen Bundesländern ausgehe. Dies erscheint mir um so mehr berechtigt, als die hier verfolgte Fragestellung weniger institutioneller denn politisch-soziologischer Natur ist. Auf den Punkt gebracht lautet sie, ob und wie sich unter den Bedingungen des Realsozialismus genuine Trägerschichten der Demokratie entwickelt haben, aus denen sich dann ein demokratischer Elitenwandel speisen konnte.

Die Verlegung der Fragestellung ins *sozialstrukturelle Vorfeld* der Akteursbildung erscheint mir gerade im Kontext autokratischer Regimes von zentraler Bedeutung, da demokratisch orientierte Kräfte aufgrund der hier bestehenden Repressionsdrohungen über längere Zeit an der Formierung gehindert werden und erst in akuten Regimekrisen Sichtbarkeit erlangen. Dieser Ausgangspunkt impliziert eine Vernachlässigung akteurstheoretischer Ansätze, eröffnet dafür aber eine Reihe von Anknüpfungsmöglichkeiten an polit-soziologische Demokratisierungsansätze im Umfeld der Postmaterialismus- und Bewegungstheorie. Der Leser wird erkennen, daß es mir vor allem anderen um *evolutionäre Universalien* in bezug auf die sozialstrukturellen und -kulturellen Vorfeldbedingungen von Demokratisierungsprozessen geht und ich mich dabei auf die Implikationen konzentriere, die das Wachstum kognitiver Humanressourcen mit sich bringt. Der hier verfolgte Ansatz ist also in erster Linie als ein modernisierungstheoretisch inspirierter *Humankapital-Ansatz* zu kennzeichnen.

Mein Dank gilt an dieser Stelle zunächst dem Leiter der Potsdamer Elitenstudie, Wilhelm Bürklin, den ich als wissenschaftlichen Betreuer und nicht zuletzt auch als Menschen während meiner fast viereinhalbjährigen Tätigkeit als wissenschaftlicher Mitarbeiter am Lehrstuhl „Innenpolitik" sehr zu schät-

VI

zen gelernt habe. Ebenfalls zu Dank verpflichtet bin ich dem Zweitgutachter Werner Jann für wichtige inhaltliche Anregungen. Ausdrücklich erwähnen möchte ich auch meine Freunde und Kollegen Carsten Zelle und Kai-Uwe Schnapp. Beiden verdanke ich wertvolle Hinweise aus einer Reihe angeregter Diskussionen.

Mein größter und vor allem herzlichster Dank indes gebührt meiner lieben Frau Caroline. Ohne ihr Verständnis wäre es mir nicht möglich gewesen, die Dissertationsschrift in der knappen Zeit von acht Monaten seit Datenzugang abzufassen.

Berlin (WZB), im Februar 1997

Meiner lieben Tochter
Janika Michelle
gewidmet

Inhalt

Tabellenverzeichnis

Abbildungsverzeichnis

Einleitung

Es ist eine historische Binsenweisheit, daß Konflikte um die Neubesetzung gesellschaftlicher Führungspositionen ein wesentliches Ingredienz revolutionärer Umbrüche bilden. Hierzu gehört auch, daß die Profiteure von Personalumschichtungen mit den Anwürfen jener Gruppen konfrontiert werden, die für sich eine höhere Legitimität beanspruchen, aber im Zuge eines Umbruchs leer ausgehen. Derartige Auseinandersetzungen finden im Rekurs auf die Haltung der jeweiligen Konfliktgruppen zur „alten" Ordnung stets ein bevorzugtes Motiv.

Die Nach-Wende-Diskussion in den neuen Bundesländern wies in dieser Hinsicht einen besonderen Akzent auf. Hier entzündeten sich die Kontroversen an der verbreiteten Einschätzung, daß die wichtigsten Führungspositionen in Politik, Verwaltung und Wirtschaft allein durch Westdeutsche besetzt würden. Versucht man, die über die Medien publik gemachten Standpunkte zu dieser Frage zu ordnen, so lassen sich die folgenden Positionen identifizieren.

Von westdeutscher Seite wurden Personaltransfers in die neuen Bundesländer mit funktionalen Notwendigkeiten gerechtfertigt. Ostdeutsche seien mit der von Westdeutschland übernommenen Institutionenordnung unzureichend vertraut und verfügten deshalb - jedenfalls vorerst - nicht über die nötige Qualifikation, um Führungspositionen zu besetzen (vgl. Derlien 1993a: 319). Diese Argumentation läßt sich als *Funktionalitätsthese* kennzeichnen.

Aus ostdeutscher Sicht wurde der funktional begründete Führungsanspruch zum Teil sehr nachdrücklich zurückgewiesen. Nicht die funktionalen Notwendigkeiten der Institutionenübertragung, sondern westdeutsche Karriere- und Machtinteressen seien die eigentliche Triebkraft der „Westimporte". Ohne Rücksicht auf ostdeutsche Befindlichkeiten habe sich ein westdeutsches Siegerkartell in den neuen Bundesländern festgesetzt, dessen Mitglieder zudem nur aus der zweit- und drittklassigen Führungsgarnitur der alten Bundesrepublik stammten. Eine besondere Variante dieser *Kolonisierungsthese* (vgl. Dümcke/Vilmar 1995) war vor allem aus PDS-nahen Kreisen zu vernehmen. Demnach betrieben westdeutsche Elitenzirkel ganz gezielt die pauschale Verfemung früherer SED-Mitglieder, um so ihr Machtkartell gesamtdeutsch abzustützen. Ostdeutsches Führungspotential, das in der DDR herangewachsen und deshalb mit den regionalen Mentalitäten besonders vertraut sei, werde somit gezielt von Machtpositionen ferngehalten (*Ausgrenzungsthese*).

Der Ausgrenzungsthese steht wiederum eine in der ostdeutschen Bürgerbewegung beliebte Darstellung entgegen, nach der eine Vielzahl wichtiger Positionen bereits wieder in die Hände der alten DDR-Elite - namentlich der tradierten SED-, Blockparteien- und Stasi-Seilschaften - gelangt sei (FAZ, 26.11.90: 4; 11.6.91: 3; vgl. auch Derlien 1991: 67). Sie hätten sich als „Wendehälse" der westdeutschen Elite angedient und wären dafür in das Machtkartell aufgenommen worden (*Seilschaftsthese*). Das Bündnis zwischen „Westkolonisatoren" und alten „Ostseilschaften" habe schließlich jene gesellschaftlichen Gruppen, die außerhalb der Kadernomenklatur standen, um die Früchte ihrer Revolution betrogen (*Opferthese*).

Diese Positionen offenbaren Widersprüche, die sich durch argumentative Abwägungen nicht ausräumen lassen. Das liegt im Charakter einer interessegeleiteten Auseinandersetzung begründet, die naturgemäß eher normative als analytische Züge trägt. Betrachtet man etwa Integration als zu maximierendes Gut, so ergibt sich daraus die Forderung einer proportionalen Repräsentanz der ostdeutschen Bevölkerung in der Elite. Orientiert man sich zudem an legitimatorischen Normen, so wäre zu fordern, daß in der ostdeutschen Teilelite verstärkt die Gruppen vertreten sein müßten, die von den politisch zugeteilten Privilegien der DDR-Gesellschaft ausgeschlossen blieben. Mit diesen normativen Forderungen können allerdings Effektivitätserfordernisse nach qualifiziertem Führungspersonal kollidieren. Normative Argumente der individuellen Positions*legitimität* stehen somit in einem Spannungsfeld zu funktionalen Argumenten der Positions*eignung*. Unter völlig anderen historischen Rahmenbedingungen zwar, aber dennoch vergleichbar, stellte sich dieses Problem bereits in der Gründungsphase der Bundesrepublik als es um die Frage ging, wie rigide man Personen, die im nationalsozialistischen Regime Verantwortung übernommen hatten, von der Elitenrekrutierung ausschließen solle (vgl. Edinger 1960).

Abseits aller normativen Implikationen ist es indes eine empirisch zu beantwortende Frage, inwieweit die personelle Umstrukturierung der ostdeutschen Elite sich tatsächlich in den Bahnen eines Imports westdeutscher Eliten, als Re-Etablierung früherer DDR-Eliten oder als Aufstieg früherer Außenseiter vollzogen hat, beziehungsweise in welchem Mischungsverhältnis diese drei Elemente auftreten: Welche gesellschaftlichen Gruppen konnten also vom Umbruch in der DDR und der staatlichen Vereinigung Deutschlands profitieren? Gab es in der DDR-Gesellschaft ein „alternatives" Elitenreservoir, das den Umbruch zum Aufstieg in bislang verschlossene Elitepositionen zu nutzen vermochte oder blieb dies dem „externen" Elitenreservoir westdeutscher Provenienz vorbehalten? An diese zirkulationstheoretische Problematik knüpfen sich weitere, vorrangig demokratietheoretische Fragen:

1. Inwieweit rekrutiert sich die ostdeutsche Nach-Wende-Elite aus genuinen Trägerschichten der Demokratie?
2. Inwiefern haben die Bedingungen der sozialistischen Industriegesellschaft zur Entstehung dieser Trägergruppen beigetragen und dabei besondere politische Ordnungspräferenzen geprägt? Und schließlich:
3. Ergeben sich daraus veränderte Konfliktstrukturen und konstitutionelle Reformimpulse auf das politische System der Bundesrepublik Deutschland?

1. Theoretische Leitperspektive: Trägerschichten demokratischer Gegeneliten in Autokratien

1.1 *Demokratie-soziologische Problemstellung*

Den theoretisch übergeordneten Bezugspunkt der vorliegenden Untersuchung bilden die Bestimmungsfaktoren von Elitenumschichtungen, die sich im Gefolge von Regimewechseln ereignen. In Anlehnung an Putnam (1976) oder Zapf (1966) lassen sich drei Dimensionen des Elitenwandels unterscheiden:

1. die *institutionelle* Dimension der Veränderung von Positionsstrukturen, nämlich quantitativ hinsichtlich der Anzahl und qualitativ hinsichtlich der Machtausstattung, sowie der Rekrutierungsregeln von Eliten;
2. die *personelle* Dimension der Zirkulation der Positionsinhaber;
3. die *soziologische* Dimension der Verlagerung des sozialen Rekrutierungsfeldes der neuen Positionsinhaber.

Regimewechsel[1] sind per definitionem durch außergewöhnlich umfangreiche Veränderungen in der *institutionellen* Dimension gekennzeichnet. Sie führen in aller Regel auch zu starken Personalzirkulationen in der Elite. Nicht von vornherein klar ist allerdings, wie weit Regimewechsel in der *soziologischen* Dimension reichen, denn es ist keineswegs auszuschließen, daß zwar das Elitepersonal ausgetauscht wird, dabei aber die soziale Zusammensetzung der Elite unverändert bleibt (Zapf 1966: 61). Damit ist die Frage aufgeworfen, inwieweit sich mit einem Regimewechsel die soziale Rekrutierungsbasis der Eliten verlagert.

Eine Verlagerung der Rekrutierungsbasis würde die Existenz eines bislang blockierten, alternativen Elitenreservoirs voraussetzen, aus dem dann die Elitenzirkulation gespeist werden kann. Sofern die Angehörigen eines solchen Reservoirs vor dem Regimewechsel an der politischen Formierung gehindert wurden, sind sie als *blockierte* Gegeneliten oder zumindest als Gegeneliten-Reservoir zu kennzeichnen.

Im Kontext eines demokratischen Regimewechsels geht es aber nicht nur um die Verlagerung der Elitenrekrutierung schlechthin. Vielmehr geht es auch und gerade um die Frage, inwiefern das alternative Elitenreservoir sich aus sozialen Gruppen zusammensetzt, für die demokratische Orientierungen typisch sind. Diese *demokratie-soziologische Problemstellung* ist hier im

---

1   Zu den im Text unterstrichenen Begriffen findet sich jeweils eine Definition im Glossar.

Schwerpunkt zu verfolgen und gibt bereits die Untersuchungsziele vor. Im einzelnen ist zu untersuchen:

1. ob sich allgemein typische Statusmerkmale und Nutzenmotive demokratischer Gegeneliten identifizieren lassen;
2. in welchem Umfang sich ein dem generellen Status-Motiv-Muster entsprechendes Gegeneliten-Reservoir in der DDR-Gesellschaft entwickelt hat und inwieweit die politischen Ordnungsvorstellungen seiner Angehörigen durch die sozialistische Regimeherkunft geprägt sind;
3. inwieweit sich die ostdeutsche Nach-Wende-Elite aus einem solchen Gegeneliten-Reservoir rekrutiert und die für es typischen politischen Ordnungspräferenzen aufweist;
4. was dies für die gesamtdeutsche Elitenintegration und Bevölkerungsrepräsentation bedeutet.

Da wir es am Beispiel der DDR mit dem Übergang von einer <u>Autokratie</u> zu einer <u>Demokratie</u> zu tun haben, ist der allgemeinste theoretische Nenner dieser Untersuchungsziele die *Ausdifferenzierung von Trägerschichten demokratischer Gegeneliten in autokratischen Regimes*. Hieraus ergeben sich Anknüpfungsmöglichkeiten an zwei Theoriebereiche: Theorien über die Merkmale politischer Gegeneliten und Theorien über die Trägergruppen demokratischer Orientierungen. Beide Theoriebereiche verknüpfend lautet die Kernfrage also, unter welchen Bedingungen politische Gegeneliten - beziehungsweise die Angehörigen ihres Rekrutierungsreservoirs - zu demokratischen Regimepräferenzen gelangen.

1.2 Theoretische Anknüpfungsmöglichkeiten

Befragt man die sozialwissenschaftliche Forschung nach den typischen Trägergruppen politischer Gegeneliten, trifft man immer wieder auf die soziale Kategorie der „Intelligenz". Das gilt schon für die klassischen Arbeiten der politischen Revolutionssoziologie, die in der Intelligenz sowohl das Hauptrekrutierungsfeld revolutionärer Gegen- wie auch postrevolutionärer Neueliten sehen (Lasswell/Lerner/Rothwell 1952; Lasswell/Lerner 1965; Rejai 1973; Oberschall 1973; Putnam 1976; Kamrava 1992). Diese Sichtweise setzt sich bis in die neuere postsozialistische Transformationsforschung fort, beispielsweise wenn Konrad/Szelenyi (1991: 338) konstatieren, daß *„with the decline of the old elite, the only viable candidates for membership in the new elites are intellectuals"*.

Es liegt auf der Hand, daß das revolutionäre Potential der Intelligenz primär von ihrer Beziehung zur Macht und damit auch zur Elite abhängt. Man könnte also sagen, daß die Stabilität einer politischen Ordnung davon abhängt, wie das Verhältnis zwischen der Elite und der Intelligenz, als potentieller Gegenelite, gestaltet ist (vgl. Burton 1984). Dieses Verhältnis verweist auf die Beziehung zweier systemischer Allokationsfunktionen, deren Bedeutung klar wird, wenn man sich die funktionalen Charakteristika der Elite und der Intelligenz vor Augen führt. Sowohl die Elite als auch die Intelligenz bilden distinkte Statusgruppen, die sich durch bestimmte Merkmale aus der allgemeinen Bevölkerung herausheben.

Das funktionale Spezifikum der Elite ist es, kollektive Entscheidungen herbeizuführen und zu verantworten (Burton/Higley 1987). Nach dem Verständnis des politikwissenschaftlichen Positionsansatzes ist kollektive Entscheidungsmacht in modernen Gesellschaft hochgradig institutionalisiert. Das heißt, Angehörige der Elite verfügen über Entscheidungsmacht nicht aus persönlichem Recht, sondern aufgrund der Inhaberschaft offizieller Amtsfunktionen in formalen Organisationen (Hoffmann-Lange 1992). Zur Elite gehören also die Inhaber entscheidungsbefugter Ämter in den ressourcenreichsten Organisationen einer Gesellschaft. Demzufolge ist es das funktionale Spezifikum der Elite, institutionalisierte Entscheidungsrollen zu besetzen.

Demgegenüber besteht das funktionale Spezifikum der Intelligenz im Besitz überdurchschnittlicher kognitiver Kompetenzen (Lepsius 1990). Kompetenz kann, Bourdieu (1983) folgend, als „kulturelles Kapital" verstanden werden, das durch Bildungsabschlüsse dokumentiert wird. Die höchsten Bildungsabschlüsse sind Universitätsdiplome. Akademiker verfügen demnach über das reichhaltigste kulturelle Kapital. Im Interesse einer empirisch möglichst faßbaren Definition ist es daher gerechtfertigt, die Intelligenz mit den Akademikern gleichzusetzen. Mit dieser Definition erfaßt man zunächst einmal nur die Bildungs- und Qualifikationskomponente des kulturellen Kapitals. Darüber hinaus umfaßt sie aber auch jene Komponenten des kulturellen Kapitals, die *empirische Korrelate der akademischen Bildung* darstellen. Dabei handelt es sich um von den fachspezifischen Qualifikationen abstrahierende und somit generelle geistige Befähigungen, die über die akademische Bildungssozialisation vermittelt werden (Lipset 1991). Dazu gehören insbesondere kommunikative und analytische Fähigkeiten. Sie weisen ein hohes politisches Verwertungspotential auf, da sie die Kreation und Verbreitung politischer Deutungsmuster, sog. *frames*, ermöglichen (vgl. Benford/Snow 1988).

Natürlich ist die Intelligenz in sich vielfältig differenziert und bildet als solche noch keinen kollektiven Akteur mit einheitlicher Interessenlage (Lipset

1991). Gleichwohl verfügt sie als funktionales Spezifikum über einen *komparativen Kompetenzvorsprung*, der sie in statistisch signifikanter Weise aus der allgemeinen Bevölkerung heraushebt und in besonderem Maße zur Formierung von Gegeneliten befähigt.

In Anbetracht ihrer jeweiligen Statusspezifika läßt sich nunmehr konstatieren, daß Elite und Intelligenz die Trägergruppen zweier unterschiedlicher gesellschaftlicher Allokationsfunktionen bilden, nämlich die Elite die Trägerguppe der *Machtallokation* und die Intelligenz die Trägergruppe der *Kompetenzallokation*. Die Beziehung zwischen Elite und Intelligenz thematisiert deshalb das Verhältnis beider Allokationsfunktionen. Es läßt sich *strukturell* als *Grad der Entsprechung zwischen Machtverteilung und Kompetenzverteilung* oder *prozessual* als *Grad der Kopplung zwischen Machtallokation und Kompetenzallokation* in einer Gesellschaft beschreiben. Das Ausmaß, in dem eine Entkopplung zwischen beiden Allokationsfunktionen auftritt, richtet sich nach zwei Bedingungen:

1. wie rigide die Intelligenz von der Elitenrekrutierung ausgeschlossen ist;
2. wie steil das Machtgefälle zwischen Elite und nicht-elitärer Intelligenz ist.

Der erste Aspekt verweist auf die Plazierungschancen der Intelligenz in der gesellschaftlichen Positionshierarchie. Der zweite Aspekt bezieht sich auf das Machtgefälle entlang der Positionshierarchie. Das Machtgefälle ist um so steiler, je umfassender die Entscheidungsrollen der Eliten zugeschnitten sind, denn hiermit korrespondiert ein entsprechend geringer Selbst- und Mitbestimmungsspielraum für Nicht-Eliten. Sowohl die Plazierungschancen als auch das Machtgefälle in der Positionshierarchie hängen eng mit der politischen Regimestruktur zusammen. So zeichnen sich autokratische Regimes dadurch aus, daß sie den Eliten sehr umfassende Entscheidungsmöglichkeiten zuteilen. Das ermöglicht es den Eliten, bestimmte gesellschaftliche Gruppen von der Elitenrekrutierung auszuschließen. Unter diesen Umständen ist es für die tradierten Eliten naheliegend, diese Möglichkeit auch zu nutzen, beispielsweise indem sie sich gegenüber der nachwachsenden Intelligenzschicht abschotten und sie auf Positionen verweisen, in denen sie in ihren Selbst- und Mitbestimmungsmöglichkeiten stark eingeschränkt ist. Langfristig ist deshalb eine Entkopplung zwischen Macht- und Kompetenzverteilung um so wahrscheinlicher, je autokratischer ein Regime strukturiert ist.

Eine Entkopplung von Macht- und Kompetenzverteilung auf der Systemebene kann bis hinunter auf die Individualebene aufgeschlüsselt werden. Dort stellt sie sich dem einzelnen Intelligenzangehörigen als Inkonsistenz zwischen seinem Kompetenz- und seinem Machtstatus dar. In der Theorie der Statusinkonsistenz (Lenski 1966; Geschwender 1968; Putnam 1976) bildet eine solche individuelle Situation das Hauptmotiv politischer Reformwünsche und damit auch für oppositionelles Handeln. In ähnlicher Weise macht die Deprivationstheorie mentale Dispositionen für oppositionelles Handeln an gesellschaftlichen Statusnachteilen fest (klassisch vgl. Gurr 1970). Sicherlich sollte man nicht *deterministisch* von objektiven Statusnachteilen auf subjektive Einstellungen oder gar auf Verhalten schließen. Theoretisch ist aber die Annahme gerechtfertigt, daß durch gemeinsame Deprivationsbedingungen ausgewiesene Statusgruppen typische Prägungen im Sinne statistisch signifikanter Einstellungen und Handlungsdispositionen aufweisen. Insofern darf also ein zumindest *probabilistischer Status-Motiv-Zusammenhang* vermutet werden, der freilich empirischen Prüfungen offenstehen muß.

Aus dem dispositiven Charakter politischer Reform- und Oppositionsmotive ergibt sich die wichtige Einschränkung, daß sie erst in dem Moment zu einem Politikum avancieren, wenn sie öffentlich artikuliert werden. Das ist kein selbstverständlicher Vorgang, weil dazu bestimmte Barrieren der Vergesellschaftung von Deprivationserfahrungen überwunden werden müssen (Kaase 1976). Das sind insbesondere Barrieren in kommunikativer und organisatorischer Hinsicht. Gerade diese Barrieren sind in Autokratien sehr hoch angesiedelt, weil dort die Wahrnehmung von *voice*-Optionen mit willkürlichen Repressalien bedroht ist (zur Unterscheidung von *voice, exit* und *loyalty* vgl. Hirschman 1974). Angesichts der Repressionsdrohungen ist es für veränderungswillige Personen rational, ihre *voice*-Neigungen zu unterdrücken und sich zumindest nach außen hin als loyal zu gerieren. Für Personen, die hinsichtlich ihrer inneren Einstellung eigentlich politische *dissenters* sind, ist „Präferenzunterdrückung" darum der Regelzustand in autokratischen Regimes (Kuran 1991; vgl. auch Havel 1980; Abraham/Prosch 1991). Unter diesen Umständen bedarf es mächtiger zusätzlicher Anreize, um den Zustand der Präferenzunterdrückung aufzubrechen. Solche Anreize sind an aufkeimende Zweifel an der Handlungsfähigkeit der Eliten gebunden. Auf diese Weise entstehen *experimentelle Ausnahmesituationen* (Welzel 1995), in denen es für die *dissenters* lohnend erscheint, ihre eigene Stärke zu testen und die Widerstandskraft der Eliten auf die Probe zu stellen. Erst in einer experimentellen Ausnahmesituation wird das oppositionelle Potential einer Autokratie offensichtlich.[2] Es kann so umfassend sein, daß es eine „spontane Revolution" zu entfachen vermag (Opp 1991; vgl. auch Brocket 1993). Eine solche Revolution ist allerdings nur dann erfolgreich, wenn, wie in der DDR und der CSSR 1989, auch die Subeliten von der Elite abrücken und damit deren Gegenmaß-

---

2   Zum Beispiel 1953 in der DDR, 1956 in Ungarn, 1968 in der CSSR und 1980 in Polen. Schon damals war vom „Aufstand der Intellektuellen" (Kersten 1957) oder der „Revolte des Intellekts" (Acse/Meray 1961) die Rede.

nahmen unterlaufen. Das willentliche Abfallen der Subelite[3], das eigentlich nur aus einem bereits erodierten Legitimitätsglauben erklärlich ist, war eine wesentliche Voraussetzung für die „Implosion" des Herrschaftsapparats in der DDR (Friedheim 1993).

Vor diesem Hintergrund wäre es verfehlt, aus den geringfügigen oppositionellen Aktivitäten im Alltag eines autokratischen Regimes auf ein ebenso geringfügiges regime-oppositionelles Potential zu schließen. Für Rückschlüsse dieser Art sollte man stattdessen den Umfang von Statusgruppen ermitteln, aus denen sich aktive Gegeneliten in experimentellen Ausnahmesituationen erfahrungsgemäß rekrutieren. In Ermangelung von Umfragedaten lassen sich diese *blockierten Gegeneliten* nur anhand der beschriebenen Merkmale von Statusinkonsistenz identifizieren. Im Prinzip ist also auf jene Teile der Intelligenz zu achten, die Positionen beziehen, in denen sie in ihren Selbst- und Mitbestimmungsmöglichkeiten besonders eingeschränkt sind. Angewendet auf das ostdeutsche Fallbeispiel mündet diese Untersuchungsperspektive in die Erwartung, daß vor allem statusbenachteiligte Angehörige der DDR-Intelligenz in der Wende politisch aktiv geworden sind und dadurch verstärkt in die neue ostdeutsche Elite aufzusteigen vermochten.

Woher aber soll man wissen, unter welchen Bedingungen sich die statusinkonsistente Intelligenz ausgerechnet an demokratischen und keinen anderen Regimezielen orientiert? Gibt es etwa *spezifische Formen* der Statusinkonsistenz, die für demokratische Gegeneliten besonders typisch sind? Hinweise auf eine Beantwortung dieser Frage liefern Theorien, die die *new class* oder neue Dienstklasse als Hauptträger demokratischer Reforminitiativen innerhalb der Formation der (nach)industriellen Gesellschaft betrachten (vgl. Gouldner 1980; Touraine 1983; Kitschelt 1985; Weßels 1991).

So ließ sich mehrfach nachweisen, daß Angehörige der neuen Dienstklasse in überdurchschnittlichem Maße demokratische Wertorientierungen aufweisen - sei es in Form „liberaler" (Brint 1984; Lamont 1987) oder „postmaterialistischer" Grundeinstellungen (Herz 1990; Scarbrough 1995) - und dabei ein Hauptrekrutierungsfeld basisdemokratischer Reformbewegungen bilden, wie sie insbesondere in Gestalt *neuer sozialer Bewegungen* in Erscheinung treten (Kriesi 1987). Zwar zählt eine hohe formale Bildung, und damit wiederum der Intelligenzstatus, zu den Kernmerkmalen der neuen Dienstklasse; darüber hinaus ist sie jedoch durch zusätzliche Merkmale definiert, die möglicherweise erst für ihre demokratische Grundhaltung verantwortlich zeichnen. Zu diesen zusätzlichen Merkmalen gehört zunächst eine Beschäftigung als „Wissensspezialist" (sog. *professionals*, Professionen oder

---

3   Genau das ist in der Volksrepublik China 1989 nicht geschehen, wodurch die gewaltsame Unterdrückung der Proteste auf dem „Platz des Himmlischen Friedens" ermöglicht wurde.

Professionelle) in den produktionsfernen, kulturell und humanitär ausgerichteten Dienstleistungsbereichen, in denen nicht kommerzielle Zwecke, sondern
die Produktion von Kollektivgütern im Vordergrund steht. Angehörige der
neuen Dienstklasse sind darum überwiegend im öffentlichen und quasi-
öffentlichen, sog. „dritten", Sektor beschäftigt.

Da sich die Rationalitätskriterien dieses Sektors in hohem Maße an
Aspekten des Gemeinwohls ausrichten, wird angenommen, daß die sektorspe-
zifische Sozialisation eine humanitär-emanzipatorische, auf die umfassende
Entfaltung individueller Selbst- und Mitbestimmungsmöglichkeiten abzielen-
de Orientierung stifte, die somit wesentliche Elemente eines basisdemokratischen Politikverständnisses in sich vereine. Verstärkt werde dieser Sozialisa-
tionseffekt durch „kumulative Trends" (Brint 1984), das heißt durch das
Wachstum der neuen Dienstklasse. Die zunehmende Größe sowie die hier-
durch erreichte Milieuabstützung der neuen Dienstklasse bewirke einen
Selbstverstärkereffekt zugunsten der typisch basisdemokratischen Politikori-
entierung. Das sei insbesondere an der generational aufsteigenden Verankerung dieser Orientierung zu erkennen (Weßels 1991).

Protest- und Reformneigungen fördernde Statusinkonsistenzen kennzeichnen die neue Dienstklasse insofern, als ihre Angehörigen eine überlegene
Deutungskompetenz in politisch-kulturellen Fragen beanspruchen, diese aber
in einer Gesellschaftsformation, die nach wie vor durch andere - nämlich
vorwiegend kommerzielle - Rationalitätskriterien dominiert wird, nur bedingt
zur Geltung bringen können (Gouldner 1980). Dies ist nun in der Tat eine
spezifische Form der Statusinkonsistenz, nämlich keine, die auf ökonomischer
Deprivation und gesellschaftlichen Plazierungsblockaden gründet, sondern
eine solche, die politich-kultureller Natur ist (Touraine 1983). Scheinbar ist
es diese spezifische Form der Statusinkonsistenz, die bewirkt, daß Angehörige der Intelligenz sich grundsätzlich gegen Machtkonzentrationen wenden
und basisdemokratische Orientierungen entwickeln. In westlichen Gesellschaften hatten diese Tendenzen die Ausdifferenzierung einer neuen Konfliktlinie zur Folge, die zwischen dem herrschenden, auf die legitime Autorität
der Eliten fixierten Demokratieverständnis und dem an einer aktiven Bürger-
rolle orientierten Verständnis von Basisdemokratie verläuft (Kitschelt 1985).
Die Mobilisierung der basisdemokratischen Front über neue soziale Reform-
und Protestbewegungen hat in den westlichen Gesellschaften zwar keine fun-
damental regime-oppositionellen Implikationen, stellt aber durchaus eine
Herausforderung des herrschenden elitezentrierten Demokratieverständnisses
dar (vgl. Dalton/Kuechler 1990) und hat insofern typisch gegen-elitären Charakter (Roth 1991).

Die Theorie der neuen Dienstklasse ist keineswegs auf bestimmte politische Regimetypen begrenzt, sondern verweist, wie schon die Konvergenztheorie (vgl. Galbraith 1968), auf generelle Modernisierungsprozesse, und zwar insbesondere die Bildungsexpansion sowie die zunehmende Tertiärisierung und Professionalisierung, die in relativer Unabhängigkeit von der jeweiligen Gesellschaftsordnung voranschreiten können. In ihrer Kombination laufen diese Modernisierungsprozesse auf eine immer breitere Allokation kognitiver Kompetenzen, auch und gerade in politisch-kulturellen Fragen, hinaus. Das aus der „kognitiven Mobilisierung" (Inglehart 1990) resultierende Bedürfnis nach Selbst- und Mitbestimmung hat im Kontext westlicher Gesellschaften sehr viel eher institutionell-reformerische als revolutionäre Implikationen. Dagegen birgt das Aufkommen stärkerer politischer Selbst- und Mitbestimmungsbedürfnisse in einem autokratischen Regimekontext ein revolutionäres Sprengpotential, weil die Berücksichtigung solcher Bedürfnisse letztlich an die Beseitigung der autokratischen Ordnung gebunden ist (vgl. Joppke 1994).

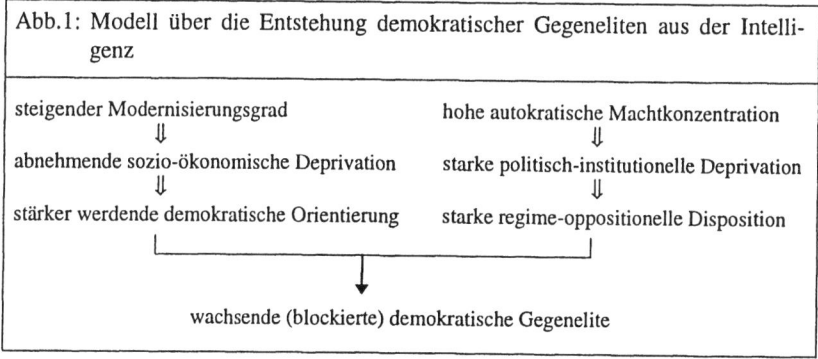

Abb.1: Modell über die Entstehung demokratischer Gegeneliten aus der Intelligenz

Kombiniert man die Überlegungen der Deprivations- und der *new class*-Theorie, so läßt sich - zunächst noch tentativ und idealtypisch - aus der Verbindung von Modernisierungsgrad und Regimestruktur die gesuchte Konfiguration der Intelligenz, nämlich starke regime-oppositionelle Neigung bei zugleich starker Demokratieorientierung, bestimmen (vgl. Abb. 1): Je höher der Modernisierungsgrad einer Gesellschaft ist, desto besser sollte es der Intelligenz gelingen, sich in der neuen Dienstklasse sozial und ökonomisch zu etablieren, das heißt desto geringer sollte die sozio-ökonomische Deprivation der Intelligenz ausfallen. Dies wiederum sollte die Ausprägung demokratischer Orientierungen fördern. Je stärker andererseits ein politisches Regime autokratisch aufgebaut ist, desto stärker fällt die politisch-institutionelle Deprivation der Intelligenz aus, was entsprechend starke regime-oppositionelle

Neigungen befördern dürfte. Die Verbindung von demokratischer Orientierung und regime-oppositioneller Neigung, die definitionsgemäß eine *demokratische* Gegenelite kennzeichnet, ergibt sich demnach aus dem Zusammenspiel von autokratischen Machtstrukturen und Modernisierungsprozessen, das heißt, aus einer bestimmten Struktur von Institutionen und einer spezifischen Form sozialen Wandels.

Zwar haben die restriktiven Bedingungen der sozialistischen Autokratien das vermutete Gegeneliten-Reservoir nachhaltig an einer umfassenden politischen Formierung gehindert (Stichwort: blockierte Gegeneliten). Doch heißt das keineswegs, daß deren mutmaßliche Trägerschicht - namentlich die neue Dienstklasse - nicht entstanden wäre. Vielmehr wird noch zu zeigen sein, daß die Prozesse der Bildungsexpansion und der Tertiärisierung auch in sozialistischen Industriegesellschaften das Wachstum dieser Schicht zur Folge hatten. Außerdem haben selbst die restriktiven Bedingungen nicht verhindern können, daß sich Netzwerke demokratischer Gegeneliten bereits vor dem Epochenjahr 1989 gebildet haben: in Polen aus der intellektuellen Keimzelle des 1976 gegründeten KOR[4] (Kennedy 1991); in der CSSR aus der Charta 77 (Horsky 1991); in Ungarn und der DDR aus einem vergleichbaren Milieu alternativer Gruppen (Knabe 1987; Szabo 1991). Es liegt also im Bereich des Möglichen, daß sich die Elitenrekrutierung mit dem Regimewechsel - wenn schon nicht auf die Gegenelite selbst, so doch wenigstens auf ihre Muttergruppen - verlagert hat. In diesem Falle wäre in der Tat ein Elitenwandel auch in der *sozialen* Dimension zu konstatieren.

Unter dieser demokratie-soziologischen Untersuchungsperspektive ergeben sich eine Reihe fallspezifischer Fragestellungen an den ostdeutschen Elitenwandel. Diese Fragen können nunmehr im Lichte der bisherigen Forschungsergebnisse diskutiert werden.

---

4   „Komitet Obrony Robotnikow" (Komitee zur Verteidigung der Arbeit).

2. Fallspezifische Fragestellungen und Stand der Forschung

2.1 *Extern oder intern gespeiste Elitenzirkulation in den neuen Bundesländern?*

Übertragen auf den ostdeutschen Transformationsprozeß ist aus den vorangegangenen Überlegungen die These abzuleiten, daß Angehörige der ökonomisch etablierten, aber institutionell in ihren Entfaltungsmöglichkeiten beschnittenen DDR-Intelligenz die Hauptträgerschicht des demokratischen Umbruchs waren und deshalb die „alte" Kaderelite aus ihren Positionen zu verdrängen vermochten. Ohne Kenntnis von Daten mag gegen diese These zunächst einmal der Einwand nahe liegen, daß sich die Frage nach einer *innerostdeutschen* Elitenzirkulation gar nicht stelle, weil die Sonderbedingung der Wiedervereinigung dazu geführt habe, daß der Austausch der DDR-Elite fast ausschließlich aus *westdeutschen* Personaltransfers gespeist wurde. Angesichts dieses naheliegenden Einwandes ist es an dieser Stelle angebracht, etwas näher auf die rekrutierungsspezifischen Implikationen der Wiedervereinigung einzugehen.

Für ehemalige DDR-Bürger führte die Wiedervereinigung in der Tat zu Beeinträchtigungen ihrer Plazierungschancen in der Elite - zumindest wenn man das Szenario eines demokratischen Regimewechsels ohne Wiedervereinigung vor Augen hat. Zum ersten nämlich sind mit der Auflösung der DDR auch deren Elitepositionen verschwunden, ohne daß dieser Verlust durch entsprechende Vakanzen im nunmehr gesamtdeutschen Institutionengefüge kompensiert wurde.[5] Zweitens stand für die Besetzung vakanter Elitepositionen ein „externes Rekrutierungsreservoir" (Derlien 1993b) westdeutscher Provenienz zur Verfügung. Westdeutsche Positionsaspiranten verfügten im Gegensatz zu ehemaligen DDR-Bürgern über ungleich reichhaltigere Erfahrungen mit den bundesdeutschen Institutionen. Das könnte ihnen entscheidende Plazierungsvorteile in der Elite, selbst in den neuen Bundesländern, verschafft haben.

In Anbetracht dieser Umstände haben eine Reihe von Autoren eine generelle Entwertung der in der DDR erworbenen Kompetenzen konstatiert (Derlien 1993a: 319; Lepsius 1993). Nach dieser Argumentation wurde die Elitenzirkulation in den neuen Bundesländern primär aus dem externen Reservoir westdeutscher Sub- und Exeliten gespeist.

---

5   Mehr hierzu in Teil C, S. 98 f.

Allerdings ließ sich diese „Kolonisierungsthese" bislang nur teilweise bestätigen. Belege für ihre Gültigkeit wurden am Beispiel der Ministerialverwaltung, der Justiz sowie der Polizeiführung und der Landesverfassungsschutzämter in den neuen Bundesländern erbracht (vgl. König 1993; Baylis 1994a; Derlien 1997). In Konkretion des „Gesetzes der zunehmenden Disproportionalität" hat Derlien (1993a: 328) in diesem Zusammenhang die Regel formuliert, daß „*the higher the position, the larger the proportion of West German imports*". So kamen 1990 alle und 1994 fast alle Staatssekretäre in den ostdeutschen Ministerialverwaltungen aus den alten Bundesländern (Derlien 1997). Von den Abteilungs- und Referatsleitern waren es immerhin noch 40 Prozent (Glaeßner 1995) und unter den kommunalen Verwaltungseliten der Oberbürgermeister und Dezernenten nur noch 5 Prozent (Cusack 1996). Was die Verwaltung angeht, sind freilich Schwerpunkte der Westimporte in den Justiz-, Finanz- und Wirtschaftsressorts zu verzeichnen. In eher technischen Ressorts, wie Landwirtschaft und Umwelt, dominieren dagegen ostdeutsche Ministerialbeamte auch auf den höheren Ebenen (Linde 1991).

Etwas anders stellt sich das Bild im Wirtschaftssektor dar. Nach dem 1993 in allen Treuhandunternehmen durchgeführten Management-Audit des Deutschen Instituts für Wirtschaftsforschung kamen nur 1,4 Prozent der Geschäftsführer aus Westdeutschland (Pohlmann/Schmidt: 236-237). Eine Stichprobenuntersuchung bereits privatisierter und noch treuhandverwalteter ostdeutscher Unternehmen aus dem Jahr 1993 kommt zu dem vergleichbaren Ergebnis, daß nur 5 Prozent der Manager westdeutsche Importkräfte seien (Glotz/Ladensack 1995: 261). Die Autoren begründen die starke Dominanz ostdeutscher Führungskräfte mit deren „*unverzichtbare[r] Betriebs- und Leitungserfahrung*" (ebda.: 262). Sie konzedieren indes, daß auf der höchsten betrieblichen Führungsebene der Anteil westdeutscher Führungskräfte bei ca. 55 Prozent liegt (ebda.: 264).

Über den Unternehmensbereich hinausgehend untersuchte Lock (1995) den Bereich der Wirtschaftsverbände und Kammern. Demnach befand sich 1993/94 unter den fünf Landespräsidenten und Hauptgeschäftsführern der Arbeitgeberverbände in den neuen Bundesländern jeweils nur ein Westdeutscher. Auch unter den vierzehn Präsidenten und Hauptgeschäftsführern der ostdeutschen Industrie- und Handelskammern war im November 1994 nur jeweils ein Westdeutscher anzutreffen (Lock 1995: 50). Berücksichtigt man, daß es sich hier um Bereiche mit interessenvermittelnder Funktion handelt, macht es den Anschein, als steige der Anteil ostdeutscher Führungskräfte mit der Politiknähe eines Sektors. Letzteres wird bei Betrachtung der ostdeutschen Landesparlamentarier noch deutlicher, denn unter den von Derlien/Lock (1994) untersuchten 509 Abgeordneten der neuen ostdeutschen

Landtage befanden sich in der ersten Legislaturperiode lediglich 12 Westdeutsche.

Weniger gut untersucht ist der Mediensektor. Vieles deutet aber darauf hin, daß im Bereich der Printmedien ein geringer und im Bereich der Funk- und Fernsehmedien ein starker Import von Westeliten erfolgte (Spilker 1995 zitiert nach Derlien 1997). Wie es scheint, sind dafür institutionelle Variationen der Transformation verantwortlich: Blieben die führenden ostdeutschen Zeitungen auch bei westdeutscher Verlagsübernahme als solche bestehen, so wurde der Organisationsbestand des ostdeutschen Rundfunk- und Fernsehwesens praktisch vollständig abgewickelt. Ähnlich wie in einigen Unternehmens- und Verbandsbereichen, wo die Transformation als Zweigniederlassungsgründung westdeutscher Institutionen ablief (Filialisierung), erweiterte dies den Spielraum für Westimporte.

Zusammenfassend können diese Befunde die Kolonisierungsthese zumindest nicht pauschal bestätigen. Sie sprechen vielmehr dafür, daß die komparativen Plazierungschancen der Ostdeutschen starken sektoralen Variationen unterliegen. Die Logik der sektoralen Varianzen ist offenkundig auf die funktionale Spezifik der einzelnen Sektoren zurückzuführen. Allem Anschein nach verläuft hier eine Trennlinie zwischen Sektoren mit technokratischer und solchen mit intermediärer Funktion. Technokratische Sektoren, wie die Verwaltung, die Justiz und die Wirtschaft, zeichnen sich durch sachspezifische Funktionen aus (zum Begriff der Technokratie siehe unter „Fachsektoren" im Glossar). Eliten gelangen hier über relativ stark standardisierte Laufbahnen in ihre Position. Sie sind in der Regel *Spezialisten*, die über spezifische Fachqualifikationen verfügen, die man bis zur Wende nur im westdeutschen Bildungssystem erwerben konnte. Somit erweisen sich entsprechende DDR-Abschlüsse als Fehlqualifikationen, die den Aufstieg in Elitepositionen verhindern. Die intermediären Sektoren (Politik im engeren Sinne, Medien) zeichnen sich dagegen durch eine generell interessenvermittelnde Funktion aus. Das Anforderungsprofil an die Eliten entspricht hier weniger dem Typus des Spezialisten als dem des *Generalisten*. Es gibt daher keine Ausschlußkriterien für bestimmte Fachqualifikationen. Ostdeutsche haben hier deshalb bessere Chancen, sich in der Elite zu plazieren. Für die neuen Bundesländer gilt obendrein, daß Ostdeutsche ihre geringere Vertrautheit mit den aus Westdeutschland übernommenen Institutionen durch ihre größere Vertrautheit mit der regionalen Kultur ausgleichen können. Gerade im politischen Sektor ist dieses Kriterium von herausragender Bedeutung, weil die Eliten hier durch Wahlen rekrutiert werden. Ihr Plazierungserfolg hängt somit von der Glaubwürdigkeit ab, die ihren Repräsentationsangeboten in der jeweiligen Wählerbasis entgegengebracht wird.

Diese Schlußfolgerungen stehen freilich auf unsicheren Füßen, weil sie aus einem Sammelsurium von Studien gezogen wurden, die mit unterschiedlichen Konzepten und zu verschiedenen Zeitpunkten die Problematik der Elitenzirkulation aufgegriffen haben. Was bislang vor allem fehlte, ist eine sektorübergreifende und nach vergleichbaren Kriterien angelegte Studie. Mit der Potsdamer Elitenstudie von 1995 war beabsichtigt, dieses Manko zu beheben (Beschreibung der Studie in C/I/1). Auf der Grundlage dieser Studie soll daher in Teil C zunächst die sektorale Struktur von Westimporten und innerostdeutscher Zirkulation untersucht werden. Mit der Aufdeckung dieser Struktur sind die Untersuchungsziele indes noch nicht erschöpft, denn aus der demokratie-soziologischen Theorieperspektive richten sich eine Reihe weiterer Fragen an die ostinterne Zirkulation als solcher.

2.2 Reproduktion oder Verlagerung der Elitenrekrutierung nach der Wende?

Ein vom Umfang westdeutscher Personaltransfers unabhängiges Forschungsproblem besteht in der sozialen und positionellen Herkunft der ostdeutschen Elitenangehörigen.[6] Aus demokratie-soziologischer Perspektive stellt sich die Frage, inwieweit die ostdeutsche Elite aus den für demokratische Gegeneliten typischen Rekrutierungsgruppen stammt. Soweit das der Fall sein sollte, ist gegenüber der DDR-Elite von einer sozialen Verlagerung der Rekrutierungsbasis zu sprechen (Transitionsthese). Die alternative Möglichkeit besteht darin, daß in der Ostelite die Statusgruppen dominieren, die schon in der DDR komparative Plazierungsvorteile hatten. Das käme einer Reproduktion der elitären Rekrutierungsbasis gleich (Reproduktionsthese). Welche der beiden Thesen empirische Bestätigung findet, ist eine Frage, die sich für die ostdeutsche Elite mit den gleichen transformationstheoretischen Implikationen stellt wie für andere postsozialistische Gesellschaften. Ein Blick auf die Elitentransformation in den osteuropäischen Ländern eignet sich somit durchaus als Vergleichsfolie.

2.2.1 Befunde der Osteuropaforschung

In der osteuropäischen Transformationsforschung finden sich Belege für beide Thesen, wenngleich die Mehrzahl der Analysen die Reproduktionsthese

---

6   Wenn hier und im folgenden von „ostdeutschen Eliten" oder der „Ostelite" die Rede ist, dann sind damit nicht die Eliten in den neuen Bundesländern gemeint, sondern die ehemaligen DDR-Bürger innerhalb der bundesdeutschen Elite. Es geht also um Ostdeutsche nach *Herkunft* und nicht nach Tätigkeitsort.

favorisiert (z.B. Hankiss 1991; Staniszkis 1991; Mink/Szurek 1992). Die Reproduktionsthese stützt sich insbesondere auf die Theorie sozialer Kapitalformen, worunter verschiedene Ressourcen zu verstehen sind, deren Verfügbarkeit die komparativen Aufstiegschancen eines Individuums bestimmt (Bourdieu 1983). Dabei unterscheiden die meisten Autoren zwischen ökonomischem Kapital (Kapital im eigentlichen Sinn), politischem Kapital (amtsgebundene Privilegien) und kulturellem Kapital (Bildung, Qualifikation).

Ein wesentlicher Ausgangspunkt der Reproduktionsthese besteht in der Auffassung, daß die Eliten sozialistischer Gesellschaften in erster Linie durch politisches Kapital definiert seien, während der Elitestatus in kapitalistischen Gesellschaften stärker auf ökonomischem Kapital beruhe (Andorka 1993). Bei einem Wechsel vom sozialistischen zum kapitalistischen Gesellschaftstyp käme es für die Eliten darauf an, politisches in ökonomisches Kapital zu transferieren, wenn sie ihren Status wahren wollten. In diesem Zusammenhang gewinnt eine weitere Vorannahme einen zentralen Stellenwert in der Argumentationsführung: Da die verschiedenen Kapitalsorten untereinander konvertierbar seien, behielten die bis dahin kapitalreicheren Gruppen bessere Plazierungschancen in der Neuelite, wohingegen die immer schon kapitalärmeren Gruppen auch weiterhin benachteiligt blieben. Die dadurch ermöglichte *conversion du pouvoir* vom alten ins neue Regime (Wasilewski 1994) bedinge eine Reproduktion der alten politischen Elite als neue Wirtschaftselite. Empirisch stützt sich die Reproduktionsthese insbesondere auf Arbeiten, die zeigen, daß sich ein relativ hoher Anteil früherer Leitungskader in der neuen Unternehmerschicht etablieren konnte (für die Tschechische Republik: Mateju/Rehakova 1993; für Rußland, Polen und Ungarn: Wasilewski 1994).

An der theoretischen wie empirischen Fundierung der Reproduktionsthese ist jedoch zweierlei zu kritisieren. Zum ersten fokussiert sie bei der Untersuchung der neuen Eliten zu sehr auf den Wirtschaftssektor. Sie fällt damit dem marxistischen Topos von der Hegemonie der Wirtschaft in kapitalistischen Gesellschaften anheim und unterschätzt dergestalt die autonome Stellung, die politische Eliten auch in diesen Gesellschaften einnehmen (Etzioni-Halevy 1993). Zweitens wird das selbständige Unternehmertum zu vorbehaltlos als Wirtschaftselite und demzufolge auch die Etablierung in der Unternehmerschicht zu vorschnell als erfolgreiche Konversionsstrategie bewertet. Daran ist mit Konrad/Szelenyi (1991) zurecht bemängelt worden, daß sich das in den Transformationsgesellschaften bildende Unternehmertum im wesentlichen als Kleinunternehmertum darstelle. Darüber hinaus ist zu berücksichtigen, daß Selbständige auch dann, wenn sie ein wirtschaftlich florierendes Unternehmen führen, damit nicht automatisch zur Wirtschaftselite gehören.

Sie mögen zwar ein hohes Einkommen erzielen und deshalb im soziologischen Sinne zur Oberschicht zählen; aber zur Wirtschaftselite gehören sie im strengen politikwissenschaftlichen Verständnis erst dann, wenn sie strategische Entscheidungspositionen in den umsatzstärksten Unternehmen eines Landes besetzen. Dazu müssen sie noch nicht einmal Unternehmer sein, sondern können sich als Vorstandsvorsitzende oder Geschäftsführer sehr wohl auch im Angestelltenverhältnis befinden. So gesehen wäre die Abwanderung früherer Eliten ins - zumeist kleine und mittlere - Unternehmertum eher als Verdrängungsprozeß aus öffentlichen Entscheidungspositionen denn als erfolgreiche Reproduktionsstrategie zu bewerten.

Im Unterschied zu den Arbeiten, die sich auf die Verbindung von Kadernomenklatur und neuer Unternehmerschicht konzentrieren, findet sich eine stärkere Betonung von Veränderungstendenzen in den Studien, die sich mit der Stellung der Intelligenz vor und nach den Regimeumbrüchen beschäftigen. Entgegen früheren konvergenztheoretischen Annahmen, denenzufolge die Intelligenz in sozialistischen wie in westlichen Gesellschaften zum Hauptrekrutierungspool der Elite avanciert sei (Lasswell/Lerner 1965; Fleron 1969; Johnson u.a. 1970; Konrad/Szelenyi 1978), betonen diese Studien die Statusnachteile und Restriktionen, denen die wissenschaftliche Intelligenz gerade in den sozialistischen Regimes ausgesetzt war (Bauman 1987; Kennedy 1990; Kennedy/Sadkowski 1991; Sterbling 1993).

Entsprechend den vorrangig ideologischen statt qualifikatorischen Rekrutierungskriterien sei die sozialistische Elite nicht primär aus der Intelligenz, sondern aus verdienten und linientreuen Arbeiterkadern rekrutiert worden (Huntington 1970; Balla 1973; Bunce 1976; Endruweit 1987; Meck/Voigt/ Voss 1987). Dergestalt sei das Leistungsprinzip gebrochen und die Intelligenz hinsichtlich ihrer Plazierungschancen in der Elite benachteiligt worden (Belitz-Demiriz/Voigt 1987; Kennedy 1990; Adler 1991). Selbst dort, wo sie, wie in Ungarn (Konrad/Szelenyi 1991; Andorka 1993; Winderl 1994b), aufgrund einer veränderten Rekrutierungspolitik verstärkt in die Elite aufsteigen konnte, habe sie in einem Interessengegensatz zur proletarischen Kaderelite der Aufbaugeneration gestanden.

Als Begründung hierzu wird angeführt, daß die Intelligenz auch dann, wenn sie nicht von der Elite ausgegrenzt blieb, durch institutionelle Handlungsrestriktionen in der Nutzung ihrer Kompetenzvorteile eingeschränkt war. In diesem Zusammenhang hebt Gouldner (1980) die Beschneidung der öffentlichen Diskursfreiheit hervor, wodurch die Intelligenz daran gehindert war, ihre überlegenen kommunikativen Kompetenzen im Prozeß der Interessenartikulierung auszuspielen. Ähnlich argumentiert Sterbling (1993: 52), indem er für die osteuropäischen Staaten festhält, daß die Intelligenz „in ihrer

Handlungsautonomie so eingeschränkt [war], daß das Prinzip der Sachkompetenz und vor allem die regulative Idee der Kritik nur begrenzt zur Entfaltung kam". In Einklang mit der These von der strukturellen Benachteiligung der Intelligenz hat Ludz bereits 1968 für die DDR eine Konfliktlinie zwischen der „strategischen Clique" der proletarischen Altkader und den Angehörigen einer nachwachsenden und hochqualifizierten, „institutionalisierten Gegenelite" antizipiert, wobei er dieser Gegenelite ein starkes Interesse an der Ausweitung der Partizipationsmöglichkeiten nachgesagt hat (ähnlich Baylis 1974). In vergleichbarer Weise hat Szalai (1990) für Ungarn einen Gegensatz zwischen der proletarisch rekrutierten *old elite* und der aus der Intelligenz stammenden *new technocracy* konstatiert. Wie schon Ludz hat auch Szalai in der Intelligenz die Hauptträgergruppe demokratischer Reformprojekte gesehen.

Übereinstimmend gehen die hier zitierten Autoren fernerhin davon aus, daß ein rationales Interesse der Intelligenzler an demokratischen Reformen in relativer Unabhängigkeit davon bestand, ob sie zur Kadernomenklatur gehörten oder Mitglied in der kommunistischen Partei waren. Tatsächlich sprechen für diese Annahme eine Reihe von Indizien. Zu verweisen ist zunächst auf die in der Osteuropaliteratur zwar nirgendwo präzise belegte, aber allgemein geteilte Auffassung, daß die oppositionellen Bürgerbewegungen so gut wie ausschließlich aus der Intelligenz stammten (vgl. den Überblick bei Joppke 1994). Darüber hinaus ist an den erstaunlich reibungslosen Zerfall der sozialistischen Herrschaftsstrukturen zu erinnern, denn diese „Implosionen" waren nur deshalb möglich, weil außerhalb der Eliten kaum eine funktionale Gruppe bereit war, Anstrengungen zur Erhaltung der etablierten Regimes zu unternehmen. Das gilt auch für die in den sozialistischen Parteien überrepräsentierte Intelligenz (Daten in Hartmann 1983: 231), die dazu noch am ehesten in der Lage gewesen wäre.

Die sozialistische Parteiintelligenz blieb aber nicht nur passiv, sondern hat in vielen Fällen auch maßgeblich auf den Regimewechsel hingewirkt. Besonders gut belegt ist dies für den ungarischen Regimewechsel, den die sozialistische Parteiintelligenz mitinitiiert und -implementiert hat (Konrad/Szelenyi 1991; Andorka 1993; Winderl 1994b). Aber auch für die revolutionären Regimewechsel in der CSSR und der DDR hat Friedheim (1993) völlig zu Recht darauf hingewiesen, daß sie selbst angesichts der starken Massenproteste unmöglich gewesen wären, wenn nicht auch die - in hohem Maße aus der Parteiintelligenz rekrutierte - Subelite von der Elite abgerückt wäre. Beispielsweise ist die SED-Führung nicht schon aufgrund der allgemeinen Massendemonstrationen, sondern erst in Anbetracht der parteiinternen Widerstände und Proteste Anfang Dezember 1989 zurückgetreten (Welzel 1992). Daß die

SED-Intelligenz daran maßgeblichen Anteil hatte, geht aus den Analysen von
Bortfeldt (1992) hervor, denn sie zeigen, daß schon die ersten Anzeichen
parteiinternen Protests im wesentlichen aus der Intelligenz kamen.[7] Insofern
scheint für die sozialistischen Länder allgemein zuzutreffen, was der polnische Ex-Kommunist und heutige Staatspräsident Kwasniewski festgestellt hat:
„*From an ideological point of view, I was never a communist. In Poland I've
seen very few communists, especially since the 1970s. I met a lot of
technocrats, opportunists, reformers, liberals*" (Higley/Kullberg/Pakulski
1996: 136).[8]

Vor dem Hintergrund dieser Überlegungen ist es gerechtfertigt, eine
Schlüsselrolle der Intelligenz in den Transformationsprozessen anzunehmen
(Sterbling 1993; Baylis 1994b). In Verbindung mit den Befunden über die
Statusnachteile der Intelligenz im Sozialismus impliziert diese Annahme stärkere Wandlungstendenzen als die Reproduktionsthese. Sie berücksichtigt
darüber hinaus, daß die Rekrutierungsmechanismen mit einem demokratischen Regimewechsel von ideologischen auf qualifikatorische Kriterien um-
gestellt werden und sich dadurch die Verwertungschancen der unterschiedlichen Kapitalformen verlagern. Verbessern werden sich demnach nur die
Verwertungschancen des kulturellen Kapitals, was sich zwangsläufig zugunsten der Intelligenz auswirken muß (vgl. Szelenyi/Szelenyi 1995). Im Kern
wird diese Erwartung durch den für ostdeutsche Mobilitätsprozesse repräsentativen Befund von Diewald/Sørensen (1994: 16) bestätigt, daß loyalitäts-
bedingte „*Aufstiege über die dem Qualifikationsniveau entsprechende berufliche Mindestposition hinaus in der Wende zurückgenommen werden*". Als
Determinanten der Elitenzirkulation rücken somit zwei Faktoren in den Vordergrund: der Anteil der Altelite, der aus der Intelligenz stammt, und die
Größenordnung der nicht zur Altelite gehörenden Intelligenz.

Die bisherigen Befunde zur Elitenzirkulation in den osteuropäischen
Transformationsländern sind jedoch nicht systematisch unter diesen beiden

---

7 Hintergrund dieser Proteste waren das berüchtigte „Tapetenwechsel-Interview" des SED-
Chefideologen Kurt Hager 1987, die strenge Auflagenlimitierung von Gorbatschows Pere-
stroika-Buch und die Streichung der reformorientierten sowjetischen Zeitschrift „Sputnik"
von der Postvertriebsliste 1988. Bortfeldt (1992) hat die dadurch ausgelösten Protesteinga-
ben von DDR-Bürgern untersucht.

8 Im Vergleich zu den sozialistischen Parteien Polens und Ungarns bestand eine wesentliche
Besonderheit der SED freilich darin, daß die von der deutschen Frage ausgehenden Risiken
für den Fortbestand der DDR einen sehr starken innerparteilichen Disziplinierungsdruck erzeugt haben. Reformsozialistische Flügelbildungen wie in Ungarn, für die es u.a. in Personen wie Modrow, Klein, den Brüdern Brie, Schumann oder Berghofer sicherlich auch in der
SED ein Potential gab, blieben dadurch aus. Stammens (1993) Annahme eines geringen Re-
form- und Dissidenzpotentials in der DDR erscheint mir vor diesem Hintergrund zu undiffe-
renziert.

Bedingungen reflektiert worden. Das gilt auch für die bislang einzige ländervergleichende Rekrutierungsstudie unter osteuropäischen Eliten (SSCE-Studie[9]). An dieser wie auch an anderen Studien (z.B. Mateju/Rehakova 1993) ist außerdem zu bemängeln, daß als Kriterium, ob eine Person neu in die Elite gelangt ist, ihre Zugehörigkeit zur früheren Nomenklatur herangezogen wird. Damit werden die Reproduktionsraten systematisch überschätzt, weil die Kadernomenklatur ein sehr breites Spektrum von Leitungspositionen abdeckt, das weit über den politikwissenschaftlichen Elitebegriff hinaus- und entsprechend weit in die Kategorie der Subelite hineinreicht. So werden unter Zugrundelegung des Nomenklatur-Kriteriums nur Aufstiege aus der Positionsstufe der *professionals* und darunter liegender Kategorien berücksichtigt, wohingegen Aufstiege aus der Subelite verdeckt werden. Dadurch können bestimmte Umschichtungen der Elitenrekrutierung im Dunkeln bleiben, denn es ist denkbar, daß sich die Elitenrekrutierung auf sektorale Teilgruppen der Subelite verlagert hat, die im Vor-Wende-Regime bis zur Subelite, aber nicht darüber hinaus aufzusteigen vermochten.

Diese Möglichkeit ist nicht nur denkbar, sondern sogar wahrscheinlich: Ludz' *institutionalisierte Gegenelite*, Szalais *new technocracy* und Konrad/Szelenyis *intellectuals* waren nämlich in technokratischen und kulturellen Fachsektoren plaziert, wo der Aufstieg stärker an Qualifikation gebunden war und durchaus bis in die Subelite führen konnte. Gleichwohl bestand ein Graben zu den politischen Subeliten der Parteien, Massenorganisationen und Staatsorgane, weil die Elite fast ausschließlich aus deren Reihen und kaum aus den fachsektoralen Subeliten rekrutiert wurde (Huntington 1970: 36; Joppke 1994: 547). Als Kandidaten des Gegeneliten-Reservoirs kommen deshalb nicht nur Intelligenzler in professionellen, sondern auch in subelitären Positionen in Betracht, sofern sie in den kulturellen und technokratischen Sektoren angesiedelt waren. Das alternative Elitenreservoir umfaßt damit auch Gruppen, die Teil der Kadernomenklatur waren.

Hinweise auf die Berechtigung dieser Annahme finden sich in den Daten der SSCE-Studie: So rekrutiert sich die neue polnische Elite zu 38 Prozent aus früheren Subeliten (*lower level managers* und *professionals with subordinates*) und zu 12 Prozent aus *professionals* im engeren Sinne (*without subordinates*) der Vor-Wende-Zeit (Wasilewski/Wnuk-Lipinski 1995: 682). In Ungarn liegt die entsprechende Verteilung bei 48 Prozent Subeliten und 15 Prozent *professionals* (Szelenyi/Szelenyi/Kovach 1995: 711).

---

9 Die SSCE-Studie (Social Stratification in Central Europe-Survey) stand unter der Leitung von Donald J. Treiman und Ivan Szelenyi. Zu Einzelheiten der Studie siehe Szelenyi/Szelenyi (1995).

Aus der Randverteilung der Gesamtelite sticht in beiden Ländern allerdings der Politiksektor heraus. Seine Erneuerungsrate liegt nicht nur über dem
Durchschnitt, sondern sie ist auch insofern anders gelagert, als sie sich stärker
aus der tiefer liegenden Positionskategorie der *professionals* speist (37 Prozent der politischen Elite in Ungarn und 51 Prozent in Polen). Die Sonder-
stellung des Politiksektors erklärt sich daraus, daß Regimewechsel über die
Mobilisierung politischer Gegenkräfte erfolgen. Im Politiksektor formiert sich
auf diese Weise ein größeres Alternativangebot an Führungspersonal als in
anderen Sektoren.

Soweit sich die Altelite zu reproduzieren vermochte, beschränkt sich das
weitgehend auf die Eliten der technokratischen Fachsektoren. In Polen entfällt
bei 41 Prozent reproduzierter Eliten auf die Wirtschaftseliten ein Anteil von
32 Prozent und in Ungarn bei 33 Prozent reproduzierter Eliten ein Anteil von
23 Prozent. Zwei Drittel bis drei Viertel der reproduzierten Eliten sind also
frühere Wirtschaftseliten, die zumeist auch im Wirtschaftssektor verbleiben.
In nennenswertem Umfang haben sich ansonsten noch die Eliten der politisch
nachgeordneten Verwaltung und des Kulturbetriebs reproduzieren können.
Auf insgesamt höherem Reproduktionsniveau sind die gleichen sektoralen
Differenzen auch für die russische Elite erkennbar (Anderson/Hanley/
Yershova 1995).

Diese Befunde bieten zumindest für jenen Teilbereich des ostdeutschen
Elitenwandels eine Vergleichsfolie, der durch eine innerostdeutsche Perso-
nalzirkulation gekennzeichnet ist. In diesem Zusammenhang ist anhand der
Potsdamer Elitenstudie zu untersuchen, inwieweit das ostdeutsche Zirkulati-
onsmuster den osteuropäischen Regelmäßigkeiten ähnelt. Überwiegende
Ähnlichkeiten würden auf Universalien der Elitentransformation verweisen,
die auch für den ostdeutschen Fall gelten.

Eine ländervergleichende Perspektive ist von der ostdeutschen Transformationsforschung kaum aufgegriffen worden, weil man sich weithin axiomatisch auf den Grundsatz des Sonderfalls festgelegt hat. So sehr diese Festle-
gung für die institutionellen Aspekte des Transformationsprozeses berechtigt
sein mag, so wenig ist sie es a priori für die soziologischen Aspekte.

2.2.2 Befunde zu Ostdeutschland

Nach Winderl (1994a) hängt der Elitenaustausch im Zuge eines demokratischen Regimewechsels von zwei Bedingungen des Vor-Wende-Regimes ab:
der Geschlossenheit der autokratischen Elite (geschlossen/gespalten) und dem
Zustand der demokratischen Gegenelite (organisiert/nicht organisiert). Solan-
ge die Elite geschlossen bleibt und eine organisierte Gegenelite fehlt, kann es

- außer durch äußere Einwirkungen - zu keinem Regimewechsel kommen. Der Elitenwechsel bleibt dann aus (noch existierende kommunistische Regimes in der VR China, Kuba und Vietnam). Wenn eine organisierte Gegenelite fehlt und sich zugleich aber die Elite spaltet, ist ein „oktroyierter Regimewechsel" möglich. Die Austauschrate der Elite ist dann eher gering (Bulgarien, Rumänien, Serbien, Albanien, Nachfolgestaaten der Sowjetunion). Wenn sich die Elite spaltet und sich die Gegenelite organisiert, kommt es zu einem verhandelten Regimewechsel mit einer mittleren Austauschrate der Elite (Ungarn, Polen, Kroatien, Slovenien, baltische Staaten). Bleibt die Elite geschlossen und organisiert sich die Gegenelite, wird ein revolutionärer Regimewechsel möglich (CSSR, DDR). In diesem Fall sollte die Austauschrate der Elite hoch ausfallen (zur Einteilung der Übergangsformen vgl. auch Kitschelt 1995).

Diese Klassifikation läßt sich gut mit den Ergebnissen für die drei in der SSCE-Studie untersuchten Länder in Einklang bringen. Für Rußland wurde nämlich eine relativ geringe Austauschrate der Elite (49%) und für Polen und Ungarn (59 und 66%) eine mittlere Austauschrate ermittelt (Szelenyi/Szelenyi 1995: 623). Die DDR gehört zu den Fällen mit geschlossener Elite und organisierter Gegenelite. Für sie ist daher eine höhere Austauschrate zu erwarten als für Polen und Ungarn, auch wenn man den Anteil der Westimporte hiervon abzieht. In der Tat zeigt die Studie von Derlien (1997), daß sich von 453 Eliteangehörigen des Honecker-Regimes bis einschließlich zur Regierung de Maizière nur 39 Personen in Elitepositionen zu halten vermochten. Das entspricht einer Reproduktionsquote der Vor-Wende-Elite von nur knapp 9 Prozent. Davon waren die meisten, nämlich 25 Personen, Eliten des Bildungswesens und der Kirchen und somit im kulturellen Sektor zu verorten. Innerhalb der 172 Eliteangehörigen der Phase de Maizière hatten die 39 Angehörigen der alten DDR-Elite einen Anteil von 23 Prozent. Damit hat sich die Zwischenelite der Nach-Wende- und Vor-Vereinigungs-Periode bereits zu 77 Prozent erneuert. Über die sozialstrukturelle und positionelle Herkunft der Neueliten läßt sich anhand von Derliens Daten jedoch kaum etwas sagen.

Eine Reihe weiterer Untersuchungen offenbart wiederum beträchtliche sektorale Unterschiede im Reproduktions- beziehungsweise Erneuerungsgrad der Eliten. Analog zu den osteuropäischen Vergleichsländern werden gerade für die technokratischen und die kulturellen Sektoren, abgesehen von einem hohen Anteil an Westimporten, auch relativ hohe Anteile aus DDR-Altpersonal berichtet: Nach Glaeßners (1995) Untersuchung der Verwaltung in Brandenburg stammen immerhin etwa ein Viertel der Abteilungs- und Referatsleiter aus äquivalenten Positionen zu DDR-Zeiten. Für die Richterschaft in den neuen Bundesländern wird dieser Anteil auf etwa ein Drittel beziffert

(Derlien 1997). Für den wenig untersuchten Mediensektor kann lediglich in bezug auf die Printmedien festgehalten werden, daß „*die meisten der im November 1989 von den Redaktionskollegien gewählten Chefredakteure* [...] *aufgrund ihrer fachlichen Qualifikation im Amt blieben*" (Spilker 1995 zitiert nach Derlien 1997). Für den Wirtschaftssektor kommen Glotz/Ladensack (1995: 261) sogar zu dem Ergebnis, daß 78 Prozent der Manager in ostdeutschen Unternehmen bereits zu DDR-Zeiten betriebliche Leitungsfunktionen inne hatten (auf der höchsten betrieblichen Leitungsebene allerdings nur 37 Prozent, da diese sich vorwiegend in westdeutscher Hand befindet).

Die zitierten Daten zur Personalreproduktion beziehen sich jedoch nicht auf Elitenpositionen, sondern auf subelitäre Positionen in Fachsektoren. Wie für fachsektorale Subeliten zu erwarten, haben die Positionsinhaber bereits in der DDR eine hohe Qualifikation erworben: 47 Prozent der untersuchten Ostdeutschen, die heute eine subelitäre Position im Wirtschaftssektor bekleiden, hatten einen Ingenieursstudiengang und 25 Prozent ein anderes Studium absolviert (Pohlmann/Schmidt 1995: 236-237).

Eine Ausnahmestellung fällt auch in den neuen Bundesländern dem politischen Sektor zu. So kommen Derlien/Lock (1994) zu dem Ergebnis, daß 77 Prozent der untersuchten ostdeutschen Landesparlamentarier in den neuen Bundesländern zu DDR-Zeiten keinerlei politische Funktion hatten. Diese Quote liegt in keiner Partei unter zwei Dritteln (ebd.: 75). Höhere als örtliche Funktionen hatten lediglich 9 Prozent aller Ostparlamentarier. Die Untersuchungen von Kloth (1991) und Segert (1994) zur letzten DDR-Volkskammer lassen dabei eine starke Rekrutierung der neuen Abgeordneten aus der technokratischen und kulturellen DDR-Intelligenz erkennen.

Insgesamt sind für die neuen Bundesländern ähnliche sektorale Transformationsmuster festzustellen wie für die osteuropäischen Vergleichsländer: Während in den politiknahen Sektoren eine vergleichsweise umfassende Personalerneuerung erfolgte, konnten sich weite Teile des „Altpersonals" in den kulturellen und technokratischen Sektoren behaupten. Offenkundig zeichnen sich die einzelnen Sektoren durch unterschiedliche personelle Zirkulationsträgheiten aus, die wiederum auf die variierende Funktionsbestimmung der Sektoren zurückzuführen sind. Regimewechsel vollziehen sich im wesentlichen über politische Mobilisierungsprozesse, so daß sich in den politischen Sektoren ein gößeres Alternativangebot an Führungspersonal formiert. In seiner Funktion als gesellschaftliches Steuerungszentrum zieht das politische System automatisch die Aufmerksamkeit von Konfliktparteien auf sich. Demgegenüber ist das Altpersonal in den technokratischen Sektoren, um es in die Worte Max Webers zu fassen, „funktional unentbehrlich", wenn ein Min-

destmaß an öffentlicher Ordnung und volkswirtschaftlicher Funktionsfähig-
keit aufrecht erhalten werden soll.

Was die technokratischen Sektoren angeht, scheint die Entwicklung in den
neuen Bundesländern aber in einem zentralen Punkt von jener in den osteuropäischen Ländern abzuweichen: Von großen Reproduktionschancen profi-
tierten hier nicht die alten Eliten, sondern lediglich die Subeliten. Das funktionale Äquivalent zur Reproduktion der Alteliten in Osteuropa ist hier au-
genscheinlich der westdeutsche Elitenimport. Im Gesamtbild ergibt sich somit
eine Kombination von westdeutschem Elitenimport und Reproduktion der alten DDR-Subelite in den technokratischen Sektoren, sowie eine Verdrängung
der alten DDR-Elite *und* -Subelite durch ostdeutsche Nicht-Eliten in den politiknahen Sektoren.

Allerdings sind diese Schlußfolgerungen mit deutlichen Vorbehalten zu
versehen, denn sie beziehen sich auf Befunde, die aus sehr unterschiedlich
angelegten Studien stammen. Außerdem ist an den bisherigen Forschungen
zum Elitenwandel zu kritisieren, daß sie zwar allesamt die Frage des Aus-
tauschs der Eliten diskutieren, aber ohne die demokratietheoretischen Implikationen dieser Frage hinreichend zu beleuchten. Dieses Monitum trifft keineswegs nur die Untersuchung des ostdeutschen, sondern auch des osteuropäischen Elitenwandels insgesamt. Man kann nur mit Erstaunen feststellen,
daß die demokratie-soziologische Frage, inwiefern sich die neuen Eliten aus
typischen Trägerschichten der Demokratie rekrutieren, kaum irgendwo systematisch aufgegriffen wurde. Zu einem in sich geschlossenen Bild führt
aber auch die Beantwortung dieser Frage erst dann, wenn sie um die Analyse
von politischen Wertorientierungen bereichert wird. Auch dies, die Verknüpfung von Sozialstruktur- mit Einstellungsanalysen, ist in der Elitentransfor-
mationsforschung höchst selten zu finden. Der nächste Abschnitt ist deshalb
den theoretischen Implikationen dieses Fragekomplexes gewidmet. Hierbei
geht es insbesondere darum, welche Prägungen die sozialistische Regimeherkunft im politischen Ordnungsverständnis der ostdeutschen Elite hinterlassen
hat und welche Konsequenzen dies möglicherweise für die politische Integration der gesamtdeutschen Gesellschaft hat.

2.3 Regimepräferenzen der ostdeutschen Elite im Spannungsfeld von Repräsentation und Elitenkonsens

Innerhalb der empirischen Demokratieforschung besteht eine gleichsam
axiomatische Einigkeit darüber, daß die Stabilität von Demokratien des ordnungspolitischen Grundkonsenses sowohl zwischen den gesellschaftlichen

Teileliten als auch zwischen den Eliten und der Bevölkerung bedarf (z.B. Higley u.a. 1991). Insofern gelten Elitenkonsens und Elite-Gesellschafts-Konsens - zumindest in ordnungspolitischen Grundsatzfragen - als funktionale Imperative eines effektiv arbeitenden und breit getragenen demokratischen Regimes.[10]

Die Elitenforschung bedient sich in diesem Zusammenhang auch der Termini von *horizontaler* und *vertikaler* Integration von Gesellschaften. Horizontale Integration, im Sinne eines Grundkonsenses unter den Eliten, ist notwendig, um die Kooperationsfähigkeit der Eliten und damit die *Effektivität* der Entscheidungsprozesse in einem demokratischen Regime zu sichern. Das gilt insbesondere für Demokratien, die - wie die Bundesrepublik Deutschland - in hohem Maße über institutionalisierte Kompromißzwänge verfügen (Scharpf 1985; Lehmbruch 1987). Vertikale Integration, im Sinne der Repräsentation der politischen Ordnungspräferenzen der Bevölkerung durch die Eliten, ist erforderlich, um die *Akzeptanz* demokratischer Entscheidungsprozesse zu gewährleisten. Das betrifft insbesondere Demokratien, die - wiederum wie die Bundesrepublik - in nur geringem Umfang über direktdemokratische Entscheidungsmechanismen verfügen und somit ihre Legitimität nahezu ausschließlich auf das repräsentative Prinzip stützen. Horizontale Integration verweist also auf das Problem der Effektivität und vertikale Integration auf das Problem der Legitimität demokratischer Entscheidungen. Sie können auch als die beiden Dimensionen der „Integrationsperformanz" (Gary Schaal) eines demokratischen Regimes aufgefaßt werden.

Vor diesem Hintergrund haben die Befunde der „Mannheimer" Elitenstudie und Bevölkerungsbefragung von 1981 die Gewährleistung beider Imperative als das tragende Erfolgsprinzip des demokratischen Regimes der „alten" Bundesrepublik ausgewiesen (Hoffmann-Lange 1992). Im Gefolge der Wiedervereinigung keimten indes Zweifel am Fortbestand dieser Stabilitätsbedingungen auf, denn eine Reihe von Umfrageanalysen hat gezeigt, daß zwischen der west- und der ostdeutschen Bevölkerung signifikante Differenzen gerade in bezug auf prinzipielle politische Wertprioritäten und Ordnungspräferenzen bestehen (z.B. Dalton 1994; Westle 1994). Solche Differenzen sind sowohl für die Demokratie- als auch für die Staatsvorstellungen nachweisbar: In den Demokratievorstellungen zeichnet sich die ostdeutsche Bevölkerung durch eine Neigung zur plebiszitären Demokratie aus (Fuchs 1997); hinsichtlich ihrer Staatsvorstellungen ist sie durch eine noch stärkere Betonung etatistisch-

---

10 Die Begriffe „ordnungspolitisch" und „Ordnungspolitik" werden hier natürlich nicht im verengten ökonomischen Wortsinn verwendet. Sie seien stattdessen im Sinne der Gestaltung der basalen konstitutionellen Grundlagen des *politischen* Systems insgesamt verstanden.

sozialstaatlicher Regulationsmuster charakterisiert als wir das von der westdeutschen Bevölkerung kennen (Roller 1997).

Unter der Bedingung solcher Differenzen in der Bevölkerung ist es den Eliten nicht möglich, die Güter des Elitenkonsenses und der Bevölkerungsrepräsentation gleichzeitig zu maximieren: Entweder die west- und die ostdeutsche Elite repräsentieren ihren jeweiligen Bevölkerungsdurchschnitt, dann trennen die Differenzen in der Bevölkerung auch die Eliten; oder die beiden Teileliten sind ordnungspolitisch geeint, dann ist mindestens eine der beiden Teilbevölkerungen schwach repräsentiert.

Gehen wir von dem Befund der Mannheimer Studie aus, daß die westdeutsche Elite die politischen Präferenzen ihrer Bevölkerung relativ gut repräsentiert, so richtet sich gerade an die ostdeutsche Elite die Frage, wo sie sich im Spannungsfeld zwischen Elitenkonsens und gesellschaftlicher Repräsentation plaziert: Steht sie in bezug auf ihre Ordnungspräferenzen der westdeutschen Elite oder der ostdeutschen Bevölkerung näher? Beide Antwortmöglichkeiten lassen sich als alternative Hypothesen aus zentralen Erkenntnissen der Elitenforschung ableiten.

Zum ersten ist es ein anerkanntes Forschungsergebnis, daß die Rollensozialisation innerhalb der Elite starke einstellungsprägende Effekte hat. Diese *post recruitment socialisation* (Putnam 1976) führe zu bestimmten, an den Elitestatus gekoppelten Grundhaltungen, die die Eliten von der Bevölkerung absetzen (vgl. auch Herzog 1982; Barton 1984). Dazu gehöre beispielsweise, daß Eliten die Beschränkung von kollektiven Mitbestimmungsrechten und die Beschneidung staatlicher Aufgaben in signifikant höherem Maße unterstützen als der Bevölkerungsdurchschnitt (mit Belegen für mehrere Länder Hoffmann-Lange 1991: 284). Diese elitentypische Pägung kann als Statuseffekt verstanden werden, weil es die privilegierte Position von Eliten mit sich bringt, daß sie von erweiterter Massenpartizipation und staatlichen Leistungen viel weniger profitieren als der Bevölkerungsdurchschnitt. Ausgehend von dieser Erkenntnis wäre zu erwarten, daß die spezifisch ostdeutschen Präferenzen (plebiszitäre Demokratie und umfangreicher Sozialstaat) von der ostdeutschen Elite in einer deutlich abgeschwächten Form geteilt werden. Das käme dem ordnungspolitischen Elitenkonsens zwischen Ost und West zugute, würde aber die Repräsentation der ostdeutschen Bevölkerung mindern. In diesem Fall wäre das politische System in erster Linie mit Akzeptanzproblemen, insbesondere seitens der ostdeutschen Bevölkerung, konfrontiert.

Zum zweiten ist es jedoch ebenfalls eine Erkenntnis der Elitenforschung, daß Eliten besonders definite politische Präferenzen aufweisen und dadurch die typischen Haltungen ihrer Muttergruppen in noch akzentuierterer Form vertreten (ebenfalls Putnam 1976 und i.b. Hoffmann-Lange 1991: 282). Die

Neigung der ostdeutschen Bevölkerung zur plebiszitären Demokratie und zum umfassenden Sozialstaat müßte demnach in noch stärkerer Form von der ostdeutschen Elite vertreten werden. Dadurch wäre die Repräsentation der ostdeutschen Teilgesellschaft gewährleistet, dafür aber die Integration der Eliten beeinträchtigt. Unter diesen Umständen wären in erster Linie Effektivitätsprobleme im demokratischen Entscheidungsprozeß zu erwarten. Für diese Möglichkeit spricht die Beobachtung, daß ostdeutsche Parlamentarier im Unterschied zu ihren westdeutschen Kollegen in deutlich höherem Maße die Einführung plebiszitärer Entscheidungsverfahren befürworten (Werner 1991; Rohrschneider 1994).

Schließlich gibt es aber noch eine dritte Möglichkeit. Sie liegt jedoch außerhalb des Erkenntnishorizonts der Elitenforschung und ergibt sich stattdessen aus der Gegeneliten- und sozialen Bewegungsforschung. Diese Möglichkeit besteht darin, daß die ostdeutsche Elite weder der ostdeutschen Bevölkerung noch der westdeutschen Elite ideologisch nahe steht, sondern die Ordnungspräferenzen „bewegungstypischer" sozialer Gruppen aufweist. Durch eine Vielzahl von Studien ist belegt, daß in erster Linie sehr hoch gebildete Personen, also vor allem die Intelligenz, sowie Angehörige der neuen Dienstklasse, insbesondere soweit sie den Nachkriegsgenerationen entstammen, das bevorzugte Rekrutierungsfeld *neuer sozialer Bewegungen* stellen und dabei in hohem Maße durch postmaterialistische Werthaltungen gekennzeichnet sind (vgl. Brint 1984; Kriesi 1987; Lamont 1987; Herz 1990; Inglehart 1990; Weßels 1991; Scarbrough 1995). Der starke Fokus dieser Wertorientierungen auf Selbst- und Mitbestimmung darf insofern als gegeneliten-typisch gelten, als er darauf hinausläuft, den Handlungsspielraum von Eliten einzuengen. Sollte sich also die ostdeutsche Elite - wie weiter oben angenommen - überwiegend aus der Intelligenz der neuen Dienstklasse rekrutieren, dann liegt die These nahe, daß sie auch deren vermutete, typisch gegenelitär-basisdemokratische, Orientierungen aufweist und sich damit ebenso deutlich von der Westelite wie von der Ostbevölkerung unterscheidet. In diesem Fall befände sich die ostdeutsche Elite mitten im Spannungsfeld der konkurrierenden Imperative von Elitenkonsens und Bevölkerungsrepräsentation.

Um entscheiden zu können, welche der drei Alternativhypothesen zutrifft, sind die politischen Ordnungspräferenzen der ostdeutschen Elite sowohl mit jenen der westdeutschen Elite als auch der ostdeutschen Bevölkerung und Intelligenz zu vergleichen. Größere Ähnlichkeiten mit der westdeutschen Elite würden *eliten*-typische, solche mit der ostdeutschen Bevölkerung *sozialismus*-typische, und besondere Ähnlichkeiten mit der Intelligenz wiederum *gegeneliten*-typische Prägungen anzeigen.

Somit ist die Frage aufgeworfen, ob politische Ordnungspräferenzen eher durch Effekte der Regime*herkunft* (Ost, West) oder des *Status* (Elite, Gegenelite) bestimmt werden. Tabelle 1 verdeutlicht nochmals idealtypisch die Implikationen der unterschiedlichen Prägemodelle. Dominant statusbedingte Präferenzunterschiede wären nutzentheoretisch aus unterschiedlichen Statuspositionen in der Gesellschaft zu erklären. Sie würden die Gesellschaft in der vertikalen Dimension differenzieren, Repräsentationsdefizite anzeigen und auf Legitimitätsprobleme verweisen. Dagegen wären dominant herkunftsbedingte Präferenzunterschiede sozialisationstheoretisch auf die Internalisierung unterschiedlicher Wertesysteme zurückzuführen. Sie würden die Gesellschaft horizontal differenzieren, die Kooperation der Eliten erschweren und folglich Effektivitätsprobleme implizieren.

In diesem Zusammenhang besteht eine wesentliche zweite Frage darin, welchen Stellenwert ordnungspolitische Status- und Herkunftsdifferenzen im Verhältnis zur ideologischen Differenzierung der Parteianhängerschaften einnehmen. Aus funktionalen Erwägungen ist die Forderung zu stellen, daß die Parteiendifferenzierung ordnungspolitische Status- und Herkunftsdifferenzen an sich bindet. Denn in der Parteiendemokratie hängt die institutionelle Bearbeitbarkeit politischer Gegensätze davon ab, daß sie auch in die Parteienkonkurrenz übersetzt werden.

Tab. 1: Alternative Strukturen ordnungspolitischer Präferenzunterschiede

	Alternative Strukturen ordnungspolitischer Präferenzunterschiede	
	Dominanz von Elite-Intellig.-Bevölkerungs-Unterschieden	Dominanz von Ost-West-Unterschieden
Prägungsquelle	Statuszugehörigkeit	Regimeherkunft
Erklärungsansatz	nutzentheoretisch	sozialisationstheoretisch
Polarisierungsdimens.	vertikal	horizontal
Defizit-Objekt	Repräsentation	Kooperation
Defizit-Effekt	Legitimitätsprobleme	Effektivitätsprobleme

Trotz einer Vielzahl von Umfragestudien steht eine Beantwortung dieser Fragen bislang aus. Das ist sowohl auf empirische als auch auf theoretische Versäumnisse zurückzuführen. Unter den empirischen Defiziten ist zu erwähnen, daß die Umfrageprojekte im Deutschland der Nach-Vereinigungsperiode bislang ausschließlich entweder als repräsentative Erhebungen der Bevölkerung oder bestimmter Elitegruppen, wie zum Beispiel von Parlamentariern, angelegt waren. Dadurch ist ein simultaner Einstellungsvergleich in der Elite-Bevölkerungs- und der Ost-West-Dimension allenfalls indirekt möglich. Hinzu kommt ein theoretisches Defizit. Selbst in früheren Studien, die auf einen Elite-Bevölkerungs-Vergleich ausgelegt waren, wie beispielsweise die Mannheimer Studie von 1981, fand die Intelligenz keine gesonderte Beachtung, weil sie sich sowohl dem Fokus der eliten- als auch der massensoziologischen Ansätze weitgehend entzieht. Sie hat aber einen besonderen Stellenwert aus der Perspektive eines gegeneliten-theoretischen Bewegungsansatzes. Sie in die Analyse miteinzubeziehen, heißt daher, die übliche Trennung von Eliten- und Bewegungstheorie zumindest partiell zu überbrücken. In ihrer Funktion als Rekrutierungspool von Eliten und sozialen Bewegungen kann die Intelligenz zudem als das Bindeglied zwischen politischer Massen- und Elitensoziologie gelten. Aus diesen Gründen unternimmt die vorliegende Studie einen Einstellungsvergleich zwischen Eliten, Intelligenz und Bevölkerung unter gleichzeitiger Berücksichtigung der Ost-West-Zuordnung. Als erste gesamtdeutsche und kombinierte Elite-Bevölkerungs-Befragung bietet die Potsdamer Elitenstudie von 1995 dazu erstmals die Gelegenheit.[11]

---

11 Der Datensatz wird zu Beginn von Teil C (S. 95 f.) vorgestellt.

3. Untersuchungsaufbau

Die Fragestellung der vorliegenden Untersuchung ist entlang dreier kausal gestaffelter Problemkomplexe strukturiert, wie sie aus Abbildung 2 zu ersehen sind.[12] Die Untersuchung gliedert sich deshalb in drei große Teile: In Teil A wird versucht, ein allgemeingültiges Muster des gesellschaftlichen Status und der politischen Nutzenmotive demokratischer Gegeneliten herauszuarbeiten und theoretisch zu begründen. Teil B prüft empirisch, inwieweit es in der DDR-Gesellschaft ein dem allgemeinen Status-Muster entsprechendes Gegeneliten-Reservoir gab und inwieweit das politische Engagement von Angehörigen dieses Reservoirs durch demokratische Ziele motiviert war. Teil C untersucht, inwieweit sich die ostdeutsche Nach-Wende-Elite aus diesem Gegeneliten-Reservoir rekrutiert und die für dessen Angehörige typischen Ordnungspräferenzen aufweist. Dahinter steht die Erwartung, daß sich ein demokratisches Gegeneliten-Reservoir - wenn und soweit vorhanden - bei erfolgreichen Demokratisierungsprozessen auch als demokratische Neuelite behauptet.

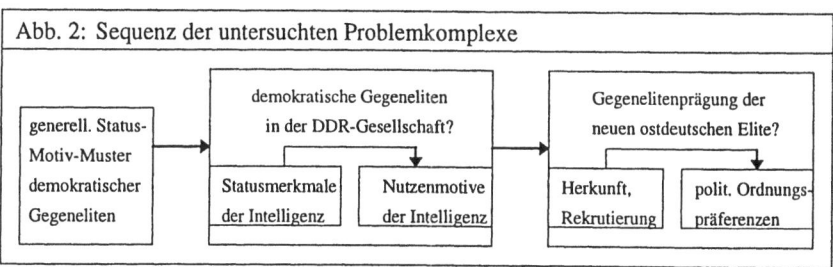

Abb. 2: Sequenz der untersuchten Problemkomplexe

Teil A ist grundlegenden theoretischen Überlegungen gewidmet, deren Bezugspunkt Demokratisierungsprozesse in Autokratien bilden. Das Hauptaugenmerk liegt auf den sozialstrukturellen und -kulturellen *Vorfeldentwicklungen* von Demokratisierungsprozessen. Dabei geht es um die Entstehung typischer sozialer Trägerschichten der Demokratie und deren Nutzenmotive im Hinblick auf demokratische Ordnungskonzepte. In diesem Zusammenhang sind die mikrostrukturellen Ansätze der *Mobilisierungs-* und *Protestforschung* (Kap. I) sowie die makrostrukturellen Ansätze der *modernisierungstheoretischen Demokratisierungsforschung* (Kap. II) zu diskutieren. Diese Ansätze werden in einem vom *Humanressourcen-Ansatz* inspirierten Mehr-

---

12 Um dem Leser die Orientierung zu erleichtern, wird die Abbildung zu Beginn jedes größeren Kapitels gezeigt und der gerade zu behandelnde Problemkomplex grau gekennzeichnet.

Ebenen-Modell verknüpft. Das Modell erklärt die Entwicklung demokratischer Kräfte aus einer Entkopplung zwischen Macht- und Kompetenzverteilung auf der Systemebene und identifiziert als deren Äquivalent auf der Individualebene eine spezifische Form der Statusinkonsistenz beziehungsweise
der Deprivation. Aus diesen Zusammenhängen ergibt sich ein generelles Status-Motiv-Muster demokratischer Gegeneliten, das anhand von Individualdaten identifizierbar ist, dessen Komponenten aber auf Veränderungen
des Aggregatzustands einer Gesellschaft verweisen, und zwar die *Status*komponente auf *strukturelle* und die *Motiv*komponente auf *kulturelle* Makroprozesse, die im wesentlichen mit der Erweiterung kognitiver Humanressourcen
in Verbindung stehen. Überprüft werden diese Überlegungen auf der Grundlage von mir erhobener ländervergleichender Aggregatdaten und des *World
Values Survey 1991*.

Teil B untersucht empirisch, inwieweit sich in der DDR-Gesellschaft ein
dem generellen Status-Motiv-Muster entsprechendes Reservoir demokratischer Gegeneliten gebildet hat. Zunächst erfolgt dieser Test für die Statuskomponente (Kap. I). Dabei wird insbesondere gezeigt, inwieweit die DDR-
Intelligenz durch die typischen Statusinkonsistenzen einer demokratischen
Gegenelite gekennzeichnet war. Als das zentrale Inkonsistenzmuster für eine
prodemokratische Entfremdung von autokratischen Regimes wird dabei die
Gleichzeitigkeit von sozio-ökonomischer Etabliertheit und politisch-institutioneller Deprivation herausgearbeitet. Dieser Teil der Untersuchung stützt sich
auf die einschlägige *westliche DDR-Literatur, Archivstudien in Kaderakten*
des Brandenburgischen Landeshauptarchivs und insbesondere auf Analysen
eines Auszugsdatensatzes aus der *DDR-Lebensverlaufsstudie 1991/92*.

Kapitel II thematisiert die Motivkomponente des generellen Merkmals-
komplexes demokratischer Gegeneliten. Das Kapitel zeigt, daß die ostdeutsche Intelligenz sich während der Wende in überdurchschnittlichen Umfang
gegen das SED-Regime engagiert hat und dabei stärker als der Bevölkerungsdurchschnitt durch demokratische Ziele motiviert war. Dieser Teil der Untersuchung stützt sich im wesentlichen auf die Daten der *ALLBUS-Basisumfrage
1991*. Die Daten der Basisumfrage haben für den vorliegenden Untersu-
chungszusammenhang besondere Bedeutung, weil sie retrospektive Fragen
zur Beurteilung des SED-Regimes und zum politischen Engagement enthalten. Durch einen Einstellungsvergleich mit der westdeutschen Intelligenz wird
darüber hinaus auch untersucht, inwieweit das Demokratie- und Staatsver-
ständnis der ostdeutschen Intelligenz durch sozialismustypische Prägungen
gekennzeichnet ist.

Teil C untersucht, inwieweit sich die ostdeutsche Elite aus dem demokratischen Gegeneliten-Reservoir rekrutiert und die für seine Angehörigen typi-

schen Demokratie- und Staatsvorstellungen (kombiniert: Regimepräferenzen) aufweist. In diesem Zusammenhang sind die einleitend in den Abschnitten 2.1 bis 2.3 entwickelten Fragestellungen und Alternativhypothesen zu testen. Als Datenbasis dient hierzu die *Potsdamer Elitenstudie von 1995* und die *parallel dazu durchgeführte Repräsentativbefragung in der bundesdeutschen Bevölkerung.*

Nach einer kurzen Vorstellung der Datensätze werden zunächst das Ausmaß und die sektorale Struktur der Unterrepräsentation Ostdeutscher in der gesamtdeutschen Elite untersucht, wobei die Prüfung der Hypothesen von externer und interner Speisung der ostdeutschen Elitenzirkulation im Vordergrund steht. Kapitel I, das den *Schwerpunkt der Analysen* bildet, untersucht die sozialstrukturelle, positionelle und politische Herkunft der ostdeutschen Elite (Statuskomponente des generellen Musters). Dies wird zu einer Beantwortung der Frage nach dominant reproduktiven versus transitorischen Tendenzen der innerostdeutschen Elitenzirkulation führen. Kapitel II ist dem Vergleich der in der ostdeutschen Elite dominierenden Regimepräferenzen mit jenen der westdeutschen Elite gewidmet (Motivkomponente des generellen Musters). Daraus ergeben sich wichtige Rückschlüsse auf die konfliktstrukturelle Einordnung der ostdeutschen Elite in das gesamtdeutsche Elitengefüge. Hinsichtlich der Einstellungsdifferenzen zwischen westdeutscher und ostdeutscher Elite geht es um die Frage, inwieweit sie sich aus einer andersartigen Zusammensetzung der beiden Teileliten erklären (kompositori-sche Bestimmtheit) und inwieweit sie in die parteienbasierte Konfliktstruktur integriert sind (Abschn. 1). Unter repräsentationstheoretischer Perspektive werden darüber hinaus die innerhalb der Elite auffindbaren Ost-West-Differenzen in den gesamtgesellschaftlichen Kontext eingeordnet, indem sie mit entsprechenden Unterschieden in der Intelligenz und der allgemeinen Bevölkerung verglichen werden (Abschn. 2). Es wird sich zeigen, daß sich in bezug auf eine regimekonzeptuelle Konfliktlinie die westdeutsche Elite und die ostdeutsche Intelligenz als Antipoden gegenüberstehen und daß die extremste Position hierbei von der PDS-nahen Intelligenz eingenommen wird, die in die Rolle einer institutionell-systemimmanenten, aber geo-politisch desintegrierend wirkenden Gegenelite geschlüpft ist. Abschnitt 3 beschäftigt sich deshalb mit der Anhängerschaft der PDS und zeigt, daß sie sich zum wahlpolitischen Grünen-Äquivalent in den neuen Bundesländern entwickelt.

Zusammenfassend ergibt sich folgender Aufbau der Untersuchung:

Teil A:
- Erarbeitung und Begründung des typischen Status-Motiv-Musters demokratischer Gegeneliten.

Teil B:
-   Untersuchung inwieweit es in der DDR-Gesellschaft diesem Muster
    entsprechende Gegeneliten gab (bezüglich der Statuskomponente Kap.
    I, bezüglich der Motivkomponente Kap. II).

Teil C:
-   Prüfung inwieweit sich die ostdeutsche Nach-Wende-Elite aus den
    demokratischen Gegeneliten rekrutiert (Kap. I);
-   Prüfung inwieweit die ostdeutsche Nach-Wende-Elite die politischen
    Ordnungskonzepte präferiert, die von einem im sozialistischen Kon-
    text geprägten Reservoir demokratischer Gegeneliten erwartet werden
    können (Kap. II).

Teil A: Das Status-Motiv-Muster demokratischer Gegeneliten

Auf eine Darstellung der beiden führenden Ansätze der Transitionforschung, namentlich des Paktierungs- und des Konsensansatzes[13], wird im folgenden verzichtet, weil sie zur Klärung der hier gestellten Frage nichts hergeben. Beide Ansätze berücksichtigen Gegeneliten nur insoweit, als sie die Organisationsbarriere überwunden haben und bereits als handelnder kollektiver Akteur in der politischen Arena sichtbar sind. Die hier verfolgte Fragestellung geht darüber jedoch hinaus, denn sie zielt auf die Entstehungshintergründe und die sozialstrukturelle Verankerung politischer Gegeneliten, noch *bevor* sie die Organisationsbarriere überwinden.

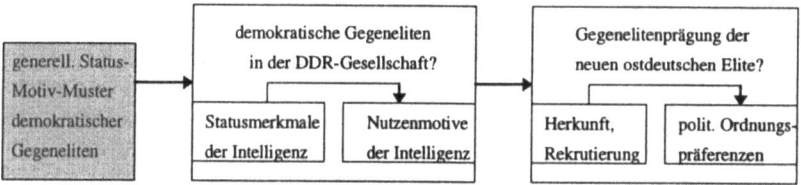

Die Verlagerung der Untersuchungsperspektive ins *sozialstrukturelle Vorfeld der Akteursformierung* ist gerade für autokratische Regimes von zentraler Bedeutung, weil deren Repressionsdrohungen die Organisationsbarriere weit über das Niveau demokratischer Regimes heben. Das hat zur Folge, daß politische *dissenters*, die sich in einem demokratischen Regime frühzeitig zu einer politschen Gegenbewegung formieren, in einem autokratischen Regime nur schwach organisiert sind. Ihre Mehrheit bildet darum zunächst lediglich ein blockiertes Gegeneliten-Reservoir, aus dem sich in einer Regimekrise allerdings sehr rasch eine aktive Gegenelite herausschält. Insofern können wir davon ausgehen, daß Merkmale, die aktive Gegeneliten in demokratischen Regimes beschreiben, zugleich die blockierten Gegeneliten in autokratischen Regimes charakterisieren. Dabei lassen sich die Entstehungshintergründe der Trägerschichten politischer Gegeneliten, seien sie nun aktiv oder blockiert, auf der Individual- und der Systemebene festmachen.

---

13 Zum Paktierungsansatz mit weiteren Literaturverweisen Karl/Schmitter (1994) sowie Linz/Stepan (1996), und zum Konsensansatz Higley/Gunther (1992) sowie Higley/Pakulski (1995).

I.   Allgemeine Kennzeichen politischer Gegeneliten

1.   Individualmerkmale: Kognitive Kompetenz + relative Deprivation → Statusinkonsistenz

Politische Gegeneliten sind durch kollektive Identitäten verbunden, die sich auf einen gemeinsamen Dissens gegenüber den politischen *Autoritäten*, deren *Leistungen* oder gar dem politischen *Regime* stützen. Sichtbarkeit erlangt politischer Dissens durch Protestaktivitäten verschiedenster Art. Insofern können Protestaktivisten als politische Gegeneliten betrachtet werden. Die mikrotheoretischen Ansätze der Protestforschung fragen hierbei nach den individuellen Merkmalen, die für Protestaktivisten typisch sind.

Den moderneren Varianten der Deprivationstheorie zufolge entwickeln Individuen nicht schon deshalb politische Protestbereitschaften, weil sie sich einer sozialen Benachteiligung ausgesetzt sehen. Zusätzlich müssen sie diese Benachteiligung einem Fehlverhalten der politischen Autoritäten oder einer Fehlstrukturierung der Institutionen zurechnen und über eine Vorstellung verfügen, wie der Mißstand zu beseitigen ist. Darüber hinaus verfügen Protestaktivisten über einen starken Effektivitätsglauben (Gamson 1968; Feierabend/Feierabend 1969; Finifter 1970; Gurr 1970; Kaase 1976; Wright 1981; Abramson 1983; House/Martin/Mason 1985). Dieser stützt sich auf die Einschätzung, durch eigenes Handeln (*internal efficacy*) die Eliten zu einer Reaktion veranlassen zu können, die die gewünschte Veränderung bringt (*external efficacy*). Die Umfrageforschung hat unzählige Belege dafür erbracht, daß sowohl die politischen Deutungskompetenzen als auch der Effektivitätsglaube über hohe formale Bildung vermittelt werden. Barnes/Kaase u.a. (1979) sprechen in diesem Zusammenhang von der *ideologischen Konzeptualisierungsfähigkeit*, Bürklin (1984) von der *sozialmoralischen Deutungskompetenz* und Inglehart (1989) von der *kognitiven Mobilisierung*, die bildungsinduziert sei. Als die am höchsten gebildete Statusgruppe verfügt demnach die Intelligenz über die ausgeprägtesten Deutungskompetenzen und den stärksten Effektivitätsglauben.

Die stärker in *rational choice*-Kategorien argumentierende Wert-Erwartungs-Theorie beschäftigt sich insbesondere mit protesthaften Massenaktionen, die auf die Erreichung kollektiver Ziele - wie zum Beispiel Abrüstung, Umweltschutz oder Bürgerrechte - gerichtet sind. Die individuelle Teilnahmebereitschaft an den entsprechenden Protesthandlungen ergibt sich aus der *Wertschätzung*, die dem jeweiligen Ziel entgegengebracht wird, und der *Erwartung*, daß dieses Ziel auch erreicht wird. Das entscheidende theoretische Problem der Wert-Erwartungs-Theorie besteht in der Identifizierung der *selektiven Anreize*, die nutzenrationale Individuen veranlassen, sich persönlich für kollektive Ziele einzusetzen (Oberschall 1994). Auch hier ist es der Effektivitätsglaube, daß die eigene Beteiligung einen signifikanten Beitrag zur Durchsetzung eines Protestziels leiste, der den entscheidenden psychologischen Baustein zur Protestteilnahme stiftet; und auch hier wird davon ausgegangen oder zumindest nicht bestritten, daß der individuelle Effektivitätsglaube bildungsvermittelt ist (Klandermans 1984; Finkel/Muller/ Opp 1989). Insofern läßt sich die Wert-Erwartungs-Theorie auch als eine in den Kategorien rationaler Akteure reformulierte Deprivationstheorie lesen, denn die Wertschätzung eines nicht realisierten Kollektivgutes kann auch als Deprivationsbewußtsein interpretiert werden.

Rekrutierungsbasis von Protestaktivisten und damit ein Gegeneliten-Reservoir bilden demnach Personen, die eine eigene soziale Benachteiligung aufgrund ihrer kognitiven Kompetenz als Kollektivgutmangel auslegen und diesen bestimmten Fehlleistungen der politischen Autoritäten oder Defiziten des politischen Regimes zuschreiben können (vgl. Kaase 1976). Diese kognitive Kapazität befähigt Gegeneliten zum *framing*, das heißt zur Kreation und Verbreitung politischer Deutungsmuster, die dem bestehenden Regime oder seinen Autoritäten Legitimität entziehen und diese auf die Gegeneliten und ihre Ziele umschichten (vgl. Benford/Snow 1988). Gegeneliten zeichnen sich also in jedem Falle durch die *Kombination von relativer Deprivation und kognitiver Kompetenz* aus. Diese Merkmalskombination läßt sich auch unter dem Begriff der Statusinkonsistenz subsumieren. Sie nährt sich aus dem Widerspruch zwischen einem hohen Kompetenzstatus einerseits und sozioökonomischen oder politisch-institutionellen Statusbenachteiligungen andererseits (Lenski 1966: 209-210; Gurr 1970; Putnam 1976: 191-193).

Um die Größenordnung und Veränderung des Gegeneliten-Reservoirs einer Gesellschaft einschätzen zu können, reicht die Kenntnis der individuellen Merkmale von Protestaktivisten jedoch nicht aus, denn diese Merkmale bilden ja gewissermaßen eine Konstante. Vielmehr muß man wissen, ob sich der Anteil der Personen, deren Status sich als inkonsistent charakterisieren läßt, vergrößert. In der eigenen Logik der Deprivationstheorie wäre das beispielsweise der Fall, wenn sich, bei Konstanz objektiver gesellschaftlicher Benachteiligungen, der Anteil kognitiv kompetenter Personen unter den Benachteiligten erhöht. Dann nämlich gäbe es mehr Menschen, die ihre Benachteiligung politisch zu deuten wissen. Solche Entwicklungen liegen außerhalb der individualistischen Perspektive, denn sie rekurrieren auf Veränderungen des *Aggregatzustands* einer Gesellschaft. Unter den hierfür relevanten Makroprozessen dürfte die Bildungsexpansion eine besondere Rolle spielen, weil sie die kognitiven Kompetenzen in einer Gesellschaft erhöht. Insbesondere ist also auf ein Wachstum der Intelligenz unter den Benachteiligten oder eine Verstärkung von Benachteiligungen innerhalb der Intelligenz zu achten.

2. Kontextbedingungen: Bildungsexpansion + Plazierungsblockaden → Protestpotential

Die Bedeutung der Intelligenz als Gegeneliten-Reservoir ist durch eine Unzahl von Studien belegt, die zeigen, daß sich die Anführer politischer Gegenbewegungen fast immer aus statusbenachteiligten Angehörigen der Intelligenz rekrutieren. Dies ließ sich für die Rädelsführer kommunistischer Revolutionen, nationaler Befreiungskämpfe und terroristischer Zirkel, aber auch für die Protagonisten ziviler Bürgerrechtsbewegungen und alternativer Protestbewegungen feststellen. Insofern scheint es sich hierbei um eine soziale Gesetzmäßigkeit zu handeln, die unabhängig von der politischen Ausrichtung und dem konkreten gesellschaftlichen Kontext einer politischen Gegenbewegung gilt (Lasswell/Lerner/Rothwell 1952; Lasswell/Lerner 1965; Rejai 1973; Oberschall 1973; Putnam 1976; Bürklin 1984; Kamrava 1992).

Eine Reihe von Theoretikern geht davon aus, daß die modernisierungsbedingte Zunahme der Intelligenz automatisch deren gesellschaftlichen Status verschlechtere. So hat bereits Schumpeter (1946) das Auseinanderdriften der Bildungsentwicklung und der Nachfrage des Arbeitsmarktes nach Akademikern prognostiziert und aus dieser Fehlallokation eine politische Radikalisierung der Intelligenz abgeleitet. Ähnlich argumentiert Easterlin (1980), wenn er herausstellt, daß die Einkommenssituation der Akademiker aus den geburtenstarken Jahrgängen zwangsläufig hinter ihren Erwartungen zurückbleibe und sie deshalb zur Formierung politischer Protestbewegungen motiviere. Damit vergleichbar hat Bürklin (1984) auf die politisch radikalisierende Wirkung hingewiesen, die von beruflichen Plazierungsblockaden auf den mit der Studentenschwemme angewachsenen „Typus des Intellektuellen" ausstrahle.

In der Konsequenz dieser Analysen ist die Bildungsexpansion kritisch zu bewerten. Sie führe zur Statusverschlechterung weiter Teile der Intelligenz, dränge sie in die Rolle einer Gegenelite und erhöhe dadurch das revolutionäre Potential in einer Gesellschaft. Die konkreten Ziele politischer Gegeneliten sind aus dieser Sicht austauschbar. Sie dienen immer demselben Zweck: dem Protest gegen Statusbenachteiligungen und schließlich deren revolutionärer Beseitigung.

Indes ist in keiner der entwickelten Gesellschaften das akademische Proletariat zu einer dauerhaften Massenerscheinung geworden. Stattdessen konnte sich ein wachsender Anteil der Intelligenz in den Berufen der neuen Dienstklasse plazieren. Die Expansion der neuen Dienstklasse ist insofern als ein Mechanismus zu betrachten, der den Vorrat hochqualifizierter Erwerbspositionen - mit gewissen Verzögerungen - an die Bildungsexpansion anpaßt. Gleichwohl verweist die Gegenüberstellung von Bildungsexpansion und Plazierungsblockaden auf ein wesentliches Allokationsproblem. Es ist mit diesen beiden Begriffen nur zu unscharf formuliert, um seine Bandbreite erkennen zu lassen. Tatsächlich kann eine prinzipiellere Betrachtung des Allokationsproblems dazu verhelfen, anti- von pro-demokratischen Gegeneliten zu unterscheiden.

II. Spezifika demokratischer Gegeneliten

1. Allokationstheoretische Überlegungen

1.1 Systemfunktionale Aspekte (Makroebene)

Die Entstehungsursachen politischer Gegeneliten können auf der Makroebene gesellschaftlicher Aggregatzustände lokalisiert werden. Als allgemeinste Ursache lassen sich hier verschiedene Formen der Entkopplung zwischen Prozessen der Ressourcenallokation identifizieren. Dabei sind zwei Allokationsprozesse von zentraler Bedeutung. In der Gegenüberstellung von Bildungsexpansion und Plazierungsblockaden sind sie bereits angedeutet, wenngleich sie durch dieses Begriffspaar noch nicht präzise beschrieben sind.

Auf der einen Seite hängt es von der Bildungsentwicklung ab, auf wie breiter Basis kognitive Kompetenzen in einer Gesellschaft alloziiert werden. Die Bildungsentwicklung verweist also auf den Prozeß der *Kompetenzallokation*. Entwickelt sich das Bildungsniveau beispielsweise rückläufig, werden Kompetenzen exklusiver alloziiert. Kommt es aber zu einer Bildungsexpansion, verteilen sich kognitive Kompetenzen auf eine breitere gesellschaftliche Basis, das heißt es kommt zu einer „kognitiven Mobilisierung" oder Kompetenzexpansion.

Auf der anderen Seite verweist auch die Frage der positionellen Plazierungschancen auf ein umfassenderes Allokationsproblem: die Zuteilung von Selbst- und Mitbestimmungschancen. Wie die Frage nach den Plazierungschancen bereits andeutet, ist die Zuteilung von Selbst- und Mitbestimmungsmöglichkeiten zweifelsohne an den Vorrat qualifizierter und verantwortungsreicher Positionen in einer Gesellschaft gebunden. Hierunter fallen in erster Linie Erwerbspositionen, aber auch nicht besoldete Amtspositionen. Über den Positionsvorrat hinausgehend hängt die Zuteilung der Selbst- und Mitbestimmungschancen aber auch noch von einem zweiten Faktor ab, nämlich dem Ausmaß, in dem gerade die der breiten Bevölkerung zufallenden nicht-elitären Rollen, wie etwa organisationale Mitgliedschaftsrollen und der allgemeine Bürgerstatus, mit Entscheidungsrechten ausgestattet sind. Beide Faktoren zusammengenommen, also der Vorrat an verantwortungsreichen Positionen und die Rechtsausstattung von nicht-elitären Rollen, entscheiden über die Breite der Machtallokation in einer Gesellschaft. Macht wird um so breiter alloziiert, je größer der Vorrat an verantwortlichen Positionen und je reicher nicht-elitäre Rollen mit Entscheidungsrechten ausgestattet sind. Demokratisierung bedeutet unter diesem Blickwinkel eine Verbreiterung der Machtallokation.

Vor diesem Hintergrund können wir das Allokationsproblem als ein Kopplungsproblem präzisieren. Es besteht in der Frage, inwieweit die Kompetenz- und die Machtallokation kongruent zueinander verlaufen. Wie bereits angedeutet, werden die Machtallokation durch die Regimestruktur und die Kompetenzallokation durch die Bildungsentwicklung, und somit durch einen wesentlichen Aspekt von Modernisierung, bestimmt: Macht wird exklusiv alloziiert, wenn das Regime autokratisch ist, und breit alloziiert, wenn es demokratisch ist; Kompetenz wird exklusiv alloziiert, wenn die Bildungsschicht (also die Intelligenz) klein ist, und breit alloziiert, wenn sie groß ist. Kongruent sind die Allokationsfunktionen also in Autokratien mit kleiner Bildungsschicht (Macht- und Kompetenzallokation exklusiv) sowie in Demokratien mit großer Bildungsschicht (Macht- und Kompetenzallokation inklusiv). In ein Spannungsfeld treten die Allokationsfunktionen dagegen in Demokratien mit kleiner Bildungsschicht (Machtallokation inklusiv, Kompetenzallokation exklusiv) sowie in Autokratien mit großer Bildungsschicht (Machtallokation exklusiv, Kompetenzallokation inklusiv). Diese allokationstheoretische Taxonomie läßt sich in einer Vierfeldermatrix darstellen (Abb. 3).

Abb. 3: Kombinationen der Allokationsfunktionen für die Ressourcen „Macht" und „Kompetenz"

		Machtallokation	
		exklusiv	inklusiv
Kompetenz-allokation	exklusiv	kongruent → stabil: *Autokratien* in *traditio-nalen* Gesellschaften	inkongruent → instabil: *Demokratien* in *traditio-nalen* Gesellschaften
	inklusiv	inkongruent → instabil: *Autokratien* in *modernen* Gesellschaften	kongruent → stabil: *Demokratien* in *modernen* Gesellschaften

Somit liegt die Vermutung nahe, daß Gesellschaften, in denen die Allokation der Ressourcen „Macht" und „Kompetenz" kongruent verläuft, relativ stabile politische Regimes aufweisen. Die stabilsten Autokratien müßten demnach in Ländern mit kleiner Bildungsschicht und die stabilsten Demokratien in Ländern mit großer Bildungsschicht zu finden sein. Demgegenüber müßten sich gerade aus dem systemischen Spannungsfeld, das durch eine

Entkopplung der Allokationsfunktionen aufgebaut wird, politische Gegeneliten formieren, die einen Wechsel zum jeweils entgegengesetzten Regime anstreben. Die Funktion eines solchen Regimewechsels bestünde in der Anpassung der Macht- an die Kompetenzverteilung, also der Herstellung von Kongruenz zwischen den Allokationsfunktionen. Mit anderen Worten streben Systeme dem Zustand kongruenter Ressourcenallokation entgegen. Demokratien mit kleiner Bildungsschicht wären demzufolge in besonderem Maße der Gefahr einer Autokratisierung, Autokratien mit großer Bildungsschicht dagegen der Gefahr einer Demokratisierung ausgesetzt.

Aus der Logik dieser systemfunktionalen Betrachtung heraus läßt sich zweierlei klar bestimmen: wann die Intelligenz autokratische oder demokratische Regimeziele verfolgt und wann sie eine regime-konforme oder -oppositionelle Haltung einnimmt. Ist die Intelligenz klein, neigt sie zu autokratischen Regimepräferenzen. Unter dieser Bedingung wird sie zu einer regime-stützenden Kraft in Autokratien und zu einer regime-oppositionellen in Demokratien. Ist die Intelligenz dagegen groß, neigt sie zu demokratischen Regimepräferenzen. Bei relativer Größe fungiert sie daher als regime-konforme Kraft in Demokratien und als regime-oppositionelle Kraft in Autokratien.

1.2   Nutzenrationale Aspekte (Mikroebene)

Zugegebenermaßen bewegen sich die systemfunktionalen Überlegungen auf einem sehr hohen Abstraktionsniveau. Wirkliche Überzeugungskraft erlangen diese Überlegungen erst dann, wenn sich plausibel machen läßt, daß die Systemlogik ihre Entsprechung in den rationalen Nutzenkalkülen der Intelligenz findet. Eine solche Entsprechung ist gegeben, weil einerseits Systemressourcen lediglich Aggregate individuell zugeteilter Humanressourcen sind, und andererseits weil die individuelle Verfügbarkeit dieser Ressourcen durch die Kontextbedingungen des Systems (Modernisierung, Regimestruktur) bestimmt wird. Folglich ist das allokative Kongruenzstreben eines Systems dem statusbezogenen Konsistenzstreben der es konstituierenden Individuen zuzurechnen. In diesem Zusammenhang ist zunächst die Frage zu beantworten, wie die Größenordnung der Intelligenz ihre rationalen Nutzenkalküle verändert.

Bildet die Intelligenz eine kleine und exklusive Schicht, hat sie als Gruppe deshalb einen Nutzen von autokratischen Machtstrukturen, weil sie dann die wenigen, aber mit umfassender Macht ausgestatteten Elitepositionen geschlossen besetzen und dann ungeteilte Macht ausüben kann. Die Errichtung oder Eroberung autokratischer Machtpositionen ist somit ein Ziel, das eine kleine und exklusive Intelligenz zu einen vermag. Überschreitet die Intelligenz aber eine gewisse kritische Größe, ist die Errichtung oder Eroberung autokratischer Machtpositionen kein Ziel mehr, das die Intelligenz als Gruppe einen kann. Denn Elitepositionen sind ein ausgesprochen knappes Gut, mit dem - ab einer bestimmten Größenordnung - nur ein kleiner Teil der Intelligenz versorgt werden kann, während der überwiegende Teil von der Elite ausgeschlossen bleibt und damit praktisch nicht mehr an der Machtallokation partizipiert. Ein Regimeziel aber, das im rationalen Interesse auch einer zu Massenniveau angewachsenen Intelligenz liegt, ist demgegenüber eine Demokratisierung oder, wie Mannheim (1958) es nannte, eine „Vervielfältigung" der Elitenmacht. Denn bei hinreichend breiter Verteilung partizipieren auch noch die nicht unmittelbar der Elite zuzurechnenden Teile der Intelligenz an der Machtallokation. Demokratische Selbst- und Mitbestimmungsrechte bilden zwar ein Kollektivgut, von dem formal betrachtet keineswegs nur die Intelligenz profitiert. Empirisch gesehen haben Angehörige der Intelligenz aber selektive Nutzenvorteile von Selbst- und Mitbestimmungsrechten, weil sie in überdurchschnittlichem Maße über die kognitiven Kompetenzen verfügen, die zur effektiven Nutzung dieser Rechte erforderlich sind (Inkeles/Smith 1974; Barnes/Kaase 1979; Inglehart 1989). Der Kompetenzvorsprung dürfte Angehörige der Intelligenz auch befähigen, ihre Nutzenvorteile zu erkennen.

Die Geschichte hält eine Fülle empirischer Evidenzen für diese Überlegungen parat. Betrachtet man etwa die Fälle, in denen eine von der Intelligenz geführte politische Gegenbewegung zur Etablierung autokratischer Machtverhältnisse geführt hat - wie beispielsweise die kommunistischen Revolutionen in Rußland, China, Vietnam und Kuba oder zahllose anti-koloniale Befreiungsbewegungen in Staaten der „Dritten" Welt - so handelte es sich dabei stets um eine äußerst schmale Intelligenzschicht (vgl. Schutz/Slater 1990; Colburn 1994). In entwickelten Gesellschaften mit einer großen und expandierenden Bildungsschicht hat sich vergleichbares dagegen nicht zugetragen. Putschistisch-revolutionäre Zielsetzungen blieben hier auf sektiererische Intelligenzzirkel beschränkt und hatten keine Aussicht auf Erfolg. Schließlich ist das Größenargument auch für den Grad der demokratischen Orientierung anderer gesellschaftlicher Schichten bemüht worden. So haben Huber/Rueschemeyer/Stephens (1993) in einer historischen Sequenzstudie gezeigt, daß demokratische Ziele in aller Regel am stärksten von gesellschaftlichen Schichten mit Massencharakter unterstützt wurden, so insbesondere von der Arbeiter- und der Mittelschicht. Besonders kleine und exklusive Statusgruppen, wie vor allem die Landaristokratie, aber auch militärisch-großindustrielle Oligarchien, waren dagegen stets die hartnäckigsten Gegner von Demokratisierungsprozessen (Schubert/Tetzlaff/Vennewald 1994). In den seltenen Fällen, in denen Demokratien trotz eines relativ hohen gesellschaftlichen Entwicklungsniveaus gescheitert sind (Weimarer Republik und einige Länder in Lateinamerika), hatten gerade diese Gruppen eine traditionell starke Stellung.

1.3   Indikatoren für die Inklusion/Exklusion der Intelligenz
        in die Machtallokation eines Systems

Im weiteren interessiert hier nicht, wie autokratische Gegeneliten in Demokratien entstehen, sondern der umgekehrte Fall: die Herausbildung demokratischer Gegeneliten in Autokratien. Auf der Systemebene wurde die hierzu maßgebliche Konstellation im Spannungszustand zwischen Machtkonzentration und Kompetenzexpansion identifiziert. Es ist somit eine weitere Überlegung wert, wie sich gerade diese Variante der allokativen Inkongruenz in Form von individuellen Inkonsistenzen am Status der Intelligenz festmachen läßt. Was benötigt wird, sind Indikatoren, mit deren Hilfe quantifiziert werden kann, inwieweit eine relativ große Intelligenz in die Machtallokation eines Regimes integriert beziehungsweise davon ausgeschlossen ist. Unter dem Allokationsaspekt des Positionsvorrats sind zwei Indikatoren relevant:

1. das Ausmaß, in dem die Elite aus der Intelligenz rekrutiert wird (Anteil der Hochschulabsolventen in der Elite);
2. das Ausmaß, in dem Angehörige der Intelligenz innerhalb der Erwerbsstruktur qualifikationsadäquat plaziert sind (Anteil der Intelligenz, der hinsichtlich seiner beruflichen Stellung zur oberen Dienstklasse gehört).

Der zweite Aspekt ist wichtig, weil Elitepositionen ein knappes Gut bilden und deshalb nur der kleinste Teil einer auf Massenniveau angewachsenen Intelligenz in die Elite aufsteigen kann - selbst wenn sie sich vollständig aus der Intelligenz rekrutieren sollte. Über den Elitenzugang hinausgehend stellt sich daher die Frage nach der qualifikationsadäquaten Positionierung des nicht zur Elite gehörenden Teils der Intelligenz. Beruflich sind hochqualifizierte und leitende Tätigkeiten im Dienstleistungsbereich als qualifikationsadäquat für die Intelligenz anzusehen. Dies sind die Berufspositionen, die in der Soziologie als obere Dienstklasse bezeichnet werden (zum Konzept vgl. Goldthorpe 1980). Ein Indikator für die qualifikationsadäquate Plazierung der Intelligenz ist demzufolge ihr Anteil, der in den Berufen der oberen Dienstklasse etabliert ist.

Die ersten beiden Indikatoren geben aber lediglich an, inwieweit die Intelligenz unter dem Gesichtspunkt des Positionsvorrats an der Machtallokation partizipiert. Dies ist jedoch nicht hinreichend, um die machtpolitische Inklusion der Intelligenz insgesamt einschätzen zu können. Denn es ist denkbar, daß die Intelligenz zwar weitgehend auf adäquaten Positionen plaziert ist, zugleich aber in ihrem Handlungsrepertoire derart eingeschränkt ist, daß sie ihren Kompetenzvorsprung gar nicht zur Entfaltung bringen kann. Derartige Einschränkungen des Handlungsrepertoires resultieren aus institutionellen Restriktionen, die durch eine mangelnde Rechtsausstattung nicht-elitärer Positions- und Mitgliedschaftsrollen zustande kommen. Unter dem Aspekt der Rechtsausstattung von Rollen gibt es zwei weitere Indikatoren, mit deren Hilfe sich ermitteln läßt, wie weit die Intelligenz an der Machtallokation partizipiert:

3. Die konkrete Rechtsausstattung professioneller Rollen bestimmt, inwieweit die Intelligenz ihren Kompetenzvorsprung *berufsspezifisch* entfalten kann. Ein Indikator dafür ist der Umfang professionsspezifischer Freiheiten gegenüber sachfremden politischen Eingriffen. Dazu gehören die Freiheit von Lehre und Forschung, die Freiheit der Information und der Künste, die Unabhängigkeit der Justiz oder auch die Gewerbefreiheit. Der besondere Bezug professionsspezifischer Freiheiten zur Intelligenz besteht darin, daß sie insbesondere den intelligenztypischen Berufen der oberen Dienstklasse, also Wissenschaftlern, Lehrern, Künstlern, Literaten, Journalisten, Verwaltungsspezialisten, Richtern und Anwälten sowie Unternehmern und Managern, zugute kommen.

4. Die generelle Rechtsausstattung des Bürgerstatus und organisationaler Mitgliedschaftsrollen, die im Prinzip jeder übernehmen kann, entscheidet darüber, inwieweit die Intelligenz ihren Kompetenzvorsprung *politisch* nutzen kann. Ein Indikator hierfür ist das Ausmaß, in dem individuelle Artikulations-, Organisations- und Handlungsfreiheiten sowie organisationsspezifische und allgemeine Wahl- und Abstimmungsrechte institutionalisiert sind. Auch diese allgemeinen Freiheiten besitzen einen besonderen Bezug zur Intelligenz. Zwar handelt es sich dabei um Kollektivgüter, doch ist deren effektive Nutzung in hohem Maße an die kognitiven Kompetenzen gebunden, über die die Intelligenz verfügt. Von daher bestehen *selektive Anreize* für die Intelligenz, sich für die Erweiterung der allgemeinen Freiheiten einzusetzen.

Die hier vorgeschlagenen Indikatoren sind als Maße für objektive Deprivationssituationen der Intelligenz zu verstehen, die sich dem einzelnen Intelligenzangehörigen als Widerspruch zwischen seinen Befähigungen und deren

Nutzungsmöglichkeiten darstellen. Er ist dann entweder durch Plazierungsblockaden in der oberen Dienstklasse und/oder durch institutionelle Restriktionen seines beruflichen und politischen Handlungsrepertoires depriviert.
Plazierungsblockaden resultieren aus einem zu geringen Positionsvorrat und
bedingen *sozio-ökonomische* Deprivationen; institutionelle Restriktionen resultieren aus einer mangelnden Rechtsausstattung nicht-elitärer Rollen und
bedingen *politisch-institutionelle* Deprivationen. Beide Deprivationsformen
dürften gleichermaßen regime-oppositionelle Neigungen innerhalb der Intelligenz befördern.

Politisch-institutionelle Deprivationen sind eindeutig regime-induziert,
das heißt um so stärker, je deutlicher ein Regime autokratisch strukturiert ist.
Regime-oppositionelle Neigungen, die auf politisch-institutioneller Deprivation gründen, dürften darum an demokratische Orientierungen als alternative
Regimepräferenz gebunden sein. Sozio-ökonomische Deprivationen der Intelligenz sind dagegen modernisierungsabhängig, das heißt um so stärker, je
geringer ein moderner Dienstleistungssektor entwickelt ist, der die Intelligenz
beruflich integrieren kann. Sozio-ökonomische Deprivationen sind regime-
neutral: Die durch sie erzeugten regime-oppositionellen Neigungen sind nicht
prinzipiell an eine bestimmte Regimepräferenz geknüpft, sondern richten sich
gegen das gerade herrschende Regime. Sozio-ökonomische Deprivationen,
die sich in einer Autokratie manifestieren, tragen zwar zu deren Delegitimie-
rung bei, aber damit bilden sie noch keineswegs einen soliden Boden für demokratische Orientierungen. Diese Erwartung steht auch im Einklang mit der
Postmaterialismustheorie, derzufolge demokratische Orientierungen erst dann
eine feste Verankerung in den persönlichen Überzeugungssystemen finden,
wenn basale materielle Bedürfnisse befriedigt sind, mit anderen Worten also
bei Abwesenheit oder Geringfügigkeit sozio-ökonomischer Deprivationen.
Außerdem zeigen historische Beispiele, daß die Intelligenz unter den Bedingungen von Unterentwicklung und ökonomischen Krisen eher zu einer sozial-
revolutionären Radikalisierung neigt, die alles andere als demokratische
Machtverhältnisse befördert. Es sind dies die gleichen Beispiele, die weiter
oben als Indiz dafür zitiert wurden, daß eine kleine und exklusive Intelligenzschicht autokratische Machtverhältnisse etabliert hat.

Aus den allokationstheoretischen Überlegungen weiter oben wurde die
Schlußfolgerung gezogen, daß die Intelligenz ab einer bestimmten kritischen
Größe demokratische Orientierungen entwickelt und daß diese Orientierungen regime-oppositionelle Neigungen begründen, wenn die Intelligenz sich in
einem autokratischen Regime befindet. Aus den deprivationstheoretischen
Überlegungen ist der Schluß zu ziehen, daß die Intelligenz dann demokratische Orientierungen entwickelt, wenn sie frei von sozio-ökonomischen De-

privationen ist, und daß diese Orientierungen sich mit regime-oppositionellen Neigungen verknüpfen, wenn sie politisch-institutionellen Deprivationen unterliegt. Aber wie gehen die beiden Faktoren, die eine demokratische Orientierung begünstigen - nämlich relative Größe und Freiheit von sozioökonomischer Deprivation - zusammen? Wahrscheinlich bildet Modernisierung die Klammer zwischen diesen beiden Faktoren, denn durch Modernisierung wachsen sowohl die Bildung als auch der Wohlstand von Gesellschaften. Modernisierung führt also gleichermaßen zum Wachstum der Intelligenz wie auch zu deren sozio-ökonomischer Etablierung, weil die besser Gebildeten natürlich auch die attraktiveren Berufspositionen erlangen. Das gilt gerade für die Berufe der neuen Dienstklasse (NDK), die ebenfalls mit der Modernisierung anwachsen und von denen weiter oben angenommen wurde, daß sie ihrerseits einen positiven Effekt auf die demokratischen Orientierungen haben (vgl. Abb. 4).

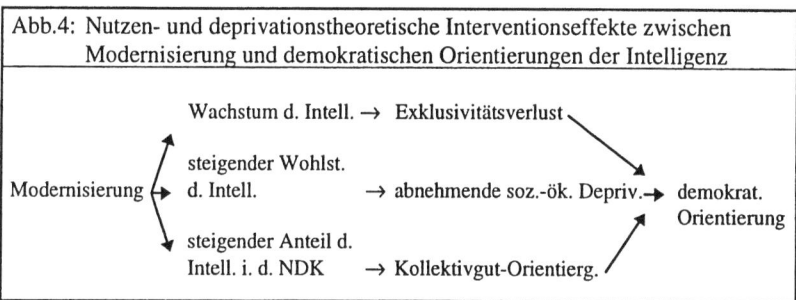

Abb.4: Nutzen- und deprivationstheoretische Interventionseffekte zwischen Modernisierung und demokratischen Orientierungen der Intelligenz

Somit haben wir drei Faktoren, die sich zugunsten demokratischer Orientierungen der Intelligenz auswirken sollten: ihre relative Größe, ihr Wohlstand beziehungsweise ihre ökonomische Sicherheit, und ihre Zugehörigkeit zur neuen Dienstklasse. Alles drei sind Effekte der Modernisierung. Es ist daher angebracht, sich nun *empirisch* mit den Wirkungen dessen zu beschäftigen, was im Zentrum der Modernisierungstheorie steht: die Expansion von Humanressourcen.

2. Empirische Befunde zu den Demokratisierungseffekten der Ressourcenexpansion

2.1 Ökonomische Ressourcen

In den klassischen Arbeiten von Lerner (1958), Lipset (1960, 1981) oder Dahl (1971, 1973) fragt die Modernisierungstheorie nach den sozial-

strukturellen Voraussetzungen dafür, daß sich demokratische Ordnungspräferenzen in einer Gesellschaft verankern. Zentrale Annahme ist hierbei,
daß die Verfügbarkeit von Ressourcen die Nutzenkalküle der Individuen zugunsten demokratischer Orientierungen beeinflusse. Dies resultiere daraus,
daß Ressourcen die Fähigkeit der Menschen zur Beteiligung an kollektiven
Entscheidungen steigern. Dergestalt avancieren ressourcenreiche Gruppen zu
potentiellen Trägern von Demokratisierungsforderungen. Dieser Ansatz steht
auch im Einklang mit der Postmaterialismustheorie, derzufolge der Wertewandel zu einer an Selbst- und Mitbestimmungszielen orientierten „Bürger-
kultur" eine *Funktion erweiterter materieller Humanressourcen* bildet
(Inglehart 1989). Die kulturellen Grundlagen der Demokratie sind insofern
universaler Natur, denn sie bilden sich überall dort aus, wo die Ressourcenausstattung der Menschen infolge von Modernisierungsprozessen ein gewis-
ses Niveau überschreitet.

Die meisten Theorievarianten stellen unter der Ressourcenperspektive die
ökonomische Wohlstandssteigerung in den Vordergrund, wobei statistische
Belege für einen positiven Effekt des nationalen Wohlstandsniveaus auf Demokratie für verschiedene Perioden in der Zeit nach dem Zweiten Weltkrieg
erbracht wurden (vgl. Cutright 1963; Olsen 1968; Bollen/Jackman 1985;
Vanhanen 1989, 1994; Diamond 1992; Helliwell 1993; Lipset/Seong/Torres
1993; Welzel 1994; Burkhart/Lewis-Beck 1994; Ersson/Lane 1996; Przewor-
ski/Limongi 1997).

Neben dem absoluten Wohlstandsniveau gilt in der Modernisierungstheorie auch eine relative Gleichheit der Wohlstandsverteilung als besonders de-
mokratiebegünstigend. Diese Erkenntnis hat ihre Stammväter bereits in der
Antike und im 19. Jahrhundert. So haben Aristoteles am Beispiel der Athener
Handelsgesellschaft und Tocqueville 2300 Jahre später am Beispiel der Far-
mergesellschaft im Nordosten der USA entdeckt, daß Demokratie ein Phänomen von Mittelstandsgesellschaften ist, in denen es nur sehr kleine Gruppen
von besonders reichen oder armen Menschen, aber viele ökonomisch selbständige Existenzen gibt. Ein derart hohes Wohlstandsniveau, wie es nur in-
dustrialisierte Gesellschaften erlangen können, ist folglich keine notwendige
Voraussetzung für eine Demokratie. Vielmehr können auch agrarisch ge-
prägte Gesellschaften, sofern sie auf einer breiten Schicht selbständiger
Klein- und Mittelbauern basieren, der Demokratie gute Bestandsvorausset-
zungen bieten. Beispiele dafür sind nicht nur Nordamerika, die Schweiz oder
die Niederlande in vorindustrieller Zeit, sondern in jüngerer Zeit auch einige
„Dritte"-Welt-Länder mit relativ breit verteiltem Landbesitz (vgl. Moore
1966; Berg-Schlosser 1985; Huber/Rueschemeyer/Stephens 1993; Vanhanen
1994).

Die Betonung der Größe von Trägerschichten bestimmter Ressourcen führt ein zentrales theoretisches Element in die Argumentation ein, das sich einer rein individualistischen Perspektive entzieht. Denn nach dem Größenargument ist es keineswegs die *individuelle* Ressourcenausstattung, die Personen eine demokratische Orientierung verleiht, sondern die Tatsache, daß sie sich einer großen Masse von Menschen ähnlicher Ressourcenausstattung zugehörig wissen. die über eine ähnliche Ressourcenausstattung verfügen. Die Angehörigen wohlhabender Schichten beispielsweise werden also nur dann, wenn ihr Anteil an der Gesellschaft relativ groß ist, demokratische Orientierungen entwickeln - und zwar deshalb, weil mit dem Größenwachstum von Gruppen ein Exklusivitätsverlust beziehungsweise Inklusivitätsgewinn einhergeht, der eine möglichst breite Machtallokation ins rationale Interesse dieser Gruppen legt und damit antidemokratischen Bestrebungen nach Machtkonzentration abträglich ist. Die Verankerung demokratischer Orientierungen ist folglich kein Individual-, sondern ein *Kontext*effekt des gesellschaftlichen Anteils ressourcenreicher Statusgruppen. Der *Aggregatzustand* einer Gesellschaft ist also entscheidend.

Wendet man die Kriterien des Wohlstandsniveaus und seiner Verteilung auf die ehemals sozialistischen Staaten an, so erreichten vier davon (Polen, Ungarn, CSSR, DDR) bereits zu Vor-Wende-Zeiten ein Entwicklungsniveau, auf dem sich - wie noch zu zeigen ist - wesentlich mehr stabile Demokratien als Autokratien befinden. Bei diesen Ländern, beziehungsweise ihren Nachfolgestaaten, handelt es sich zugleich um die gemessen am gesellschaftlichen Unterstützungsniveau konsolidiertesten Demokratien im ehemaligen Ostblockbereich (Higley/Pakulski 1995; Rose/Seifert 1995; Plasser/Ulram/Waldrauch 1997: 83).

Im Jahr 1985 besaß die DDR ein kaufkraftbereinigtes Pro-Kopf-Einkommen von knapp der Hälfte der Bundesrepublik (Zahlenspiegel 1988: 76). Damit rangierte sie vor Spanien, Irland und Israel und knapp hinter Neuseeland. Nach den Kriterien der Weltbankstatistik gehörte sie in die Kategorie der „Länder mit hohem Einkommen", die - abgesehen von den Stadtstaaten Singapur und Hongkong sowie einigen erdölexportierenden Ländern - ausschließlich von Demokratien besetzt wird. In diese Kategorie fiel auch noch die CSSR, die 1978 auf dem Niveau von Spanien lag, wo der Demokratisierungsprozeß gerade ins Rollen kam (Inglehart 1989: 315). Als nächstes sozialistisches Länder folgte dann Ungarn, das in der oberen Kategorie der „Länder mit mittlerem Einkommen" knapp hinter Argentinien lag. Polen fiel in die untere Kategorie der Länder mit mittlerem Einkommen. Es rangierte zwischen Ländern wie Chile und Malaysia und hatte insofern eher den Charakter eines Schwellenlandes (Weltentwicklungsbericht 1990: 210-211). Zieht man als umfassenderen Indikator des Humanressourcenreichtums den *Human Development Index* (in den das Pro-Kopf-Bruttosozialprodukt, die Lebenserwartung, die Kindersterblichkeit und die Alphabetisierungsrate einfließen) heran, so rangierten die sozialistischen Länder des Sowjetblocks vor dem Umbruch im Jahr 1987 mit einem Schnitt von 0,8 von möglichen 1,0 Indexpunkten relativ weit oben (Ersson/Lane 1996: 58).[14]

Angesichts des zentralen Stellenwertes sozialer Gleichheitsideale im Marxismus-Leninismus ist kaum erstaunlich, daß die vier entwickeltsten sozialistischen Länder unter dem Gesichtspunkt der Einkommensgleichheit noch eindeutiger die demokratie-begünstigenden Kriterien erfüllt haben. Für die einzelnen Länder liegen allerdings nur Daten für das reichste Zehntel im Jahr 1978 vor (World Handbook 1982). Dieses konzentrierte in der DDR und der CSSR unter 20, in Ungarn knapp 20 und in Polen etwas über 20 Prozent der Volkseinkommens. In punkto Einkommensgleichheit lagen die ersten drei vor Schweden, und Polen in etwa auf der Höhe von Schweden.

Aus der Makroperspektive auf nationale Wohlstandsressourcen haben zumindest die vier Länder des mitteleuropäischen Bogens (sowie auch Slovenien und mit Abstrichen die baltischen Länder) schon längst vor der „Wende" das innergesellschaftliche Reifestadium für eine erfolgreiche Demokratisierung erreicht.[15] Unter Modernisierungstheoretikern ist dieser Sachverhalt bis zu den Umbrüchen im Sowjetblock allerdings nie zum Anlaß einer Diskussion der Demokratisierungschancen genommen worden. Offensichtlich bestand unter den Forschern ein unausgesprochener Konsens darüber, daß ein relativ hoher Entwicklungsgrad und relative Wohlstandsgleichheit nur in Verbindung mit einer kapitalistischen Wirtschaftsordnung gesellschaftliche Trägerschichten der Demokratie hervorbringen könnten. Als gesellschaftliche Stütze der Demokratie hatten Vertreter der Mittelschichtthese daher in erster Linie die bürgerlich-kommerzielle Mittelschicht vor Augen, die in den sozialistischen Regimes bis auf vernachlässigbare Reste zerschlagen wurde (mit Ausnahme Ungarns). Dabei hätte die Kenntnisnahme der *new class*-Theorie zu durchaus anderen Schlußfolgerungen führen können. Sie steht zwar nicht im Widerspruch zum Humanressourcen-Ansatz als solchem, wohl aber zu seiner Verengung auf die kommerzielle Mittelschicht. Nach der *new class*-Theorie sind es nämlich gerade nicht die Angehörigen der kommerziellen, sondern der hoch qualifizierten öffentlichen und quasi-öffentlichen Dienstleistungsschicht,

---

14 Zum Vergleich: afrikanische Länder (0,3), lateinamerikanische Länder (0,7), asiatische Länder (0,5), OECD-Länder (0,9).

15 Hierzu gehört auch, daß eine traditionell besonders demokratiefeindliche Gruppierung, nämlich die Großgrundbesitzer, unter sozialistischen Vorzeichen praktisch restlos „beseitigt" wurde.

in denen demokratische Orientierungen besonders fest verankert sind (Lamont 1987). In Gestalt der *cultural intelligentsia* (Gouldner 1980) oder der *new technocracy* (1990) formierte sich eine vergleichbare Dienstklasse, je nach Entwicklungsgrad, auch in den sozialistischen Ländern, wobei ihr auch dort demokratische Aspirationen zugerechnet wurden. Das herausragende gemeinsame Merkmal der *new class* in westlichen und östlichen Gesellschaften ist Qualifikation und Bildung. Konzentrieren wir uns nun auf die Effekte dieser Humanressource.

2.2 Kognitive Ressourcen

Durch Umfragedaten ließ schon früh erkennen, daß Menschen mit hoher Bildung in überdurchschnittlichem Maße demokratische Orientierungen aufweisen (Almond/Verba 1963; Inkeles/Smith 1974; Inglehart 1989). Hierbei handelt es sich um einen Individualeffekt des Bildungsstatus, von dem Inglehart (1989: 420) berichtet, daß er demokratische Orientierungen wesentlich stärker determiniere als der sozio-ökonomische Status einer Person. Auf der Individualebene sind kognitive Ressourcen also mindestens ebenso demokratierelevant wie ökonomische Ressourcen. Sollte das auch auf die Systemebene zutreffen, dann müßte es - vergleichbar dem Wohlstandsniveau einer Gesellschaft - auch Kontexteffekte des Bildungsniveaus geben, das heißt, die Tatsache, ob ein Land autokratisch oder demokratisch regiert wird, beziehungsweise wie demokratisch es organisiert ist, sollte vom gesellschaftlichen Anteil seiner Bildungsschicht abhängen.

Bei der Prüfung dieser Hypothese ist allerdings zu berücksichtigen, daß sich in der Grundgesamtheit aller unabhängigen Staaten eine Reihe von Ländern befinden, die sich sowohl unter demokratischen als auch unter autokratischen Regimes als instabil erwiesen und deshalb in der Vergangenheit zwischen diesen beiden Grundtypen politischer Herrschaft hin- und her gewechselt sind. Um aber die Zusammenhänge aufzudecken, die für die *typenstabilen* Demokratien und Autokratien charakteristisch sind, ist es angemessen, nur die in den letzten 20 Jahren typenstabilen Länder zu betrachten. Auf sie bezieht sich ein 1992 von mir erhobener Datensatz (Welzel 1994: 50).[16]

Tabelle 2 offenbart eine klare Verteilungsstruktur der typenstabilen Demokratien und Autokratien auf einer Bildungsskala, die den Anteil der Besu-

---

16 Dabei handelt es sich um 81 Staaten aus einer Grundgesamtheit von 160 Staaten, die zweifelsfrei und mindestens seit Beginn der Demokratisierungswelle 1975 einem der beiden Regimetypen Demokratie oder Autokratie kontinuierlich angehörten (zu den Einteilungskriterien und Informationsquellen Welzel 1994: 73-75).

cher höherer Schulen und Universitäten in der Altersgruppe der 20- bis 24-
Jährigen abträgt. Dabei sind drei deutlich unterscheidbare Zonen erkennbar:
Bis zu einem Anteil von 2 Prozent Besucher höherer Bildungseinrichtungen

Tab. 2: Besucheranteile höherer Bildungseinrichtungen[1] in typenstabilen
Demokratien und Autokratien

Anteil der Jugendlichen[2] an höheren Schulen und Universitäten (%) 1989	Demokratien	Autokratien
66	Kanada	
63	USA	
50	Uruguay	
43	Finnland	
41	Neuseeland	
41	Argentinien	
37	Frankreich	
36	Norwegen	
34	Belgien	
33	Israel	
32	BR Deutschland	
	Niederlande	
	Dänemark	
	Australien	
...	Island	
31	Schweden	
	Österreich	
	Japan	
	Spanien	
29	Italien	
28	Venezuela	
	Griechenland	
27	Costa Rica	
26	Schweiz	
	Irland	
25	Ecuador	
24	Großbritannien	
23	Bolivien	
20		Syrien
19	Dominikansiche Republik	
18	Portugal	Kuwait
17	El Salvador	
14	Kolumbien	Irak
12		Saudi-Arabien
11	Brasilien	Libyen
		Marokko
		Algerien
9	Guatemala	Vereinigte Arabische Emirate
8		Tunesien
7	Malaysia	Iran
		Indonesien

wird fortgesetzt ...

treffen wir ausschließlich Autokratien an; die Zone zwischen 2 und 20 Prozent ist eine Überschneidungszone, und die Zone von über 20 Prozent wird ausschließlich von Demokratien besetzt. Hierin ist eine eindringliche Bestätigung meiner Ausführungen zu der Vierfeldermatrix in Abbildung 3 zu sehen, denn die weitaus meisten typenstabilen Demokratien befinden sich in Ländern mit großer Bildungsschicht, die meisten Autokratien dagegen in Ländern mit

Fortsetzung Tab. 2:

Anteil der Jugendlichen[2] an höheren Schulen und Universitäten (%) 1989	Demokratien	Autokratien
6	Trinidad-Tobago	
5	Jamaika	
4	Lesotho	Oman
	Sri Lanka	
3	Botswana	Mauretanien
		Kamerun
...	Indien	
	Belize	
2	Papua-Neuguinea	VR China
		Laos
		Ghana
1		Guinea
		Zentralafrikanische R.
		Niger
		Ruanda
		Mali
		Uganda
		Burundi
		Malawi
		Tschad
		Guinea-Bissau
		Äquatorial-Guinea
0		Tansania
		Bhutan
...		Kuba
		Jordanien
		VR Korea
		Swasiland
		Vietnam

[1]   Höhere und weiterführende Schulen sowie Hochschulen.
[2]   Bezugsgruppe sind die im Jahr 1989 jeweils 20-24-Jährigen in den einzelnen Ländern.
...   Angabe nicht verfügbar.

Quelle: Bildungsdaten aus Weltentwicklungsbericht (1992: 306-307); Typologisierung der Staaten nach Welzel (1994: 57-59).

kleiner Bildungsschicht. Dort aber, wo Macht- und Kompetenzverteilung auseinanderfallen und eine systemische Spannung erzeugen, nämlich im Falle von Demokratien in Ländern mit kleiner und im Falle von Autokratien in Ländern mit großer Bildungsschicht, finden sich kaum typenstabile Regimes.

Wie aber verhält es sich mit der Stärke des Bildungs- relativ zum Wohl-
standseffekt? Bei einer bivariaten Regressionsrechnung mit der Zugehörigkeit
eines Staates zur Demokratie (versus Referenzkategorie Autokratie) als ab-
hängiger und dem Pro-Kopf-Einkommen als unabhängiger Variable ergibt
sich für den Einfluß des Einkommens auf die Demokratiezugehörigkeit in der

Tab. 3: Regressionsanalysen zum Einfluß des nationalen Wohlstands- und Bildungsniveaus auf die Demokratiezugehörigkeit und den Demokratisierungsgrad von
typenstabiler Regimes

	angepaßtes R-quadrat	standardis. beta-Koeff.	t-Wert	Signifikanz t-Wert
	abhängige Variable: Demokratie (vs. Autokratie)			
bivariat:				
Pro-Kopf-BSP	.20	.46	4,57	0,00
% Besucher höherer Bildungseinrichtg.	.42	.66	7,25	0,00
multivariat (simultan):				
Pro-Kopf-BSP	.42	-.01	-0,64	0,95
% Besucher höherer Bildungseinrichtg.		.66	5,23	0,00
	abhängige Variable: Freedom House Index			
bivariat:				
Pro-Kopf-BSP	.38	.62	6,95	0,00
% Besucher höherer Bildungseinrichtg.	.55	.75	9,22	0,00
multivariat (simultan):				
Pro-Kopf-BSP	.56	.19	1,73	0,09
% Besucher höherer Bildungseinrichtg.		.61	5,58	0,00

Quelle: Typenstabile Demokratien und Autokratien (n=81) nach Welzel (1994);
BSP- und Bildungsdaten Daten nach Weltentwicklungsbericht (1990); Freedom House Index nach Freedom in the World (1990-1991).

Grundgesamtheit der typenstabilen Länder ein standardisierter beta-Koeffizient von .46 (Tab. 3). Die Paßgüte des Modells liegt bei einem angepaßten R^2
von .20. Das ist für eine lediglich bivariate Beziehung bereits beachtlich.
Führt man anstelle des Einkommens aber die Bildungsvariable als unabhängige Größe ein, erhöht sich der erklärte Varianzanteil auf 42 Prozent. Der beta-
Koeffizient für den Einfluß der Bildung auf die Demokratiezugehörigkeit be-

trägt .66. Berücksichtigt man beide unabhängigen Variablen in der Berechnung, bleibt der beta-Koeffizient für die Bildungsvariable mit .66 konstant, während der beta-Wert für das Einkommen auf den vernachlässigenswerten Betrag von -.01 herabsinkt. Der Einfluß des nationalen Pro-Kopf-Einkommens auf die Demokratiezugehörigkeit eines Staates verschwindet also praktisch nach Kontrolle durch das nationale Bildungsniveau.

Kein anderes Bild ergibt sich, wenn wir die simple Dichotomisierung in Demokratien und Autokratien zugunsten des kontinuierlichen *Freedom House Index* aufgeben.[17] Regressionsanalysen auf diesen Index ergeben, daß das nationale Wohlstandsniveau die demokratische Performanz eines Landes zwar zu 38 Prozent bestimmt, doch ist die Determination durch das nationale Bildungsniveau mit 55 Prozent erklärter Varianz erneut stärker (Tab. 3). Und in der multivariaten Regression liegt der standardisierte beta-Koeffizient für das Bildungsniveau (.61) wiederum deutlich über dem Koeffizienten des Wohlstandsniveaus (.19). Auch anhand des *Freedom House Index* sind distinkte Bildungszonen auszumachen (Abb. 5): Bis zu einem Anteil der Bildungsschicht von 14,5 Prozent massieren sich die Länder im Bereich der Unfreiheit mit bis zu 3,5 Indexpunkten. Zwischen einem Anteil der Bildungsschicht von 14,5 bis 24,5 Prozent liegt eine Streuzone mit einem *range* zwischen 1,5 und 7 Indexpunkten, und ab einem Anteil der Bildungsschicht von 24,5 Prozent schließt sich die relativ dichte Zone der freien Länder mit 6 bis 7 Indexpunkten an. Keines der typenstabilen Länder, das den Schwellenwert von 24,5 Prozent überschreitet, liegt unterhalb eines Indexwertes von 6.

Hinsichtlich des Bildungsniveaus haben sich die Demokratisierungsbedingungen international in den zurückliegenden Jahrzehnten nachhaltig verbessert. Tabelle 4 zeigt die Entwicklung des Bildungstrends über fast drei Jahrzehnte, wobei vor allem die obere Kategorie der Länder mit mittlerem Einkommen den Schwellenwert der rein demokratisch besetzten Zone knapp erreicht (20 Prozent Besucher höherer Bildungseinrichtungen laut Tab. 2). Tendenziell überschreiten also immer mehr Länder die Schwelle, ab der das nationale Bildungsniveau demokratiebegünstigende Wirkungen entfaltet.

---

17 Der Index skaliert von 1 (völlig frei bzw. demokratisch) bis 7 (völlig unfrei bzw. autokratisch) und wird aus einem Punktesystem gebildet, das sich an der Institutionalisierung und der praktischen Gewährleistung von bürgerlichen Freiheiten (*civil liberties*) und politischen Teilnahmerechten (*political rights*) orientiert. Der *Freedom House Index* wird als arithmetisches Mittel der jeweils siebenstufigen *civil liberties*- und *political rights*-Skala gebildet und besteht aus 13 Skalenpunkten, weil die Durchschnittsbildung auch die Besetzung halber Skalenpunkte von 1,5 bis 6,5 zuläßt. Die Indexbildung und ihre Informationsquellen sind in den Jahresberichten der Organisation *Freedom House* beschrieben, die unter dem Titel *Freedom in the World* mit der entsprechenden Jahreszahl veröffentlicht werden. Ich habe die Skalierungsrichtung umgekehrt, um den Anstieg des Demokratisierungsniveaus numerisch abzubilden.

Abb. 5: Nationale Demokratieniveaus nach gesellschaftlichem Bildungsniveau

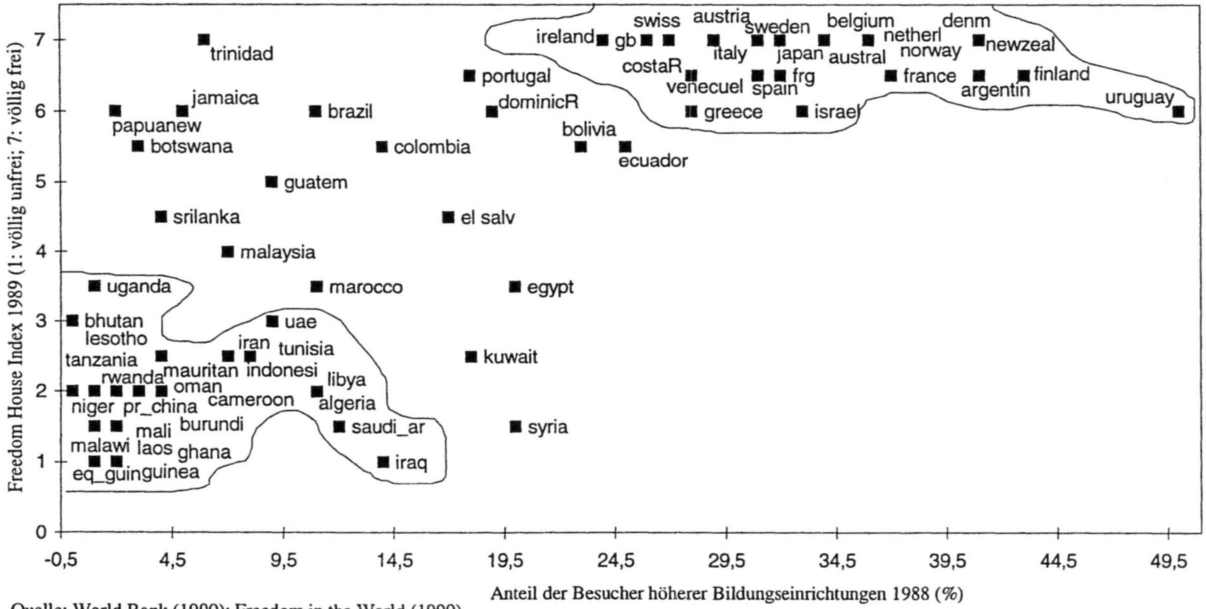

Quelle: World Bank (1990); Freedom in the World (1990).

Entsprechend hat sich die Anzahl der Demokratien von 1975 bis 1985 von 39 auf 49 und von 1986 bis 1992 von 49 auf 72 Staaten erhöht (Welzel 1994: 56; vergleichbare Zahlen in Gurr/Jaggers 1995: 479), und gemessen am *Freedom House Index* ist von 1983 bis 1994 der globale Anteil der als „demokratisch" eingestuften Gesellschaften von 38 auf 60 Prozent angestiegen (Freedom in the World 1994). Da eine Bildungsexpansion auch unter autokratischen Regimes zu beobachten war und die Demokratisierungswelle zeitlich vorgelagert war, kann eine Kausalität der gezeigten Zusammenhänge nur in der Richtung bestehen, daß die Bildungsexpansion eine Demokratisierung begünstigt.[18]

Tab. 4: Bildungsexpansion im globalen Maßstab 1965-1991: Prozentanteil der zum angegebenen Zeitpunkt jeweils 20- bis 24-Jährigen an höheren Bildungsinstitutionen[1]

Länder mit:	1965	1970	1991 (1989)
niedrigem Pro-Kopf-Einkommen	1	3	5
mittlerem Pro-Kopf-Einkommen: untere Kategorie	6	...	(17)
mittlerem Pro-Kopf-Einkommen: obere Kategorie	7	14	19
hohem Pro-Kopf-Einkommen	21	36	50

[1] Höhere, weiterführende und Hochschulen.
... Angabe nicht verfügbar.

Quelle: Weltentwicklungsbericht (1990: 266-267; 1994: 254-255).

Auch unter dem Gesichtspunkt des Bildungsniveaus haben die entwickelten sozialistischen Regimes die demokratiebegünstigenden Kriterien erfüllt. Hinsichtlich ihres Anteils der Besucher weiterführender Schulen und Universitäten in der Altersgruppe der 20- bis 24-Jährigen lagen 1988 Polen (20,4%), die CSSR (18%) und Ungarn (15%) immerhin in der Überschneidungszone von Autokratien und Demokratien und - läßt man die erdölexportierenden Länder außer acht - voll in der Zone der stabilen Demokratien (UNESCO Statistical Yearbook 1993). In der DDR lag der Anteil außergewöhnlich hoch, nämlich bei 33,5 Prozent (ebda.), und damit auf gleichem Niveau wie in der Bundesrepublik (33,3%). Darüber hinaus verlief die Bildungsentwicklung in der DDR dynamischer als in der Bundesrepublik. Tabelle 5 zeigt den kontinuierlichen Anstieg des Anteils der Hochschulabsolventen an den Berufstäti-

---

[18] Mit Belegen für die These, daß zentrale Aspekte von Modernisierung, wie insbesondere Wirtschaftswachstum und Bildungsexpansion, eine ursächliche Wirkung auf das Demokratisierungsniveau haben, aber nicht umgekehrt, siehe Helliwell (1993).

gen von 2,2 Prozent 1961 auf 9 Prozent 1989. In der Bundesrepublik ist der Akademikeranteil im vergleichbaren Zeitraum von 3 auf 7 Prozent angestiegen (Geißler 1991: 181).

Tab. 5: Wachstum der wissenschaftlichen Intelligenz in der DDR 1961-1989

	Berufstätige[1] (x 1000)	Hochschulab- solventen (x 1000)	% an Berufstäti- gen
1961		129,9	2,2
1965		186,1	3,1
1970		260,0	4,2
1975	5444,2	398,9	7,3
1980	6283,3	500,7	7,9
1985	6907,5	588,8	8,6
1989	7036,6	634,3	9,0

[1]   ohne Produktionsgenossenschaften des Handwerks und Rechtsanwaltskollegien.

Quelle: Eigene Zusammenstellung und Berechnungen aus Statistisches Jahrbuch der DDR (1972: 66; 1990: 138).

Die Tatsache, daß das nationale Bildungsniveau genau so stark (bei Betrachtung aller Staaten) oder sogar noch stärker (bei Betrachtung der typenstabilen Länder) mit Demokratie korreliert wie das Wohlstandsniveau, legt die Schlußfolgerung nahe, daß der kognitive Ressourcenreichtum einer Gesellschaft mindestens ebenso starke Demokratisierungspotentiale erzeugt wie der materielle Ressourcenreichtum. Bildung und Wohlstand schließen sich allerdings nicht wechselseitig aus, sondern stehen in einer ursächlichen Beziehung zueinander. Auf der Aggregatebene sieht diese Beziehung so aus, daß Staaten erst durch Wohlstand die Ressourcen erwirtschaften, die sie in eine bessere Ausbildung ihrer Bevölkerung investieren können, was dann zum Wachstum der Bildungsschicht als einer Hauptträgergruppe demokratischer Orientierungen führt.

2.3   Ökonomische und kognitive Ressourcen im Verbund

Die bisherigen Analysen sind insofern durch eine *black box* gekennzeichnet, als bei der Diskussion der Effekte von Wohlstand und Bildung auf Demokratie eine entscheidende intervenierende Variable, nämlich demokratische Orientierungen, zwar argumentativ berücksichtigt, aber nicht empirisch indiziert wurde. Um dieses Manko zu beheben, ist auf Umfragedaten zurückzugreifen, die sich auf möglichst viele Länder mit unterschiedlichen Entwicklungs- und Demokratisierungsniveaus beziehen. Das größte Ländersample dieser Art enthält der *World Values Survey* von 1991, der insgesamt 38 Länder aus den verschiedensten Regionen und Kulturkreisen umspannt.[19]

Mit dem Postmaterialismus-Index enthält der Datensatz auch einen geeigneten Indikator für demokratische Orientierungen. Der Index basiert auf einer Frage, mit der die Bürger aufgefordert werden, die Ziele „Ruhe und Ordnung", „mehr Mitsprache der Bürger an Regierungsentscheidungen", „Preisstabilität" und „Schutz der Meinungsfreiheit" in eine Rangordnung zu bringen.[20] Nach Inglehart (1977; 1989) verweisen die Ziele „Preisstabilität" sowie „Ruhe und Ordnung" auf traditionelle Bedürfnisse nach physischer und ökonomischer Sicherheit. Inglehart bezeichnet sie als materialistische Ziele. Demgegenüber beziehen sich die Ziele „Meinungsfreiheit" und „Mitsprache" auf Bedürfnisse, die sich in aller Regel erst nach der Befriedigung der materiellen und physischen Grundbedürfnisse voll entfalten und daher als postmaterialistisch zu kennzeichnen sind. Sie zeigen darüber hinaus demokratische Orientierungen an, weil Meinungsfreiheit und Mitsprache auf die beiden Kernprinzipien demokratischer Ordnungen abstellen, nämlich individuelle Selbstbestimmung und kollektive Mitbestimmung. Vor diesem Hintergrund können diejenigen Befragten, die ihre erste und zweite Priorität an die Ziele der Meinungsfreiheit und der Mitsprache vergeben, als der *Kern überzeugter Demokraten* gelten. In Ingleharts Terminologie handelt es sich hierbei um die „reinen Postmaterialisten".

---

19 Codebuch und Datensatz sind zu beziehen über das *Inter-University Consortium on Political Research* (ICPSR) an der Universität von Michigan, Ann Arbor. Die Studie wurde unter Leitung von Ronald Inglehart durchgeführt. Der Datensatz umfaßt folgende Länder: Frankreich, Großbritannien, Bundesrepublik Deutschland (West, Ost), Italien, Niederlande, Dänemark, Belgien, Spanien, Irland, Nordirland, USA, Kanada, Japan, Mexiko, Südafrika, Ungarn, Norwegen, Schweden, Island, Finnland, Südkorea, Polen, Brasilien, Nigeria, Chile, Weißrußland, Indien, Tschechoslowakei, Bulgarien, VR China, Portugal, Österreich, Türkei, Moskau, Litauen, Lettland, Estland, Rußland. Für die Analysen wurden die Befragten Moskaus sowie der baltischen Staaten ausgeschlossen, da für diese politischen Einheiten die hier relevanten Aggregatdaten nicht zu beschaffen waren.

20 Frageformulierung im *World Values Survey*: „There is a lot of talk these days about what the aim of this country should be for the next ten years. On this card are listed some of the goals to which different people would give top priority. Would you please say which one of these you, yourself, consider the most important [Code one answer only] - Maintaining order in the nation. - Giving people more to say in important government decisions. - Fighting rising prices. - Protecting freedom of speech. And which would be the next most important? [Code one answer only]"

Zunächst einmal ist festzustellen, daß der Anteil der „reinen Postmaterialisten" in den Ländern des *World Values Survey* mit dem Anteil der Besucher höherer Schulen und Universitäten steigt (Pearson's r: .61). Zugleich steigt er mit der durchschnittlichen Dauer der Vollzeitausbildung in einem Land (Pearson's r: .54). Darüber hinaus liegt der Anteil der „reinen Postmaterialisten" unter den hoch Gebildeten (hier: Abschluß der Vollzeitausbildung nach dem 20. Lebensjahr) in allen Ländern, mit Ausnahme Nigerias, über dem Anteil der weniger Gebildeten. Im Mittel über alle Länder ist er unter den hoch Gebildeten doppelt so groß wie unter den weniger Gebildeten, wobei auch dieser Zusammenhang signifikant ist. Infolgedessen steigt der Anteil der überzeugten Demokraten in einer Gesellschaft sowohl mit der Größe der Bildungsschicht als solcher als auch mit der allgemeinen Anhebung der Ausbildungszeiten. Noch interessanter ist allerdings die Beobachtung, daß mit der Größe der Bildungsschicht nicht nur der Anteil überzeugter Demokraten insgesamt, sondern auch ihr *spezifischer* Anteil in der Bildungsschicht selbst steigt. Hierbei handelt es sich um einen Kontexteffekt, der mit dem Aggregatzustand einer Gesellschaft, konkret: mit der Größenordnung ihrer Bildungsschicht, zusammenhängt und deshalb auf der individuellen Ebene weniger deutlich ist.[21] Dieser Kontexteffekt ist deshalb besonders bedeutsam, weil wir weiter oben bereits gesehen haben, daß die Bildungsschicht in überdurchschnittlichem Maße politisch mobilisierungsfähig ist. Ein Anstieg der überzeugten Demokraten innerhalb der Bildungsschicht ist darum ein für die Demokratisierungschancen eines Landes besonders relevanter Faktor.

Wenn man von den konkreten historischen Konstellationen abstrahiert, unter denen Demokratien entstehen können, und stattdessen auf die langfristigen, sozio-strukturellen und -kulturellen Vorfeldbedingungen erfolgreicher Demokratisierungsprozesse abstellt, dann lassen sich die bisherigen Überlegungen und Analysen zu einem Pfadmodell kausal gestaffelter Hypothesen integrieren:

1. Ein höheres nationales Wohlstandsniveau verlängert die Ausbildungszeiten aller Bildungsgruppen und vergrößert den Anteil der höheren Bildungsgruppen in einer Gesellschaft.

---

21 Läßt man die Länderzuordnung der Befragten unberücksichtigt, indem der Zusammenhang zwischen Bildung und Postmaterialismus über alle im *World Values Survey* erfaßten Individuen berechnet wird, zeigt sich zwar, daß hohe Bildung einen signifikant positiven Einfluß auf Postmaterialismus hat (Pearson's r: .10), doch ist der Zusammenhang wesentlich schwächer als auf der Aggregatebene. In der Tat ist es also so, daß die Neigung hoch Gebildeter zum Postmaterialismus nicht in erster Linie der individuellen Ausstattung mit Bildungskapital zuzurechnen ist, sondern vielmehr ein Kontexteffekt des Umstandes ist, daß Individuen einer mehr oder minder großen Bildungsschicht angehören.

2. Durch die Bildungsexpansion steigt der Anteil überzeugter Demokraten in einer Gesellschaft insgesamt wie unter der Bildungsschicht im besonderen.

3. Sich verfestigende demokratische Orientierungen, insbesondere innerhalb der Bildungsschicht, erhöhen die *Demokratisierungschancen von Autokratien* und die *Konsolidierungschancen von Demokratien*. In internationalen Querschnittsdaten ist das anhand der Variation nationaler Demokratisierungsniveaus mit dem Anteil der postmaterialistischen Bildungsschicht zu erkennen.

Abb. 6: Pfadanalyse zu sozio-strukturellen und -kulturellen Demokratisierungsbedingungen

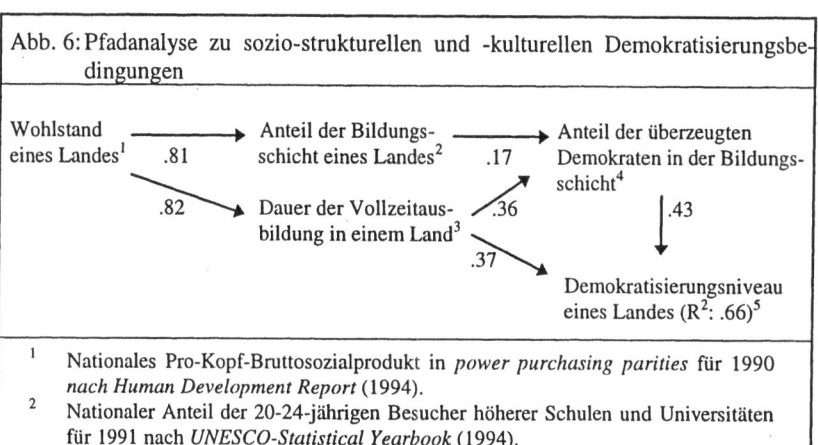

Wohlstand eines Landes[1] $\xrightarrow{.81}$ Anteil der Bildungsschicht eines Landes[2] $\xrightarrow{.17}$ Anteil der überzeugten Demokraten in der Bildungsschicht[4]

$.82 \searrow$ Dauer der Vollzeitausbildung in einem Land[3] $\nearrow .36$ $\downarrow .43$

$.37 \searrow$ Demokratisierungsniveau eines Landes (R^2: .66)[5]

[1] Nationales Pro-Kopf-Bruttosozialprodukt in *power purchasing parities* für 1990 *nach Human Development Report* (1994).

[2] Nationaler Anteil der 20-24-jährigen Besucher höherer Schulen und Universitäten für 1991 nach *UNESCO-Statistical Yearbook* (1994).

[3] Jahre Vollzeitausbildung für 1990 nach *Human Development Report* (1994).

[4] Nationaler Anteil der „reinen Postmaterialisten" unter den Absolventen sekundärer und tertiärer Bildungsinstitutionen nach *World Values Survey* (1991).

[5] *Freedom House Index* für 1992 nach *Freedom in the World* (1992-1993).

Pfadkoeffizienten sind standardisierte beta-Koeffizienten.

Quelle: Um Aggregatvariablen erweiterter Datensatz des *World Values Survey* (1991).

Die statistischen Kennziffern der Pfadanalyse in Abbildung 6 bestätigen diese Hypothesen.[22] Angesichts der Unterschiedlichkeit der einbezogenen Länder sowohl hinsichtlich des Kulturkreises als auch des Entwicklungsniveaus ist die Annahme berechtigt, daß es sich hierbei um globale und somit universelle Zusammenhänge handelt, von denen auch die ehemals sozialisti-

---

22 Mit dem hier vereinfacht dargestellten Modell wird keineswegs beansprucht, Demokratisierungsprozesse erschöpfend zu erklären, denn solche Prozesse ergeben sich aus je konkreten historischen Konstellationen, die kaum vorauszusehen sind. Gleichwohl meine ich, mit den hier diskutierten Variablen wesentliche endogene Faktoren identifiziert zu haben, die das innergesellschaftliche Reifestadium für erfolgreiche Demokratisierungsprozesse bestimmen.

schen Länder nicht auszunehmen sind, zumal einige davon im Ländersample des *World Values Survey* vertreten sind (vgl. Fn. 19, S.59) und dabei keine Ausreißer darstellen. Beispielsweise rangieren die Befragten der neuen Bundesländer hinsichtlich ihres Jahrgangsanteils der Besucher höherer Schulen und Universitäten an 13. Stelle (33,5%) und hinsichtlich ihres Anteils der „reinen Postmaterialisten" an den höher Gebildeten an 14. Stelle (26%) unter den 38 Ländern des Samples. Insgesamt rechtfertigen diese Analysen die Annahme, daß sich die Trägerschichten regime-oppositioneller demokratischer Gegeneliten vor allem in entwickelten Autokratien bilden und im wesentlichen aus einer wachsenden postmaterialistischen Intelligenz bestehen.

3. Eine Mehr-Ebenen-Erklärung des demokratischen Elitenwandels in entwickelten Autokratien

Die bisherigen theoretischen Überlegungen können zu einem Modell des demokratischen Elitenwandels in entwickelten Autokratien verknüpft werden, wie es in Abbildung 7 dargestellt ist. Der Gültigkeitsanspruch des Modells beschränkt sich zunächst auf *societal led regime transitions*, also auf Demokratisierungsprozesse, die nicht von außen aufgezwungen werden, sondern aus der Gesellschaft selbst heraus getragen werden. Allerdings dürften die herausgearbeiteten innergesellschaftlichen Triebkräfte der Demokratisierung ebenso für die *Konsolidierung* von Demokratien maßgeblich sein, die auf andere Weise als durch innergesellschaftlichen Druck etabliert worden sind. Was also passiert, wenn sich eine Autokratie entwickelt?

Modernisierungsprozesse führen allgemein gesagt zu einer Expansion von Ressourcen, und zwar zunächst von materiellen Ressourcen über das Wirtschaftswachstum, sodann aber auch von kognitiven Ressourcen, weil wohlhabendere Gesellschaften über reichhaltigere Mittel verfügen, die sie in den Ausbau der Bildungssysteme investieren können. Auf diese Weise steigt das allgemeine Bildungsniveau und es wächst der Anteil der oberen Bildungsgruppen, insbesondere der Intelligenz, das heißt, es kommt insgesamt zu einer kognitiven Kompetenzexpansion. Spielen sich diese Prozesse innerhalb eines autokratischen Regimes ab, so bedeutet dies, daß sie auf eine hochgradig konzentrierte Machtstruktur treffen. Somit entsteht ein *Widerspruch zwischen Machtkonzentration und Kompetenzexpansion.* Auf der Systemebene baut sich also ein Spannungsfeld aus der Entkopplung von Macht- und Kompetenzallokation auf. Unter der Annahme, daß Systeme nach

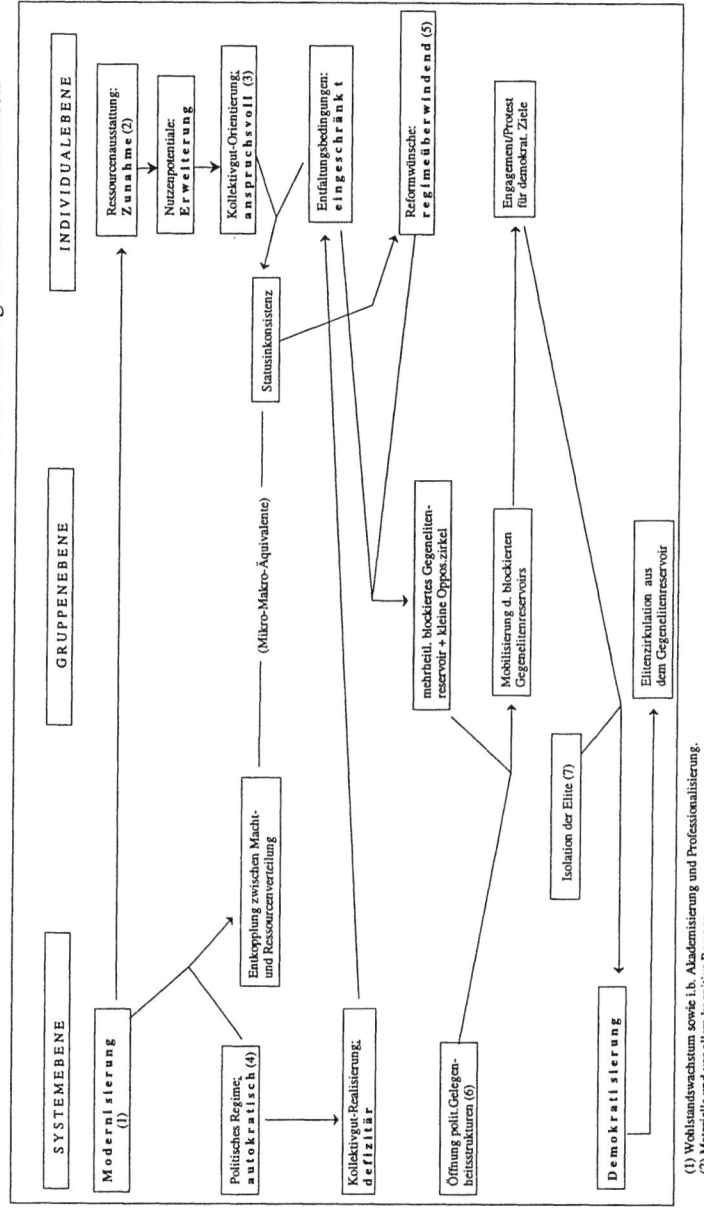

Abb. 7: Zusammenwirken mikro- und makrostruktureller Faktoren bei der Demokratisierung moderner Autokratien

(1) Wohlstandswachstum sowie i.b. Akademisierung und Professionalisierung.
(2) Materielle und vor allem kognitive Ressourcen.
(3) Postmaterialistisch-demokratische Güterpräferenzen.
(4) Exklusive Partizipations- und autoritäre Implementationsstrukturen.
(5) Alternative (prodemokratisch-antiautoritäre) Regimepräferenzen.
(6) Krisenhafte Entwicklungen, 'Risse im herrschenden Block', unvorhergesehene Ereignisse.
(7) Loyalitätsaufkündigung der Subeliten, sodaß keine repressiven Maßnahmen mehr möglich.

Kongruenz der Allokationsfunktionen streben, bedingt dieser Zustand systemische Instabilitäten.

Die Inkongruenz systemischer Allokationsfunktionen schlägt sich auf der Individualebene als *Inkonsistenz* zwischen persönlichem Macht- und Kompetenzstatus nieder. Das betrifft insbesondere die im Zuge der Modernisierung zu Massenniveau angewachsene Intelligenz, deren größter Teil von der exklusiven Machtallokation autokratischer Regimes ausgeschlossen bleiben muß. Das individuelle Streben nach höchst möglicher Statuskonsistenz rückt unter diesen Umständen die Forderung nach einer breiteren Machtallokation ins rationale Interesse der Intelligenz. Diese Forderung läuft im Prinzip auf eine Demokratisierung der Machtverhältnisse hinaus. Die Nutzenrationalität demokratischer Machtverhältnisse ist dabei in engem Zusammenhang mit der Größe der Intelligenz zu sehen, denn für große gesellschaftliche Gruppen ist es generell rational, Mechanismen zu implementieren, die eine relativ inklusive Machtallokation ermöglichen. Genau das ist es, was demokratische Mechanismen leisten. Im Prinzip sind demokratische Mechanismen allerdings so inklusiv, daß sie nicht nur die Intelligenz, sondern grundsätzlich alle gesellschaftlichen Gruppen in die Machtallokation miteinbeziehen könnten. Insofern dürfte der Anreiz, sich für die Implementierung demokratischer Machtverhältnisse einzusetzen, in der Intelligenz nicht größer sein als in anderen gesellschaftlichen Gruppen. Dem ist aber nicht so, weil es vor allem die Intelligenz ist, die über die nötigen Kompetenzen verfügt, um demokratische Beteiligungsangebote effektiv nutzen zu können und um diesen Nutzen auch zu erkennen. Insofern bestehen sehr wohl *selektive* Anreize für demokratisches Engagement - und zwar zugunsten der Intelligenz.

Die Überlegungen, die dafür sprechen, daß Modernisierung die demokratischen Orientierungen der Intelligenz verstärkt, lassen sich aber nicht nur *nutzenrational*, sondern auch *bedürfnisstrukturell* und *deprivationstheoretisch* formulieren. Modernisierung führt ja nicht nur zu einem Wachstum der Intelligenz, sondern auch des allgemeinen gesellschaftlichen Wohlstands. Grundsätzlich ist die Annahme berechtigt, daß Angehörige der Intelligenz überdurchschnittlich an der nationalen Wohlstandssteigerung partizipieren, weil sie aufgrund ihrer höheren Qualifikation die besser bezahlten Erwerbspositionen erlangen. Das hat zur Folge, daß der Großteil der Intelligenz frei ist von elementaren sozio-ökonomischen Deprivationserfahrungen, wobei dies für die Angehörigen des wachsenden öffentlichen und quasi-öffentlichen Sektors in besonderem Maße gilt, weil hier die Beschäftigungsverhältnisse besonders sicher sind. Nach der Postmaterialismustheorie führt gerade die Freiheit von sozio-ökonomischer Deprivation zur Entfaltung übergeordneter, nämlich politischer Bedürfnisse nach Selbst- und Mitbestimmung, und damit zu einer gesteigerten Sensibilität gegenüber Deprivationen politisch-institutioneller Natur.

Zusammenfassend gibt es also eine ganze Reihe von theoretischen Argumenten dafür, daß Modernisierung und ihre Begleiterscheinungen die demokratischen Orientierungen der Intelligenz stärken und auf diese Weise eine regime-oppositionelle Disposition in einem autokratischen Regimekontext begründen.

Angesichts der repressiven Kapazitäten autokratischer Regimes und der dadurch bedingten hohen Risiken für die Wahrnehmung von *voice*-Optionen wird sich jedoch nur ein kleiner Teil besonders risikofreudiger Intelligenzangehöriger, politische Abenteurer eben, zu einer aktiven Gegenelite formieren. Dagegen wird die breite Masse der Intelligenz im Zustand einer blockierten Gegenelite verharren, deren demokratische Reformdispositionen unterdrückt bleiben und durch verschiedene Arrangements mit den bestehenden Verhältnissen überspielt werden. Solche Arrangements mögen nach außen hin als eine Form des auf Gegenseitigkeit gegründeten Gesellschaftsvertrags erscheinen (so die beliebte Fehldeutung westdeutscher DDR-Forschung), in Wirklichkeit aber sind sie Ausdruck einer einseitig oktroyierten Geschäftsgrundlage, nämlich des Verbots politischer Opposition, das letztlich repressiv abgesichert ist. Ein Aufbrechen des massenpsychologischen Phänomens der Präferenzunterdrückung und damit eine Mobilisierung der blockierten Gegenelite kann erst dann einsetzen, wenn Zweifel an der bisherigen Geschäftsgrundlage, also der Repressionsfähigkeit des Herrschaftsapparats, aufkeimen.

Solche Zweifel erzeugen experimentelle Situationen. Im Verhältnis zu den Perioden konsolidierter autokratischer Herrschaft stellen experimentelle Situationen echte Ausnahmezustände dar. Ihr experimenteller Charakter basiert auf den Unsicherheiten, die durch bestimmte ereignishafte Situationsveränderungen erzeugt werden. Gerade die neuen Unsicherheiten setzen Anreize frei, die Massenunterstützung für oppositionelle demokratische Forderungen auszuloten und die Fähigkeit der Eliten zu wirksamen Gegenmaßnahmen auf die Probe zu stellen (Welzel 1995). Typische, unsicherheitsstiftende Situationsveränderungen resultieren aus nicht vorhersehbaren punktuellen Ereignissen, wie etwa einer außenpolitischen Niederlage oder dem Ableben oder der Erkrankung eines Diktators. In aller Regel ziehen solche Ereignisse eine zumindest kurzfristige Paralysierung der politischen Führung nach sich. In der DDR war das beispielsweise der Fall, als Honecker im Spätsommer 1989 schwer erkrankte und daraufhin ein Konflikt zwischen Mittag und Krenz um die politische Führung einsetzte. Diese Veränderung ist vor dem Hintergrund zu bewerten, daß die reformorientierte sowjetische Führung unter Gorbatschow, erkennbar seit 1987, immer deutlicher von der Breshnew-Doktrin abrückte.

Damit ging den kommunistischen Führungen in Osteuropa die militärische Bestandsgarantie ihrer autokratischen Machtposition verloren, worauf sie völlig unvorbereitet waren.

Für die DDR waren weitere einschneidende Ereignisse das Bekanntwerden gefälschter Wahlergebnisse aus den Kommunalwahlen vom Mai 1989 sowie der Abbau der Sperranlagen an der österreichisch-ungarischen Grenze ebenfalls im Mai 1989. So kam es zwischen Mai und September 1989 zu einer Verdichtung situativer Gelegenheiten für oppositionelle Aktivitäten. Während aber diese Gelegenheiten in Polen und Ungarn von Teilen der etablierten Elite zum Dialog mit der Bürgerbewegung genutzt wurden, kam es in der CSSR und der DDR zu einer schubweisen Mobilisierung des bis dahin blockierten oppositionellen Potentials. Opp (1991) hat dieses Phänomen treffend mit dem Konzept der „spontanen Revolution" beschrieben.[23]

Anders als in der Volksrepublik China sind im Zuge der spontanen Mobilisierung in der CSSR und der DDR indes auch die Subeliten vom zentralen Führungskreis des Politbüros abgerückt, so daß dieser mit seinen Versuchen zur Unterbindung der Protestwelle in eine völlige Isolation geriet (Friedheim 1993). Das war eine der zentralen Bedingungen für die sogenannte „Implosion" der autokratischen Machtstrukturen (Derlien/Szablowski 1993).

Im Zuge des Zusammenbruchs der Herrschaftsstrukturen erhalten die aktivierten Gegeneliten die Möglichkeit, einen Regimewechsel herbeizuführen und damit ihre alternativen politischen Ordnungskonzepte zu realisieren. Die selektiven Beteiligungsanreize wirken hier vor allem auf die Intelligenz, weil sie von der institutionellen Deprivation am stärksten betroffen war und deshalb einen größeren Nutzen von der Einrichtung professioneller und politischer Handlungsfreiheiten hat. Der Aufstieg von Teilen des Gegeneliten-Reservoirs in die neue Elite ist dann sehr wahrscheinlich und führt eine stärkere Rückbindung der Elite an die gesellschaftlichen Kompetenzträger nach sich. Diese Rückkopplung wird mit dem Demokratisierungsprozeß auf eine dauerhafte institutionelle Basis gestellt, weil die Einrichtung demokratischer Mindeststandards an professionellen und politischen Freiheiten eine weniger exklusive Machtverteilung bedingt. Eine wesentliche systemische Nutzenfunktion von Demokratisierungsprozessen besteht also darin, die Inkongruenz der Allokationsfunktionen für die Ressourcen Macht und Kompetenz zu reduzieren.

---

23 In der Einleitung wurde darauf hingewiesen, daß bereits die seit 1987 wahrzunehmenden Signale politischer Opposition innerhalb und außerhalb der SED im wesentlichen von Angehörigen der Intelligenz gesetzt wurden. Darüber hinaus werden wir im nächsten Kapitel noch sehen, daß zumindest die Initialphase der seit September 1989 einsetzenden Massenproteste in Leipzig weit überdurchschnittlich von Angehörigen der Intelligenz getragen wurde.

Fazit:

Im Grunde basiert die hier entwickelte Logik von Demokratisierungsprozessen auf einer *nutzentheoretischen Interpretation des Wachstums von
Humanressourcen.* Dabei bestimmt die Ressourcenausstattung den gesellschaftlichen Status eines Individuums, und aus der Ressourcenausstattung resultieren Nutzenpotentiale, die ihrerseits die individuellen Handlungsmotive
strukturieren. Diese Modellvorstellung geht von der Existenz genereller Sta-
tus-Motiv-Zusammenhänge aus. Typisch für demokratische Gegeneliten ist
folgender Status-Motiv-Zusammenhang:

Als politische Gegeneliten kommen generell nur in irgend einer Form deprivierte und zugleich kognitiv kompetente Personen infrage. Diese Schlüs-
selmerkmale politischer Gegeneliten lenken die Aufmerksamkeit auf die De-
privationsmerkmale der Intelligenz. Da andererseits die Trägergruppen demokratischer Orientierungen frei sind von sozio-ökonomischen Deprivationen, wird die Intelligenz nur dann *demokratische* Reform- und Oppositionsmotive entwickeln, wenn ihr Status nicht durch ökonomische, sondern durch
spezifisch institutionelle Deprivationen gekennzeichnet ist. Eine institutionelle Deprivation zeichnet sich durch Aufstiegsbarrieren zur Elite und/oder
durch Restriktionen professionsspezifischer und allgemeiner Handlungsfreiheiten aus. Eine demokratische Gegenelite, auch eine blockierte, ist demnach
anhand folgender Merkmale identifizierbar:

(Statuskomponente:) eine kontinuierlich wachsende und bereits einen relevanten Größenfaktor bildende Intelligenz,
die sozio-ökonomisch in der oberen, vorzugsweise auch „neuen", Dienstklasse etabliert, zugleich aber
durch Plazierungsblockaden von der Elite ausgegrenzt und/oder durch Restriktionen ihrer professionellen und politischen Handlungsfreiheiten eingeschränkt ist und deshalb
(Motivkomponente) in signifikant höherem Maße als der Bevölkerungsdurchschnitt an demokratischen Reformen interessiert ist und sich dafür in
ebenso höherem Maße politisch engagiert, sobald sich dafür die Gelegenheiten bieten.

Dieses Status-Motiv-Muster ist durch empirisch indizierbare Merkmale gekennzeichnet, so daß im folgenden Teil B gezeigt werden kann, inwieweit ein
demokratisches Gegeneliten-Reservoir in der DDR-Gesellschaft existierte.

Teil B: Blockierte demokratische Gegeneliten in der DDR

I. Statusnachteile der DDR-Intelligenz

Das vorliegende Kapitel beschäftigt sich mit den Statusdeprivationen der DDR-Intelligenz und untersucht, inwiefern die für eine demokratische Gegenelite typische Kombination von sozio-ökonomischer Etabliertheit und politisch-institutioneller Deprivation ein Charakteristikum der sozialistischen Intelligenz war. Kapitel II zeigt daraufhin, inwieweit es tatsächlich demokratische Orientierungen waren, die die Intelligenz zum Engagement in der Wende motiviert haben.

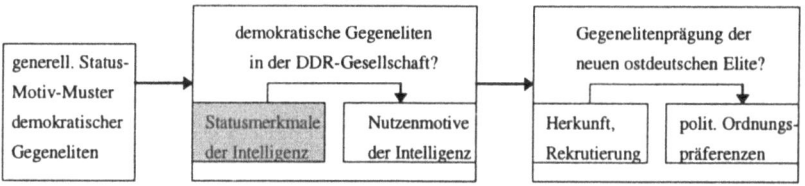

1. Modernisierungsbedingte Erfordernisse zur Inklusion der Intelligenz in die Machtallokation

Modernisierungs- und konvergenztheoretische Ansätze haben der wissenschaftlichen Intelligenz für die Fortentwicklung der sozialistischen Gesellschaften eine nicht minder zentrale Rolle eingeräumt haben als in kapitalistischen Gesellschaften. Bestimmend für diese Sichtweise waren Theorien des funktionalen Wandels der Industriegesellschaften. Demnach streben alle entwickelten Industrienationen der „wissenschaftlich-technischen Zivilisation" (Schelsky 1979) beziehungsweise der spätindustriellen „Wissensgesellschaft" (Bell 1979) entgegen, und zwar unabhängig davon, ob sie sozialistisch oder kapitalistisch organisiert seien (vgl. Galbraith 1968). Diese Entwicklung bedinge eine zunehmende funktionale Autonomie der gesellschaftlichen Sektoren und ebenso eine wachsende Bedeutung funktional spezialisierter, akademisch professionalisierter Eliten (Keller 1963; Putnam 1976: 169-170). Ein wesentliches Resultat dieser Entwicklungen hat Mannheim (1958) in der quantitativen „Vervielfältigung der Eliten" gesehen.

Eine Reihe von Forschern glaubte diese evolutiven Veränderungen in sozialistischen Regimes bereits empirisch feststellen zu können. Autoren wie Brzezinski/Huntington (1964), Johnson u.a. (1970), LaPalombara (1975), Meyer (1976) und Skilling (1983) sind deshalb von der totalitarismustheoretischen Annahme einer monolithischen Machtstruktur der sozialistischen Regimes abgerückt. Stattdessen haben sie ein zunehmendes Eigenleben der verschiedenen bürokratischen Apparate sowie eine zunehmende Konkurrenz zwischen diesen Apparaten und den sie repräsentierenden sektoralen Teileliten konstatiert. Dieser „bürokratische Pluralismus" (Meyer 1976) erschien als funktionales Äquivalent zum Interessenpluralismus westlicher Gesellschaften. Darüber hinaus wurde ein Wandel der sozialistischen Herrschaftspraxis behauptet, den Ludz (1968) als Übergang vom repressiven zum „konsultativen Autoritarismus" charakterisierte. Gemeint war damit eine allmähliche Rationalisierung der politischen Steuerungsprozesse, indem die staatlichen Implementationsstrategien immer mehr auf Überzeugung und Dialog anstelle von Zwang zurückgriffen. Da wissenschaftlich fundierte Fachkompetenzen für derart „rationale" Implementationsstrategien eine unverzichtbare Ressource bilden, erschien die Förderung und Einbindung der wissenschaftlichen Intelligenz in den politischen Prozeß als eine der wesentlichen Integrationsleistungen moderner Gesellschaften (Lasswell/Lerner/Rothwell 1952).

Fleron (1969) ging dabei von verschiedenen, funktional äquivalenten Möglichkeiten aus, die Integration der wissenschaftlichen Intelligenz zu gewährleisten. Neben der „kompetitiv-pluralistischen" Form in westlichen Gesellschaften sei eine weitere Möglichkeit die „kooptativ-bürokratische" Form, wie sie die Gesellschaften des sowjetsozialistischen Typs betrieben. Nach diesem Modell dringt die Intelligenz zwar nicht selbst in die politischen Entscheidungspositionen vor, wird aber von den Entscheidungseliten am Willensbildungsprozeß beteiligt, indem ihre Expertise nachgefragt wird. Als Gegenleistung für diese Dienstleistung würden der Intelligenz dann eine Reihe sozialer Statusprivilegien zugestanden.

Gerade das „kooptativ-bürokratische Modell" manifestiert jedoch jene Dichotomie zwischen gesellschaftlichen Macht- und Kompetenzträgern, deren dysfunktionale Wirkung in Teil A herausgearbeitet wurde. Ludz (1968) hat diesen neuralgischen Punkt schon früh erkannt. In seiner Untersuchung über die SED-Elite kam er zu einer Einschätzung, die das Verhältnis von Macht und Kompetenz unter den Bedingungen „realsozialistischer" Herrschaft in beeindruckender Klarheit herausarbeitet:

„Unter den Aspekten des Aufstiegs und des [...] Entscheidungsbereichs können innerhalb der Parteielite zwei Elitetypen unterschieden werden: einmal die [...] strategische
Clique der Altfunktionäre [...] Diese Funktionäre sind häufig über die Arbeit im Parteiapparat der KPD/SPD/SED aufgestiegen und nehmen fast ausschließlich unmittelbar politische [...] Kontrollfunktionen im Politbüro, im ZK-Sekretariat, auf der Bezirksebene in den Sekretariaten der SED-Bezirksleitungen wahr. Die zweite große
Gruppe stellen jüngere Funktionäre dar. Sie sind in ihrer Masse nicht über die Arbeit
im Parteiapparat, sondern nach Absolvierung eines technischen oder wirtschaftlichen
Studiums [...] in der Wirtschaftsverwaltung aufgestiegen und besetzen in erster Linie
Positionen in Funktionsbereichen der gesellschaftspolitischen, nicht der politischen
Macht im engeren Sinne [...] Die Differenzierung der hier unterschiedenen Elitetypen
geht davon aus, daß zwischen ihnen eine latente Elitenkonkurrenz [...] besteht. *Die
möglicherweise von der gesellschaftlichen Dynamik erzwungene Anerkennung des
Sachverstandes durch die politische Entscheidungselite bleibt 'gebrochen': Die stra-
tegische Clique ist bestrebt, den Sachverstand zwar zu nutzen und damit bis zu einem
gewissen Grade zu integrieren [...], jedoch von der eigentlichen Machtausübung fern-
zuhalten* [meine Hervorhebung] [...] Zur Differenzierung des Begriffs der politischen
Elite wird im folgenden deshalb der der institutionalisierten Gegenelite verwandt [...]
Ihr sind aufstiegs- und laufbahnbewußte, fachlich vorgebildete Wissenschaftler sowie
Kultur-, Wirtschafts- und Landwirtschaftsfunktionäre zuzurechnen" (Ludz 1968;
1970: 42-45).

Damit hat Ludz eine systemimmanente Konfliktlinie identifiziert, die durch
mehrere Aspekte bestimmt war, nämlich:

1. generational (Alt- versus Jungfunktionäre),
2. nach Aufstiegswegen und Qualifikationen (Karrieren in den politischen
   Apparaten mit begleitender ideologischer Schulung gegenüber Karrieren
   in den Fachsektoren nach entsprechend fachgebundenen Hochschulstudi-
   en),
3. nach sektoraler Plazierung und Systemfunktion (Entscheidungspositionen
   in den politischen Apparaten versus Expertenpositionen in den Fachsektoren).

Ludz hat das ZK der SED für dasjenige Gremium gehalten, über welches die
Parteiführung die Integration der „institutionalisierten Gegenelite" zu leisten
versuchte. Angesichts des zwar hohen Prestiges, der zugleich aber nur geringen Machtfülle des ZK sah Ludz hierin jedoch nur eine symbolische Integration, die keine wirksame Einflußnahme auf die politischen Willensbildungs-
prozesse eröffnete. Ludz vermutete deshalb zu Recht, daß die politische Integration der wissenschaftlichen Intelligenz dergestalt ein ungelöstes Problem
bleibe. Er konstatierte weitsichtig, daß die „*Bejahung des technischen Fort-*

schritts [...] *auf die Dauer vor dem Prinzip der Partizipation nicht haltma-
chen"* könne (Ludz 1970: 37).

2. Aspekte der Entkopplung zwischen Macht- und Kompetenzallokation

In A/II wurden theoretisch die Bedingungen für eine *prodemokratische* Regimeentfremdung der Intelligenz diskutiert. Als entscheidende Konstellation
wurde dabei die *Gleichzeitigkeit von sozio-ökonomischer Etabliertheit und
politisch-institutioneller Deprivation* einer relativ großen, sich ständig ver-
jüngenden Intelligenzschicht herausgearbeitet. Inwieweit kennzeichnete diese
Konstellation auch die DDR-Intelligenz?

.   Aus A/II ging bereits hervor, daß die Intelligenz in der DDR zu einem beachtlichen Größenfaktor angewachsen war (ca. 9% der Erwerbstätigen, in
größeren Städten bis zu 20%). Um nun zu erkunden, inwieweit die für eine
demokratische Gegenelite typische Statuskonstellation auf sie zutraf, kann ich
auf die unter A/II/1.3 (S. 44 f.) entwickelten Indikatoren zurückgreifen. Indikator 2 (qualifikationsadäquate Plazierung) rekurriert auf die sozio-ökonomische Statuskomponente, während die Indikatoren 1 (Intelligenzanteil der Elite), 3 (professionelle Handlungsfreiheiten) und 4 (allgemeine Handlungsfreiheiten) auf die politisch-institutionellen Statusaspekte verweisen. In den folgenden vier Unterpunkten wird die soziale Lage der Intelligenz anhand dieser
Indikatoren untersucht.

2.1 Keine sozio-ökonomische Deprivation der Intelligenz

Nach den Daten der DDR-Lebensverlaufsstudie[24] waren vor der „Wende" im
Jahr 1989 gut 87 Prozent der Intelligenz in den Berufen der oberen Dienstklasse etabliert, darunter 73 Prozent als Professionelle im engeren Sinne
(hochqualifizierte Tätigkeit ohne Leitungsfunktion) und 14 Prozent als Subeliten (Professionelle mit Leitungsfunktion). Die weit überwiegende Mehrheit
der DDR-Intelligenz war demnach qualifikationsadäquat plaziert. Dabei lag

---

24 Das Projekt „Lebensverläufe und historischer Wandel in der ehemaligen DDR" war am
    Max-Planck-Institut für Bildungsforschung in Berlin unter Leitung von Karl-Ulrich Mayer
    angesiedelt. Es handelt sich um eine voll standardisierte Umfrage unter ehemaligen DDR-
    Bürgern. Fragegegenstand sind deren Erwerbsbiographien. Es wurden in einer repräsentati-
    ven Zufallsstichprobe die Angehörigen von vier Geburtskohorten erhoben und befragt:
    1929-31-Geborene, 1939-41-Geborene, 1951-53-Geborene und 1959-61-Geborene. Ich
    danke an dieser Stelle Karl-Ulrich Mayer für den Datenzugriff sowie Heike Solga für die
    technische Hilfe bei der Zusammenstellung des Teildatensatzes.

das mittlere Einkommen eines Hochschulabsolventen um 23 Prozent über dem Durchschnittseinkommen eines Facharbeiters oder Meisters (Geißler 1991: 179). [25] Die Intelligenz hatte also einen überproportionalen Anteil am nationalen Wohlstandsniveau der DDR. Das war zwar nur halb so hoch wie das der Bundesrepublik, aber damit immer noch auf dem Niveau hoch entwickelter Länder, vergleichbar Spanien, Nordirland oder Israel. Berücksichtigt man zudem, daß die Positionierung in der öffentlichen Dienstklasse einer sozialistischen Gesellschaft mit einem hohen Maß an beruflicher Existenzsicherheit verknüpft war, so läßt sich sagen, daß die DDR-Intelligenz in der Tat frei war von elementaren sozio-ökonomischen Deprivationserfahrungen. Unter politisch-institutionellen Aspekten war indes das Gegenteil der Fall, wie in den folgenden drei Punkten zu sehen sein wird.

2.2 Aufstiegsbarrieren zur Elite

Das organisatorische Gerüst der Elitenrekrutierung in sozialistischen Gesellschaften bildete das Kadersystem, mit dessen Hilfe die Partei die Elitenrekrutierung in praktisch allen gesellschaftlichen Sektoren kontrollierte (Balla 1973). Kader waren Inhaber *„herrschaftstechnisch relevanter Positionen"* (Glaeßner 1977: 18) und wurden durch die Kaderabteilungen in Personal-Stellen-Listen, den sogenannten Nomenklaturen, geführt. Kaderabteilungen existierten auf der zentralstaatlichen Ebene sowie auf Bezirks- und Kreisebene. Gemäß den Prinzipien des „demokratischen Zentralismus" bedurften Personalentscheidungen jeder Ebene der Bestätigung der jeweils übergeordneten Ebene. Alle Kaderabteilungen führten die Listen über die zu ihrem Bereich gehörenden Nomenklaturpositionen und deren aktuelle Stelleninhaber. Die Stelleninhaber bildeten die eigentlichen Nomenklatur- oder Leitungskader. Nomenklaturfunktionen waren durch *„die Verantwortung für ein bestimmtes*

---

25 Vordergründig mag erstaunlich anmuten, daß die Studienneigung von Intelligenzkindern trotz des doch relativ schwachen Einkommensanreizes nicht abgenommen hat (Solga 1995). Ganz im Gegenteil hat in der DDR nach der Einführung von Studienplatzbeschränkungen weniger die Anzahl der Studierenden nachgelassen als vielmehr der Anteil von Intelligenzkindern zu- und der von Arbeiterkindern abgenommen (Huinink u.a. 1995: 91). Diese Beobachtung bestätigt Titze (1996) in der These, daß die hohe Studienneigung der Nachkommen der Intelligenz von Schwankungen der beruflichen Verwertungschancen ebenso unbeeindruckt bleibt wie von politischen Steuerungsversuchen. Im Gegensatz zur Interpretation Meulemanns (1996) resultierte die wachsende Selbstrekrutierung der sozialistischen Intelligenz also weniger aus gezielten Privilegierungsversuchen des Regimes als aus der „natürlichen" Ungleichverteilung der Bildungswünsche. Letzteres wurde in der DDR nur später sichtbar, nämlich in dem Moment, als das Regime die bis dahin gezielt betriebene Förderung von Arbeiterkindern einstellte.

Arbeitsgebiet sowie die Leitung eines Kollektivs"[26] gekennzeichnet. Neben den aktuellen Stelleninhabern wurden für jede Position deren mögliche Nachfolger aus dem Kreis der „Kaderreserve" aufgelistet. Diese befanden sich auf der Vorstufe zu einer Führungsposition, für deren Übernahme sie sich zu bewähren hatten (Glaeßner 1989: 148).[27]

Formal getrennte Nomenklaturen existierten für den Parteiapparat der SED, für den Staatsapparat, den Wirtschaftsapparat und für die Apparate der Blockparteien und Massenorganisationen. De facto wurde indes nur die SED-Nomenklatur aus originärer Zuständigkeit geführt, während die anderen Nomenklaturen der Kontrolle durch die SED unterlagen. Eine unmittelbare Kontrolle bestand gegenüber den Nomenklaturen des Staats- und des Wirtschaftsapparats. Die von den dortigen Kaderabteilungen getroffenen Personalentscheidungen wurden zuvor mit der zuständigen Kaderabteilung der SED abgesprochen (Schwarzenbach 1976). Dasselbe gilt für die Kaderabteilungen der Massenorganisationen und sogar der Blockparteien (Brandt/ Dinges 1984). Diese Einschätzungen werden heute auch von ehemaligen Spitzenvertretern des Regimes bestätigt (Krenz 1990; Schabowski 1990). Meine eigenen Archivstudien in Kaderakten der SED-Bezirksleitungen von Potsdam und Cottbus haben ergeben, daß dort tatsächlich über die Personalvorschläge aus Massenorganisationen und Blockparteien entschieden wurde.[28]

In Anbetracht der Funktionsweise des sozialistischen Kaderprinzips war sich die westliche DDR-Forschung weitgehend darin einig, daß in den Eignungsbeurteilungen für die Übernahme von Elitepositionen die politische Zuverlässigkeit eines Aspiranten in aller Regel größeres Gewicht hatte als die fachliche Eignung (Schneider 1994: 111; Solga 1995). Endruweit (1987) und Meyer (1991: 96) vertreten sogar die Auffassung, daß es, nach den Versuchen einer stärkeren Qualifikationsorientierung unter Ulbricht, mit dem Wechsel zu Honecker zu einer Re-Ideologisierung der Elitenrekrutierung gekommen sei. Schneider (1994: 111) will in seiner empirischen Untersuchung der Mitglieder des letzten ZK der SED herausgefunden haben, daß „Fachkompetenz" den Aufstieg in dieses Gremium zu einem erheblich geringeren Teil erklärt

---

26 Richtlinie der SED-Bezirksleitung Potsdam für die Arbeit mit der Kadernomenklatur im
    Bezirk (Brandenburgisches Landeshauptarchiv: Repositur 530, Nr. IV C-2/3/103).

27 Als Nomenklaturkader auf Bezirksebene gehörte man zur „Kaderreserve" für Nomenklatur-
    funktionen mit DDR-weiter Zuständigkeit. Unterhalb der Kaderreserve gab es noch die Stu-
    fen des „Kadernachwuchses" und des „Kaderreservoirs". „Zum Kaderreservoir wurden alle
    Fach- und Hochschulabsolventen gezählt. Diejenigen von ihnen, die durch besonderes poli-
    tisches und soziales Engagement auffallen, werden dann in den Kadernachwuchs übernom-
    men. Als Angehöriger des Kadernachwuchses erhält man erste verantwortungsvollere Aufga-
    ben, deren erfolgreiche Bewältigung Voraussetzung für die Übernahme in den Stand der
    Kaderreserve war" (Glaeßner 1989: 148).

[28] Belege dazu in den im Literaturverzeichnis unter „Archivalien" angegebenen Quellen.

habe als „Parteilichkeit". Derlien (1997) ermittelt zwar einen Akademikeranteil von ca. 50 Prozent in der DDR-Elite, doch fragt man nach denjenigen, die einen Fach- oder Hochschulabschluß als ersten höchsten Bildungsabschluß nennen, vermindern sich die entsprechenden Anteile auf maximal 14 Prozent (Meyer 1991: 142).

Somit liegt die Vermutung nahe, daß die SED-Führung eine Strategie der *post-recruitment*-Professionalisierung verfolgte: Es wurde nicht versucht, verstärkt Akademiker in politische Leitungsfunktionen zu rekrutieren, sondern die Leitungskader wurden auf dem zweiten Bildungsweg akademisiert. Die formal vorhandene fachliche Qualifikation der politischen Elite war demnach *nicht Voraussetzung, sondern Folge ihres Eintritts in die Kaderlaufbahn.* Diese Vermutung wird auch durch die Zahlen von Schneider (1994: 186) bestätigt, wonach 61 Prozent der Hochschulabsolventen unter den hauptamtlichen SED-Funktionären im ZK diesen Abschluß auf einer Parteihochschule absolvierten. Von den studierten Funktionären des Staatsapparats im ZK waren dies 40 und von den Wirtschaftsfunktionären nur 15 Prozent. Diese Angaben deuten darauf hin, daß in den politisch bevormundeten Fachsektoren, und hier vor allem im Wirtschaftssektor, ein Aufstieg in Leitungspositionen noch eher qualifikations- als gesinnungsgebunden war. Für die ei-

Tab. 6: Qualifikationsniveau von Leitungskadern in der DDR 1989: Fallzahlen (Prozent)

Kohorten	Facharbeiter	Fachschul-abschluß	Hochschul-abschluß.	*Summe*
1929-31	44 (86)	2 (4)	5 (10)	*51 (33)*
1939-41	43 (82)	4 (8)	5 (10)	*52 (34)*
1951-53	29 (72)	5 (13)	6 (15)	*40 (26)*
1959-61	8 (73)		3 (27)	*11 (7)*
Summe	*124 (81)*	*11 (7)*	*19 (12)*	*154 (100)*

Quelle: DDR-Lebensverlaufsstudie 1991/92.

gentlichen Elitepositionen, also die Leitungsfunktionen im politischen Sektor
der Parteien, Massenorganisationen und politischen Staatsorgane, war das offensichtlich genau umgekehrt.

Auch die Daten der DDR-Lebensverlaufsstudie sprechen für die
„politisierte Inkompetenz" (Derlien 1993b) der DDR-Führungsschicht. Von
den 154 Leitungskadern unter den 1.935 Befragten hatten über 80 Prozent
lediglich einen Facharbeiterabschluß und nur 12 Prozent einen Hochschulabschluß als höchsten Bildungsabschluß angegeben (Tab. 6). Die Intelligenz
war also kein bevorzugtes Rekrutierungsreservoir der Elite. Im Laufe der Zeit
verschlechterten sich ihre geringen Aufstiegschancen auch noch, denn entlang
der Generationenabfolge entfallen auf die Kohorten sinkende Leitungskader-
und steigende Akademikeranteile. Man kann deshalb sagen, daß für immer
mehr Akademiker immer weniger Leitungspositionen zur Verfügung standen.
Abbildung 8 verdeutlicht die sich dadurch öffnende Schere und gibt damit
einen plastischen Eindruck von der *sozialen Entkopplung zwischen Macht-
und Kompetenzverteilung.* Die vorliegenden Daten unterstützen drei Thesen:

1. Die älteren, vorwiegend proletarisch geprägten Aufsteigergenerationen
   hielten lange an ihren Leitungspositionen fest und verminderten dadurch
   die Aufstiegschancen der akademischen Nachwuchsgenerationen. Beim
   Aufstieg zum Leitungskader in den Aufbaugenerationen konnte eine fehlende wissenschaftliche Qualifikation durch politisches Engagement er-
   setzt werden. Eine theoretische Parteischulung mit formalem akademischen Abschluß folgte dann zuweilen als Belohnung für treue Parteidien-
   ste. Diese *post-recruitment*-Pofessionalisierung war vermutlich stark
   loyalitätsstiftend, insbesondere für Arbeiter oder Facharbeiter, die ohne
   die Partei zu keinen akademischen Ehren gelangt wären.
2. Die Intelligenz stellte nicht das zentrale Rekrutierungsfeld für politische
   Leitungsfunktionen. Allenfalls für sekundäre Leitungsfunktionen der
   fachsektoralen Subeliten wurde sie verstärkt rekrutiert. Immerhin aber
   blieb Qualifikation für die Besetzung subelitärer und professioneller Positionen zumindest in den Fachsektoren ein zentrales Kriterium. Mit dem
   Wachstum der Intelligenzschicht gewann es vermutlich sogar an Bedeutung in diesen Bereichen.
3. Qualifikation trennte somit die fachsektoralen Subeliten und Professionen
   von den Eliten insgesamt sowie von den Subeliten des politischen Sektors. Die DDR-Gesellschaft befand sich dergestalt im Widerspruch zu
   den Rekrutierungsregeln moderner Gesellschaften, in denen alle sektora-

len Eliten und Subeliten, und nicht nur die *fach*sektoralen Subeliten und
Professionen, aus der Intelligenz rekrutiert werden.[29]

Abb. 8: Entwicklung der Relation von Intelligenz und Leitungskadern in der DDR:
Auf die Kohorten entfallende Anteile beider Gruppen 1989

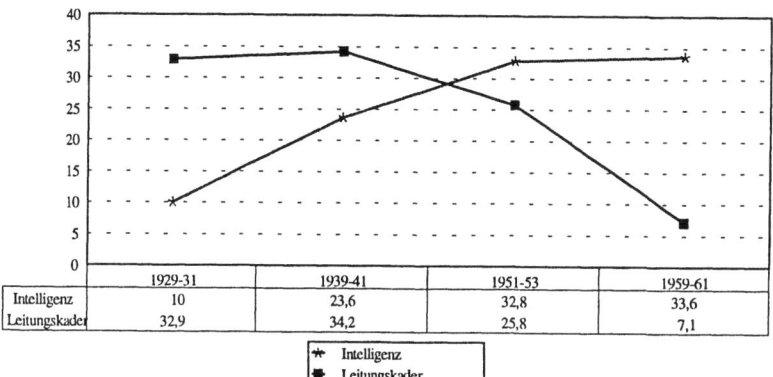

	1929-31	1939-41	1951-53	1959-61
Intelligenz	10	23,6	32,8	33,6
Leitungskader	32,9	34,2	25,8	7,1

✶ Intelligenz
■ Leitungskader

Basis: Intelligenz (N=129), Leitungskader (N=154); Datenbasis: DDR-Lebensverlaufsstudie

Ludz' (1968) Vorstellung von einer institutionell angelegten Konfliktlinie
im System findet damit Bestätigung. Sie ist durch die institutionelle Trennung
zwischen Entscheidungsträgern und Kompetenzträgern gekennzeichnet, die
sich mit einer Wendung Geigers (1949) auch als „Antagonismus zwischen
Geist und Macht" charakterisieren läßt. Auf der Systemebene erzeugte das
Regime also in der Tat jene bestandsgefährdende Spannung zwischen Machtkonzentration und Kompetenzexpansion, die sich auf der Individualebene in
Gestalt von Inkonsistenzen zwischen persönlichem Macht- und Kompetenzstatus niederschlug. Hiervon waren die Aufstiegsbarrieren zur Elite aber nur
ein Aspekt. Wesentlich verstärkt wurden diese Statusinkonsistenzen durch die
institutionellen Blockaden professioneller und politischer Kompetenzentfaltung.

2.3   Institutionelle Blockaden *professioneller* Kompetenzentfaltung

Infolge organisatorischer Differenzierungsprozesse waren die Positionseliten
in den sowjetsozialistischen Gesellschaften keineswegs etwa monolithisch
organisiert. Westlichen Gesellschaften durchaus vergleichbar bestand auch

---

29 Dieser Befund ist in der Literatur außerordentlich breit rezipiert: vgl. nur exemplarisch
Schumpeter (1946), Mannheim (1958), Konrad/Szelenyi (1978), Schelsky (1979), Bell
(1979), Gouldner (1980), Bourdieu (1983).

hier eine ausgesprochene Vielfalt formaler Organisationen, die nach funktional spezialisierten Sektoren gegliedert waren. Der anhaltende - wenn auch
nicht immer gleichermaßen erfolgreiche - Versuch aber, eine totalitäre Kon-
trollstruktur aufrecht zu erhalten, raubte den gesellschaftlichen Sektoren ihre
funktionale Autonomie. Sowohl die sektorinternen Entscheidungsprozesse als
auch die sektorale Elitenrekrutierung erfolgten unter Kontrolle der sozialistischen Partei.

Die politische Fremdkontrolle sektorinterner Entscheidungsprozesse be-
wirkte, daß die Professionellen und selbst die sektoralen Facheliten - beispielsweise die Leiter von Betrieben und Kombinaten, von wissenschaftlichen
Einrichtungen und Bildungsinstitutionen oder die Chefredakteure von
Presseorganen und Sendeanstalten - unter Bedingungen agierten, in denen es
keinerlei institutionelle Garantien für professionelle Autonomie gab. Das
Handeln der sektoralen Facheliten und Professionellen mußte sich stattdessen
an *professionsfremden Zielsetzungen und Zwängen* orientieren, die von außen
gesetzt wurden. Parteibeschlüsse waren nach § 2 einer vom Ministerrat erlas-
senen „*Verordnung über die Pflichten, die Rechte und die Verantwortlichkeit
der Mitarbeiter in Staatsorganen*" (GBl. DDR 1969 II: 163) auch für die
Staatsbediensteten rechtsbindend, die *nicht* Mitglied der SED waren.

Die professionellen Autonomiedefizite stellten sich insbesondere für die
akademischen Berufe als Beschränkung ihrer Möglichkeiten dar. Kenne-
dy/Sadkowski (1991) haben diese sozialismustypischen *constraints on professional power* im einzelnen beschrieben. Belitz-Demiriz/Voigt (1987: 39),
Adler (1991: 167) und Huinink/Mayer/Trappe (1995: 91) berichten darüber
hinaus, daß fachsektorale Leitungspositionen aufgrund ihrer politischen
Fremdbestimmung und Überbürokratisierung für die meisten Angehörigen
der Intelligenz so unattraktiv waren, daß sie nur mit entsprechendem Druck
zu deren Übernahme verpflichtet werden konnten. Empirisch werden solche
Einschätzungen auch aus der Sicht von Betroffenen selbst bestätigt. Die von
Schlegelmilch (1993) und Hoerning (1995: 243-244) durchgeführten qualita-
tiven Interviews unter Angehörigen der ehemaligen DDR-Intelligenz liefern
hierfür zahlreiche Indizien.

Vor diesem Hintergrund drängt sich das Urteil auf, daß sektorale Facheliten nur in einem *formalen* Sinne als Eliten zu bezeichnen waren. Es fehlte
ihnen das nötige Maß an sektoraler Entscheidungsautonomie, um sie auch im
funktionalen Sinne als Eliten klassifizieren zu können (ähnlich bereits
Endruweit 1987). Die funktionale „Vervielfältigung der Eliten", die von
Mannheim (1958) als allgemeine Modernisierungserscheinung beschrieben
wurde, blieb im Sozialismus aus.

Ein weiterer Aspekt der Beeinträchtigung professioneller Autonomie bestand in der zunehmenden Bedeutung der Parteimitgliedschaft (insbesondere natürlich in der SED) für den beruflichen Einstieg in hochqualifizierte Tätigkeiten. Im Bereich der Professionen konnte die Parteimitgliedschaft eine wissenschaftliche Qualifikation zwar nicht ersetzen, doch wuchsen die Etablierungschancen der Akademiker mit SED-Mitgliedschaft gegenüber denen ohne Parteibuch über die Jahrzehnte beträchtlich. Das besagen jedenfalls die Kohortenanalysen von Solga (1994; 1995). In der Aufbaugeneration der DDR war der Akademikeranteil ohnehin relativ gering und durch die Westabwanderung einer fortlaufenden Auszehrung ausgesetzt. Daher wurde praktisch jede hochqualifizierte Kraft benötigt, auch wenn sie bürgerlicher Herkunft war und der SED nicht beitreten wollte. Die Bildungsexpansion in den jüngeren Kohorten hat dann allerdings zu einer verschärften Konkurrenz um professionelle Berufe geführt und es der SED ermöglicht, in ihrer Stellenbesetzungspolitik stärker auf die ideologische Zuverlässigkeit zu achten. Parteimitgliedschaft wurde dabei als offiziell dokumentierte Regimeloyalität bewertet und verbesserte deshalb die beruflichen Chancen (Solga 1995: 198, Abb. 19).

Sehr wahrscheinlich hat aber gerade die Inflationierung von Parteibeitritten aus der Intelligenz zur Unterminierung der innerparteilichen Loyalität beigetragen, denn für karrierebewußte Akademiker erhöhte sich zwar der Druck zum Parteibeitritt, doch verstärkte sich damit auch das Motiv, diesen Schritt nicht aus ideologischer Überzeugung, sondern aus rein instrumentellen Erwägungen zu unternehmen. Anders ist denn auch die massive Austritts- und innerparteiliche Protestwelle in der Wende nicht zu erklären (Zahlen in Welzel 1992). Die SED-Führung unterlag also einer Selbsttäuschung, wenn sie den akademischen Parteibuchträger als generell regimeloyal einstufte. Es ist schwer nachvollziehbar, wie sich diese Fehldeutung bis auf den heutigen Tag in der Transformationsforschung zu halten vermag (exemplarisch bei Meulemann 1996).

2.4   Institutionelle Blockaden *politischer* Kompetenzentfaltung

Angesichts der zumindest nach der Formalstruktur totalitären Machtverhältnisse in sozialistischen Gesellschaften ist das Thema der politischen Handlungsfreiheiten rasch abgehandelt, denn solche waren auf ein Minimum reduziert. Beispielsweise waren die Einheitslistenwahlen zu den Volksvertretungen auf den verschiedenen staatlichen Ebenen reine Makulatur, weil die Mandatsverteilung zwischen den Blockparteien bereits vorab in der Nationalen Front festgelegt wurde (Lapp 1982). Der Wahlausgang hatte daher keinerlei Auswirkung auf das politische Kräfteverhältnis. Darüber hinaus wurden

bei den Kandidatennominierungen in den Vorwahlversammlungen die von
den Kaderabteilungen vorgesehenen Kandidaten praktisch immer durchge-
bracht (Mampel 1982: 182-183). Ausnahmen wurden nur in ganz seltenen
Fällen berichtet. Genau so verhielt es sich mit innerorganisatorischen Wahl-
und Abstimmungsmöglichkeiten.

Zwar gab es für die DDR-Bürger vielfältige Möglichkeiten der Mitarbeit
in gesellschaftlichen Organisationen und Parteien, gefragt waren hier jedoch
in erster Linie Hilfsdienste bei der Umsetzung diktierter Ziele und nicht etwa
selbstbestimmtes kreatives Engagement (ausführlich Zimmermann 1988: 214-
283). Symptomatisch hierfür ist das auch statuarisch festgehaltene Kritikver-
bot an einmal gefaßten Beschlüssen übergeordneter Partei- und Staatsorgane.
Nach Artikel 32 des SED-Statuts von 1976 waren sogar innerparteiliche
Fraktionsbildungen offiziell verboten. Analoges gilt für die anderen Parteien
und Massenorganisationen. Das machte es unmöglich, bei innerparteilichen
und -verbandlichen Personalwahlen Gegenkandidaturen anzumelden oder gegen eine Abstimmungsvorlage zu votieren. Von dem für den Staats-, Partei-
und Verbandsaufbau geltenden Prinzip des „demokratischen Zentralismus"
war mithin nur die zentralistische, nicht jedoch die demokratische Komponente realisiert (vgl. Glaeßner 1989: 123-232).

Schließlich waren zwar in Artikel 28 und 29 der DDR-Verfassung von
1974 das freie Vereinigungs- und Versammlungsrecht kodifiziert. Wer jedoch
davon Gebrauch machte, mußte damit rechnen, unter Anklage des Landesver-
rats oder der öffentlichen Unruhestiftung nach DDR-Strafrecht gestellt zu
werden (vgl. Brunner 1979). Wie schwierig es selbst für höherrangige SED-
Politiker war, auch nur moderate Kritik am offiziellen Parteikurs zu formulieren, wurde beispielhaft deutlich, als der Erste SED-Sekretär des Bezirks
Dresden, Hans Modrow, sich nach einer Chinareise im Jahr 1988 positiv zu
den dortigen Wirtschaftsreformen äußerte. Daraufhin wurde nämlich eine
Kontrollkommission in seinen Bezirk entsandt, die eine klare Abmahnung be-
züglich der innerparteilichen Zustände im Bezirk Dresden verfaßte (Neues
Deutschland v. 23.6.1989). Nicht von ungefähr gehörte Modrow, der als Anhänger des sowjetischen Reformprozesses gehandelt wurde, zu jenen Ersten
Bezirkssekretären, die keinen Sitz im Politbüro hatten. Diese Episode gibt zu
erkennen, daß die Unterdrückung der öffentlichen Diskussionsfreiheit eine
der wirksamsten Blockaden politischer Kompetenzentfaltung bildete. Angehörige der Intelligenz hatten unter diesen Umständen kaum eine Möglichkeit,
ihre überlegenen Kompetenzen im Prozeß der öffentlichen Interessenartikulierung auszuspielen.

Insgesamt läßt sich also festhalten, daß es innerhalb des offiziellen politischen Systems zahlreiche Möglichkeiten gab, an den obrigkeitlich gelenkten

Mobilisierungsinitiaven teilzunehmen, jedoch keine Möglichkeiten der selbstbestimmten Partizipation. Foren der authentischen Partizipation gab es nur außerhalb des offiziellen politischen Systems, nämlich in den Laiengremien der evangelischen Kirche, die deshalb zunehmend in die Rolle einer *host institution* für Dissidenten rückte (Pollack 1993).

3. Schlußfolgerungen

Zusammenfassend bleibt festzuhalten, daß die DDR-Intelligenz in ihrem Status durch die Verbindung von sozio-ökonomischer Inklusion und politisch-institutioneller Exklusion gekennzeichnet war. Diese Statuskonstellation ist eine zentrale Bedingung für eine prodemokratische Regimeentfremdung der Intelligenz.

Sozio-ökonomisch hatte die Intelligenz eine zentrale gesellschaftliche Stellung erlangt, weil sie erstens zu einem gesellschaftlichen Massenfaktor herangewachsen und zweitens weit überwiegend in der oberen Dienstklasse etabliert war. *Institutionell* jedoch war sie in der Nutzung ihrer relativen Kompetenzvorteile depriviert, weil sie drittens durch Aufstiegsbarrieren zur Elite sowie viertens durch berufliche und politische Handlungsrestriktionen blockiert war. Angesichts ihrer relativen Kompetenzvorteile war die Intelligenz in ihren Möglichkeiten wesentlich stärker eingeschränkt als der Bevölkerungsdurchschnitt.

Als ein Spezifikum sozialistischer Gesellschaften ist allerdings zu berücksichtigen, daß die professionelle Intelligenz, wie fast alle Angehörigen der Dienstklasse, eine non-kommerzielle Staatsdienstklasse bildete. Dadurch war die Intelligenz ökonomisch abgesichert und kam in den Genuß relativ umfangreicher Versorgungsleistungen. Unter diesen Umständen war die Intelligenz in ihren Möglichkeiten nicht durch den ausgedehnten *Umfang*, sondern die autokratische *Struktur* der staatlichen Macht beeinträchtigt. Es ist deshalb anzunehmen, daß sich ihre Regimeentfremdung mehr gegen den Mangel an Demokratie als gegen die Ausdehnung des staatlichen Aufgabenumfangs richtete. Auf die politischen Ordnungspräferenzen der Intelligenz sollte sich das dahingehend auswirken, daß starke demokratische Orientierungen eine Verbindung mit stark etatistischen Orientierungen eingehen, das heißt, mit Orientierungen, die die Aufgaben des Staates extensiv definieren. Die etatistische Komponente dürfte ein Spezifikum demokratischer Gegeneliten sein, die im sozialistischen Kontext geprägt wurden. Das folgende Kapitel prüft, inwieweit diese Rückschlüsse von Statusmerkmalen auf politische Ordnungspräferenzen empirisch gerechtfertigt sind.

II. Demokratische Oppositionsmotive der ostdeutschen Intelligenz

Im letzten Kapitel wurde aus einer Reihe von Statusmerkmalen der sozialistischen Intelligenz gefolgert, daß demokratisch-etatistische Ordnungspräferenzen als typisch für sie anzusehen seien. Im vorliegenden Kapitel wird diese Annahme anhand von Einstellungsdaten geprüft. Sollte sie zutreffen, dann müßte die ostdeutsche Intelligenz stärkere *demokratische* Orientierungen als die *ost*deutsche *Bevölkerung* und stärkere *etatistische* Orientierungen als die *west*deutsche *Intelligenz* aufweisen. Im folgenden ist aber zunächst zu zeigen, ob die Intelligenz in ihrer Opposition zum SED-Regime tatsächlich stärker durch *demokratische* Orientierungen motiviert war als die „Normalbevölkerung". Sollte sich dieser Nachweis nicht führen lassen oder sogar das Gegenteil der Fall sein, wäre meine Interpretation von Status-Motiv-Zusammenhängen widerlegt.

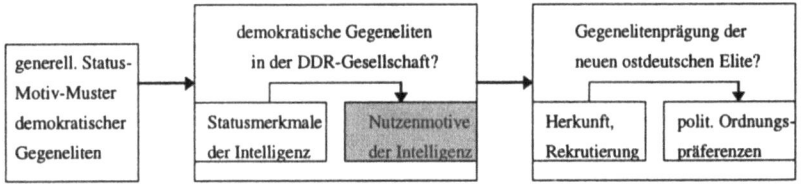

1. *Oppositionsmotive im Intelligenz-Bevölkerungs-Vergleich*

Um Erkenntnisse über unterschiedliche Oppositionsmotive gegen das SED-Regime zu gewinnen, muß man auf repräsentative Umfragen zurückgreifen, die zeitlich möglichst nahe an der Wende liegen und geeignete Retrospektivfragen enthalten. Unter diesen Vorgaben bietet sich eine Analyse der *Basisumfrage 1991* an, welche die erste Repräsentativbefragung in den neuen Bundesländern im Rahmen des ALLBUS-Programms darstellt.[30] Das Frageprogramm enthielt für die Ostdeutschen eine retrospektive Frage zum SED-Regime, die aufgrund des Zeitpunkts der Erhebung, als der Niedergang des Regimes noch frisch in Erinnerung war, aufschlußreich ist. Die Frage lautete,

---

30 Die repräsentative Zufallsstichprobe wurde für Ost und West getrennt durchgeführt. Der Datensatz besteht aus 3.058 Befragten, darunter 1.514 West- und 1.544 Ostdeutsche. Codebuch und Datensatz sind über das „Zentralarchiv für Empirische Sozialforschung (ZA)" in Köln unter der ZA-Nr. 1990 zu beziehen.

an welchen Mängeln in der DDR man sich am meisten störte.[31] Dazu waren vier Antwortkategorien vorgegeben, und zwar:

- der niedrige Lebensstandard,
- das Fehlen demokratischer Mitbestimmungsmöglichkeiten,
- die fehlende Reisefreiheit,
- die Verfolgung oppositioneller Gruppen.

Die vier Alternativen sprechen konkurrierende Güter an, die sich danach einteilen lassen, ob der Einzelne sie innerhalb seiner Privatsphäre oder im Rahmen der Öffentlichkeit nutzen kann. Materieller Lebensstandard und Reisefreiheit sind insofern Güter, deren Nutzung in der Privatsphäre erfolgt. Demokratische Mitbestimmung und Oppositionsfreiheit bilden dagegen öffentlich zu nutzende und somit politische Güter, die zudem auf den Selbst- und den Mitbestimmungsaspekt des Demokratieprinzips abstellen. Es können somit zwei öffentlich-demokratische zwei privat-konsumtiven Gütern gegenübergestellt und zu einem Index zusammengeführt werden (hinfort: Nutzenpräferenz-Index).

1: reine Demokratiepräferenz (erste und zweite Nennung ein demokratisches Gut),
2: vorwiegende Demokratiepräferenz (erste Nennung ein demokratisches, zweite ein konsumtives Gut),
3: vorwiegende Konsumpräferenz (erste Nennung ein konsumtives, zweite ein demokratisches Gut),
4: reine Konsumpräferenz (erste und zweite Nennung ein konsumtives Gut).

Diese Kategorien sind in der Weise zu interpretieren, daß Demokratiepräferenten am SED-Regime primär der Mangel an demokratischen Gütern und Konsumpräferenten am stärksten der Mangel an konsumtiven Gütern störte. Wenn meine These stimmt, daß die Intelligenz zu DDR-Zeiten weniger ökonomischen als vielmehr institutionellen Deprivationen unterlag, dann sollte sie einen signifikant geringeren Anteil an Konsumpräferenten und einen ebenso höheren Anteil an Demokratiepräferenten aufweisen als die allgemeine Bevölkerung.

Die Daten bestätigen diese Erwartung, denn Abbildung 9 gibt eine spiegelverkehrte Verteilung von Intelligenz und Bevölkerung auf dem Index zu erkennen. Die Intelligenz hat ihren Schwerpunkt in der oberen Hälfte und

---

31 Der genaue Wortlaut: „Auf dieser Liste finden Sie einige Dinge, die in der früheren DDR häufig kritisiert wurden. Welcher der aufgeführten Punkte störte Sie früher am meisten, oder störte sie nichts davon?" Als Antwortkategorien waren vorgegeben: „Störte am meisten - störte am zweitmeisten - an dritter Stelle - mich störte nichts davon - weiß nicht".

damit im Bereich der Demokratiepräferenten (zusammen 66%), die Bevölkerung in der unteren Hälfte, also im Bereich der Konsumpräferenten (zusammen 56%). Die kleinste Gruppe unter der Intelligenz bilden die reinen Konsumpräferenten (16%) und unter der Bevölkerung die reinen Demokratiepräferenten (16%). Die größten Gruppen bilden die Mischtypen im jeweiligen Schwerpunktbereich, innerhalb der Intelligenz also die *vorwiegenden* Demokratiepräferenten (35%) und innerhalb der Bevölkerung die *vorwiegenden* Konsumpräferenten (33%). Diese Verteilungsunterschiede sind statistisch signifikant und auf 22 von 100 möglichen Differenzpunkten auf dem *Duncan Index* zu beziffern.[32]

Abb. 9: Nutzenpräferenzen der ostdeutschen Intelligenz und Bevölkerung 1991: Prozent an Präferenztypen

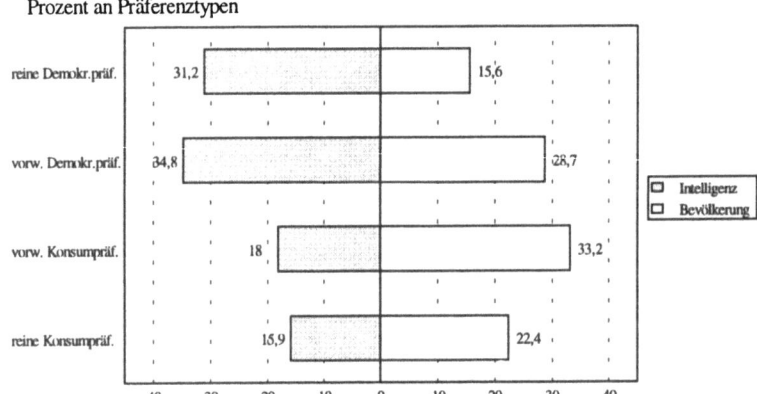

Cramer's V .15* (gewichtet .24*); Duncan Index of Dissimilarity: 22; Intelligenz (N=138), Bevölkerung (N=1261): Datenbasis: ALLBUS-Basisumfrage 1991.

Darüber hinaus ist die Bevölkerung insgesamt gleichmäßiger verteilt als die Intelligenz, bei der ein deutlicher Sprung zwischen den demokratie- und konsumpräferierenden Typen festzustellen ist (66 zu 33%). Das spricht für die hervorgehobene Bedeutung der Intelligenz als Trägergruppe demokratischer Ordnungspräferenzen.[33]

---

32 Der *Duncan Index of Dissimilarity* ist ein Unterschiedsmaß für Prozentverteilungen zwischen zwei Gruppen. Er wird gebildet, indem man die Prozentpunktdifferenzen pro Kategorie einer Skala (ohne Beachtung von Vorzeichen) addiert und dann durch 2 dividiert. Der Index ist damit auf Werte zwischen 0 und 100 normiert und deshalb als Prozent des maximal möglichen Verteilungsunterschieds interpretierbar.

33 Die Darstellung dieser Verteilungen impliziert nicht, daß Demokratiepräferenten nicht auch konsumorientiert und Konsumpräferenten nicht auch demokratieorientiert seien. Es geht vielmehr darum, welche Prioritäten Befragte setzen, wenn sie gezwungen sind, sich zwischen konkurrierenden Gütern zu entscheiden.

Die logische Konstruktion des Nutzenpräferenz-Index stimmt mit der des Postmaterialismus-Index überein. Es bietet sich deshalb an, nach inhaltlichen Überschneidungen zu fragen. Wie zu erwarten bestehen solche Überschneidungen, denn wie Tabelle 7 zeigt, korrelieren Postmaterialismus mit Demokratiepräferenz und Materialismus mit Konsumpräferenz jeweils eng. Die demokratiepräferierende Intelligenz ist demnach zugleich postmaterialistisch und die konsumpräferierende Bevölkerung zugleich materialistisch orientiert.

Tab. 7: Demokratiepräferenz und Postmaterialismus nach Intelligenz und Referenzbevölkerung 1991: Spaltenprozent

	reine Demokratie-präferenten	vorwiegende Demokratie-präferenten	vorwiegende Konsum-präferenten	reine Konsum-präferenten	*gesamt*
Post-Material.	**34**	19	9	4	*15*
PM-Mischtyp	29	**31**	24	16	*25*
M-Mischtyp	29	31	**38**	35	*34*
Materialisten	8	19	29	**45**	*26*
gesamt	*18*	*29*	*31*	*22*	*Basis -N* *1.384*

Gamma: .40.

Quelle: ALLBUS-Basisumfrage 1991.

Damit schälen sich zwei unterschiedliche Motivgruppen der Opposition gegen das SED-Regime heraus: Der Intelligenz ging es offenkundig um eine Demokratisierung des Regimes, der Bevölkerung um einen Anschluß an das bundesdeutsche Konsumniveau. Wahrscheinlich erklärt sich hieraus, warum die Intelligenz dem Ziel der Wiedervereinigung wesentlich skeptischer gegenüberstand als die Bevölkerung (vgl. die Umfrageergebnisse von Mühler/Wilsdorf 1991): Eine Demokratisierung war sehr wohl auch in einer weiter existierenden DDR denkbar, während nur die Wiedervereinigung den raschen Anschluß an das bundesdeutsche Konsumniveau in Aussicht zu stellen schien.

Man sollte somit annehmen, daß die wissenschaftliche Intelligenz die wesentliche Trägerschicht der demokratischen Reformimpulse gebildet hat. Diese Vermutung findet durch die Umfrageergebnisse von Mühler/Wilsdorf

(1991: 37-45) Bestätigung.[34] So wurden die Montagsdemonstrationen im November '89 zu 33 Prozent von Angehörigen der Intelligenz getragen. Die Intelligenz war damit unter den Demonstranten klar überrepräsentiert. Ihre Beteiligung blieb auch weiterhin überdurchschnittlich hoch, ging aber kontinuierlich auf schließlich 18 Prozent im Februar '90 zurück. Ein deutlicher Sprung nach unten liegt zwischen Dezember '89 (26%) und Januar '90 (17%). Spiegelbildlich dazu schnellte die Beteiligung der Arbeiterschaft von 24 Prozent der Demonstrationsteilnehmer (Dezember '89) auf 36 Prozent (Januar '90) in die Höhe (Mühler/Wilsdorf 1991: 40).

Die Ursache für diese soziale Umschichtung liegt vermutlich in der Verlagerung der Protestziele von der Demokratisierung des DDR-Sozialismus auf die Wiedervereinigung sowie in der unterschiedlichen Befürwortung des Vereinigungsziels durch Angehörige der Intelligenz und der Arbeiterschaft. So haben im Dezember '89 dem Ziel der sofortigen Vereinigung 23 Prozent der Demonstrationsteilnehmer aus der Arbeiterschaft und 18 Prozent aus der Intelligenz zugestimmt. Im Februar '90 hat sich der Anteil der Befürworter zwar in beiden Gruppen beträchtlich erhöht (44% der Intelligenz und 72% der Arbeiterschaft), doch blieben die Befürworter innerhalb der mittlerweile ja reduzierten Intelligenzteilnehmerschaft immer noch eine Minderheit (Mühler/Wilsdorf 1991: 41).

Dieser Befund steht im Einklang mit den oben berichteten Unterschieden in den Nutzenpräferenzen zwischen der Intelligenz und der übrigen Bevölkerung. Da die Demonstrationen bis etwa zum Jahreswechsel 1989/90 unter der Zielsetzung der Demokratisierung der DDR standen, ist es naheliegend, daß die stärker zu den Demokratie- als zu den Konsumpräferenten gehörende Intelligenz sich von diesem Ziel besonders angesprochen fühlte. Die dann sukzessive in den Vordergrund rückende deutsche Frage und das Ziel der Wiedervereinigung haben hingegen ökonomische Nutzenmotive angesprochen, weil mit der Wiedervereinigung die Hoffnung auf raschen Anschluß an das bundesdeutsche Wohlstandsniveau verknüpft war. Angesichts ihrer schwachen konsumtiven Orientierung hat dies die Beteiligungsanreize für die Intelligenz reduziert, während sie für die eher konsumpräferierende Bevölkerung verstärkt wurden.

Sollte also eine Erneuerung der ostdeutschen Elite aus den Hauptträgergruppen demokratischer Orientierungen stattgefunden haben, dann müßte sich

---

34 Die Forschergruppe hat auf den Leipziger Montagsdemonstrationen am 13.11. und 11.12.89 sowie am 15.01. und 12.02.90 an bestimmten örtlichen Schwerpunkten des Demonstrationsgeschehens nach Zufall jeweils 1.000 Fragebögen unter den Demonstranten verteilt. Die Fragebögen befanden sich in frankierten Rückumschlägen, so daß eine Rücklaufquote von ca. 80 Prozent erzielt werden konnte.

die neue ostdeutsche Elite im wesentlichen aus der DDR-Intelligenz rekrutieren und ähnliche politische Ordnungspräferenzen aufweisen.

2. Demokratisch-etatistische Regimepräferenzen der Ostintelligenz

Am Ende von Teil B habe ich die These formuliert, daß sich die Angehörigen
eines demokratischen Gegeneliten-Reservoirs, das in einem sozialistischen
Regimekontext geprägt wurde, durch eine Verbindung von einerseits demokratischen, andererseits aber etatistischen Orientierungen auszeichnen. Darüber hinaus wurde vermutet, daß die demokratischen Orientierungen, unabhängig von der Regimeherkunft, eine Variable des Intelligenzstatus bilden,
wohingegen die etatistischen Orientierungen, unabhängig vom Intelligenzstatus, eine Variable der Regimeprägung darstellen. Folglich müßten erstens
die ost- und die westdeutsche Intelligenz die Gemeinsamkeit teilen, daß sie
gegenüber ihrer jeweiligen Referenzbevölkerung signifikant stärkere demokratische Orientierungen besitzen. Und zweitens müßten die ostdeutsche Intelligenz und Referenzbevölkerung darin eine Gemeinsamkeit aufweisen, daß
sie stärkere etatistische Orientierungen als ihre westdeutschen Entsprechungsgruppen besitzen. Um diese Thesen zu prüfen, ist ein zweidimensio-
naler Einstellungsvergleich nach Regime*herkunft* (Ost/West) und Bildungs-
status (Intelligenz/Bevölkerung) erforderlich, woraus sich vier nach Herkunft
und Status gekreuzte Vergleichsgruppen ergeben: Ostintelligenz - Ostbevölkerung - Westintelligenz - Westbevölkerung.

2.1   Demokratievorstellungen

Als Indikator für demokratische Orientierungen greife ich wieder auf den
Anteil der „reinen Postmaterialisten" nach dem Inglehart-Index zurück. Hierzu zeigt Tabelle 8, daß das Differenzverhältnis zwischen reinen Postmaterialisten in der Referenzbevölkerung und der Intelligenz in West- und Ostdeutschland nahezu identisch ist: in beiden Teilgesellschaften ist der Anteil
reiner Postmaterialisten in der Intelligenz gut doppelt so groß.
    Andererseits besteht jedoch insofern ein Ost-West-Unterschied, als der
Anteil der Postmaterialisten in den beiden westdeutschen Statusgruppen wiederum etwa doppelt so groß ist wie unter den ostdeutschen Vergleichsgruppen. Allerdings handelt es sich hierbei nur vordergründig um einen Effekt der
Regimeherkunft. Vielmehr erklärt sich die Niveaudifferenz durch die Variati-

on in einem der generellen Prädiktoren des Postmaterialismus, die in der Pfadanalyse von Abbildung 6 (S. 61) enthalten sind.

Tab. 8: Reine Postmaterialisten in Intelligenz und Bevölkerung nach Ost/West: Gesamtprozent

	West	Ost	N
Referenzbevölker.	27	13	2,773
Intelligenz	56	28	285
N	1.544	1.514	3.058

Quelle: Basisumfrage 1991.

Im Pfadmodell wurde der Anteil der Postmaterialisten in der Bildungs-schicht (Y) aus dem nationalen Pro-Kopf-Bruttosozialprodukt (X₁), der durchschnittlichen Anzahl der Vollzeitausbildungsjahre der über 25-Jährigen (X₂) und dem Anteil der 20-24-Jährigen in der tertiären Bildungsstufe (X₃) geschätzt. Dabei ergibt die Regressionsschätzung Werte für die Konstante von 8,62 und für die unstandardisierten beta-Koeffizienten von 0,002 (β_1), 0,11 (β_2) und 0,99 (β_3). Die Regressionsgleichung lautet also:

$$Y = 8,62 + 0,002 * X_1 + 0,11 * X_2 + 0,99 * X_3 \, (+ \, \varepsilon).$$

Betrachtet man die entsprechenden X-Werte für die „alte" Bundesrepublik (16.000 US-$, 11 Jahre, 33,3%) und die ehemalige DDR (8.000 US-$, 10 Jahre, 33,5%), so ist ein nennenswerter Unterschied allein für den wohl-standsbezogenen Prädiktor festzustellen. Setzen wir diese Werte in die Glei-chung ein, ergibt sich eine Vorhersage von 29,6 Prozent reinen Postmateriali-sten für die ostdeutsche und 55 Prozent für die westdeutsche Bildungsschicht. Diese Voraussagen kommen den tatsächlichen Werten in Tabelle 8 sehr nahe. Dieser Befund läßt sich so deuten, daß nicht die gegensätzlichen Regimeprä-gungen, sondern die unterschiedlichen Wohlstandsniveaus für die differieren-den Anteile der Postmaterialisten verantwortlich sind, was auch voll im Ein-klang mit der Theorie des Postmaterialismus steht.

Es bleibt allerdings die Frage, ob sich hinter den Niveauunterschieden nicht auch unterschiedliche Demokratieverständnisse verbergen, die durch die gegensätzliche Regimesozialisation geprägt sein könnten. Sieht man einmal davon ab, inwieweit die Regimes die von ihnen propagierten Werte auch verwirklicht haben, so läßt sich zumindest auf der ideologischen Ebene eine

Antinomie zwischen individualistischen Werten, die stärker in kapitalistischen Gesellschaften betont werden, und kollektivistischen Werten, die stärker in sozialistischen Gesellschaften betont wurden, konstatieren. Sollte dieses ideologische Spannungsverhältnis seinen Niederschlag in den Demokratieverständnissen finden, dann müßten westdeutsche Postmaterialisten stärker an individueller Selbstbestimmung und ostdeutsche Postmaterialisten stärker an kollektiver Mitbestimmung orientiert sein. Die beiden *items* des Postmaterialismus stellen genau auf diese beiden Kernprinzipien von Demokratie ab, nämlich „Schutz der Meinungsfreiheit" auf individuelle Selbstbestimmung (*libertäre* Demokratiekomponente) und „mehr Einfluß der Bürger auf die Entscheidungen der Regierung" auf kollektive Mitbestimmung (*partizipative* Demokratiekomponente). Differenziert man also die reinen Postmaterialisten in die Gruppe, die „Meinungsfreiheit" den ersten Rang gibt, und jene Gruppe, die „Bürgereinfluß" die erste Priorität verleiht, so sollten wir unter den ostdeutschen Postmaterialisten mehr „Kollektivisten" als im Westen, und unter den westdeutschen Postmaterialisten mehr „Individualisten" als im Osten antreffen.

Tab. 9: Differenzierung der reinen Postmaterialisten nach „Kollektivisten" und „Individualisten" unter West- und Ostdeutschen: Gesamtprozent

	West	Ost	*N*
„Individualisten"	40	24	*231*
„Kollektivisten"	60	76	*452*
N	*462*	*221*	*673*

Cramer's V: .15**

Quelle: Basisumfrage 1991.

Tabelle 9 bestätigt diese Erwartungen. Wenngleich zwar auch unter den westdeutschen Postmaterialisten ein Übergewicht der „Kollektivisten" über die „Individualisten" besteht, ist das Verhältnis doch insgesamt ausbalancierter als unter den ostdeutschen Postmaterialisten, unter denen die „Kollektivisten" eine deutliches Übergewicht von drei Vierteln haben.

Wenn es sich hierbei tatsächlich um einen generellen Effekt der unterschiedlichen Regimeprägung handeln sollte, dann müßte er sich auf einer breiteren Datenbasis in der Gegenüberstellung der Postmaterialisten ehemals sozialistischer und nicht-sozialistischer Länder replizieren.[35] Wie Tabelle 10 verdeutlicht, wird auch diese Erwartung bestätigt. Es ist sogar verblüffend, wie ähnlich die Verteilungsunterschiede zu denen in Tabelle 9 sind.

Tab. 10: Differenzierung der reinen Postmaterialisten nach „Individualisten" und „Kollektivisten" in postsozialistischen und nicht-postsozialistischen Ländern: Gesamtprozent

	nicht-post-sozialistisch	postsozia-listisch	*N*
„Individualisten"	41	25	*3.194*
„Kollektivisten"	59	75	*5.108*
N	*7.014*	*1.288*	*8.302*

Cramer's V: .12**

Quelle: World Values Survey 1991.

Zusammenfassend läßt sich feststellen, daß die *Stärke* demokratischer Orientierungen in der Bildungsschicht (gemessen als Anteil der reinen Postmaterialisten) von deren generellen Konfigurationsmerkmalen (Wohlstand, Größenordnung) bestimmt wird und somit unabhängig von der Regimeprägung ist. Dagegen hängt das vorherrschende *Verständnis* von Demokratie, im Sinne von Prioritäten für die libertäre oder partizipative Komponente, sehr wohl von der Regimeprägung ab, denn die Prägung in einem sozialistischen Regimekontext verstärkt die Priorität für Partizipation. Dies indiziert größeren Mitbestimmungsdruck und ist Ausdruck eines stärker gegenelitären Demokratieverständnisses, weil mehr Mitbestimmung darauf hinausläuft, den Handlungsspielraum von Eliten einzuschränken.

2.2   Staatsvorstellungen

Die These eines stärker etatistischen Ordnungsverständnisses der ostdeutschen Intelligenz läßt sich durch zwei Argumente begründen: zum einen strukturell, weil die ostdeutsche Intelligenz zu DDR-Zeiten als Staatsdienstklasse beschäftigt war und deshalb keineswegs durch den Aufgabenumfang

---

35 Unter der Kategorie „postsozialistisch" wurden die Befragten aus den Erhebungseinheiten Moskau, Ungarn, Polen, Weißrußland, Tschechoslowakei, Bulgarien, Litauen, Lettland, Estland, Rußland eingestuft (inklusive noch der Befragten der VR China).

des Staats, sondern allein durch seine undemokratischen Strukturen in der Entfaltung ihrer Möglichkeiten behindert war; zum zweiten ideologisch, weil die breite Aufgabenzuweisung an den Staat durch ein Wertesystem abgestützt wurde, in dem kollektive Regulationsmuster eine prinzipielle Priorität genossen.

Insofern sollte es sich bei den vermuteten etatistischen Orientierungen wiederum um einen Effekt der Regimeprägung handeln, der nicht nur die ostdeutsche von der westdeutschen Intelligenz, sondern auch die beiden Teilbevölkerungen voneinander unterscheidet.

Tab. 11: Zustimmung zu wohlfahrtsstaatlicher oder marktwirtschaftlicher Ausrichtung der Staatstätigkeit 1991: Spaltenprozent

	Ostintellig.	Westintellig.	Ostbevölk.	Westbevölk.	*N*
Steuern senken	17	37	17	35	*790*
unentschieden	8	6	7	10	*256*
Sozialleistungen erhöhen	75	57	76	55	*1.994*
	Duncan Index: 21		Duncan Index: 21		
N	*158*	*126*	*1.375*	*1.381*	*3.040*

Frageformat: „Wenn die Bundesregierung entscheiden müßte zwischen Steuersenkungen oder mehr Geld für soziale Leistungen, was sollte sie Ihrer Meinung nach eher tun: Die Steuern senken oder mehr Geld für soziale Leistungen zur Verfügung stellen?"
Quelle: ALLBUS-Basisumfrage 1991.

Ein geeigneter Indikator für etatistische im Unterschied zu eher marktwirtschaftlichen Orientierungen ist die Frage der gewünschten finanzpolitischen Prioritäten des Staates, insbesondere bei Abfrage der Alternativen, ob der Staat lieber Steuern senken oder Sozialleistungen erhöhen solle. Wie aus Tabelle 11 zu entnehmen ist, werden die Erwartungen bestätigt: Die beiden ostdeutschen Statusgruppen präferieren die Erhöhung der Sozialleistungen jeweils stärker als ihre westdeutschen Entsprechungsgruppen, und es gibt zwischen den Statusgruppen gleicher Regimeherkunft praktisch keine Differenzen. Im Unterschied zu den demokratischen Orientierungen gibt es bei den etatistischen Orientierungen also keine Effekte des Intelligenzstatus, sondern lediglich solche der Regimeprägung.

Hierin wird deutlich, daß statusspezifische Bewertungen nur in bezug auf solche Güter existieren, die auch die bildungsbedingten Nutzenvorteile der Intelligenz berühren. Komparative Nutzenvorteile der Intelligenz bestehen, wie bereits erläutert, in bezug auf demokratische Selbst- und Mitbestimmungsmöglichkeiten, jedoch nicht in der Frage einer eher sozialstaatlichen oder marktwirtschaftlichen Ausrichtung der Staatspolitik. In dieser Frage dominieren die Einflüsse der Regimeherkunft, die sich vor allem auf die Affinität zu kollektiven Werten auswirken.

Fazit:

Das vorliegende Kapitel hat ergeben, daß die Ordnungspräferenzen der ostdeutschen Intelligenz den theoretischen Erwartungen entsprechen. Diese Erwartungen wurden aus generellen Statusmerkmalen der sozialistischen Intelligenz abgeleitet. Dazu gehört insbesondere die für eine demokratische Gegenelite typische Statuskonstellation, nämlich sozio-ökonomische Etabliertheit bei gleichzeitiger politisch-institutioneller Deprivation, die weitgehend auf die DDR-Intelligenz zutrifft (vgl. B/I). Hieraus waren starke demokratische Orientierungen abzuleiten und es konnte gezeigt werden, daß die ostdeutsche Intelligenz tatsächlich in signifikant höherem Maße als ihre Referenzbevölkerung demokratische Wertprioritäten aufweist. Gleichzeitig war jedoch zu berücksichtigen, daß die DDR-Intelligenz durch eine spezifische Variation der gegeneliten-typischen Statuskonstellation charakterisiert war. Diese Variation bestand in der Prägung als non-kommerzielle Staatsdienstklasse, woraus eine stark etatistische Orientierung abzuleiten war. Auch das konnte durch Umfragedaten nachgewiesen werden, wenngleich diesmal nicht im Kontrast zur ostdeutschen Bevölkerung, sondern zur westdeutschen Intelligenz.

Insgesamt zeichnet sich die ostdeutsche Intelligenz also durch demokratisch-etatistische Orientierungen aus, wobei die etatistischen Orientierungen einen vom Intelligenzstatus unabhängigen Effekt der sozialistischen Regimeherkunft darstellen, während die demokratischen Orientierungen einen von der sozialistischen Regimeherkunft unabhängigen Effekt des Intelligenzstatus bilden. Letzteres gilt aber nur für das generelle *Niveau* demokratischer Wertprioritäten in der Intelligenz, wohingegen eine inhaltliche Aufschlüsselung des Demokratieverständnisses nach der Priorität für die libertäre oder die partizipative Komponente verdeutlicht, daß die ostdeutsche Intelligenz stärker der partizipativen Komponente zuneigt. Darin ist wiederum ein Effekt der sozialistischen Regimeherkunft zu sehen, weil Freiheit im kollektivistischen Gesellschaftsmodell als Freiheit durch Beteiligung an der Gemeinschaft und nicht als Freiheit durch Autonomie gegenüber der Gemeinschaft gedacht wird. Aus der Perspektive kollektivistischer Werte stehen die demokratischen Güter der Meinungsfreiheit und der Bürgerbeteiligung in keinem gleichberechtigten, sondern in einem hierarchischen Verhältnis: Meinungsfreiheit ist zwar Voraussetzung von Bürgerbeteiligung, aber Bürgerbeteiligung ist das eigentliche Ziel. Meinungsfreiheit wird also in erster Linie hinsichtlich ihres Beitrags zu effektiver Mitbestimmung bewertet.

Schließlich konnte gezeigt werden, daß die ostdeutsche Intelligenz die Chance der Wende verstärkt zum politischen Engagement genutzt hat. Der in Teil A theoretisch begründete Status-Motiv-Zusammenhang bei der Entstehung demokratischer Gegeneliten konnte also in allen Belangen gut belegt werden. Die DDR-Intelligenz bildete tatsächlich ein blockiertes Reservoir demokratischer Gegeneliten, das in der Wende verstärkt mobilisiert wurde. Deshalb besteht alle Veranlassung zu der Vermutung, daß sich die neue ostdeutsche Elite vorrangig aus diesem Reservoir rekrutiert und auch die für seine Angehörigen typischen, partizipativ-etatistischen, Orientierungen aufweist. Diese Annahmen sind im folgenden Teil C zu prüfen.

Teil C: Rekrutierung und Regimepräferenzen der ostdeutschen Elite

Vorspann

Im vorliegenden Teil ist zu untersuchen, inwieweit sich die heutige ostdeutsche Elite aus dem in Teil B beschriebenen Gegeneliten-Reservoir der DDR-Gesellschaft rekrutiert und inwieweit sie die für die Angehörigen dieses Reservoirs typischen Ordnungspräferenzen aufweist. Datenbasis hierzu ist die unter Leitung von Wilhelm Bürklin durchgeführte und von der Deutschen Forschungsgemeinschaft finanzierte *Potsdamer Elitenstudie 1995* sowie die parallel dazu durchgeführte repräsentative Bevölkerungsumfrage.

1.   Zur Datenbasis

Die Potsdamer Elitenstudie ist die erste sektorübergreifend und gesamtdeutsch angelegte Befragung der bundesrepublikanischen Führungsschicht. Die Daten wurden durch voll standardisierte *face-to-face*-Interviews erhoben, die Infratest-Burke in der Zeit von April bis Anfang Juli 1995 durchgeführt hat. Erstrebt war eine Vollerhebung der deutschen Führungsschicht. Aus der Grundgesamtheit von 4.155 Elitemitgliedern wurden schließlich 2.341 Interviews realisiert, was einer mittleren Ausschöpfungsquote von 56,4 Prozent entspricht.

Die Elitendefinition, die der Studie zugrunde liegt, basiert auf der *Positionsmethode* (vgl. Hoffmann-Lange 1992: 86-90). Zur Elite gehört demnach, wer kraft seines Amtes dauerhaften Einfluß auf gesamtstaatlich relevante Entscheidungen ausüben kann. Ausgangspunkt dieser Definition ist die Erkenntnis, daß Einfluß in modernen Gesellschaften in hohem Maße formalisiert ist und darum vorwiegend über rechtsförmige Organisationen ausgeübt wird. In dieser Logik bemißt sich das Einflußpotential von Organisationen an deren jeweiliger Ressourcenausstattung. Persönlicher Einfluß ist somit an die Inhaberschaft von Führungspositionen in ressourcenreichen Organisationen gekoppelt. Zur nationalen Elite gehören demzufolge die Vertreter der ressourcenreichsten Organisationen eines Landes. Dabei ist zu berücksichtigen, daß Gesellschaften institutionell nach verschiedenen Funktionsbereichen (Sektoren) differenziert sind, die für das gesellschaftliche Gesamtgefüge jeweils spezifische Regelungsleistungen erbringen. Dies bedeutet, daß auch die gesellschaftlichen Einflußpotentiale sektoral differenziert sind und daß eine nationale Elite nur dann hinreichend erfaßt werden kann, wenn die für die Funktionsabläufe einer Gesellschaft essentiellen Sektoren berücksichtigt werden. Nach allgemeiner Übereinkunft gehören dazu im besonderen die Sektoren Politik, Verwaltung, Wirtschaft, Medien, Kultur und Militär (vgl. Dahrendorf 1957; Zapf 1966).

Die sektoral umfassendste Erhebung war bisher die Mannheimer Elitenstudie von 1981. Aus Gründen der Vergleichbarkeit schließt die Potsdamer Studie im wesentlichen an die dort getroffene Sektoreinteilung an (Hoffmann-Lange 1992: 90-113).[36] Diese Anknüpfung ist trotz der deutschen Wiedervereinigung gerechtfertigt, da der Einigungsprozeß als Übertragung der westdeutschen Institutionenordnung auf die neuen Bundesländer vonstatten ging. Somit war lediglich die *Anzahl* der Elitepositionen entsprechend der Vergrößerung der Führungsschicht zu erweitern. Infolgedessen ist die Grundgesamtheit mit 4.155 Positionen um 575 Positionen größer als die Grundgesamtheit der Mannheimer Studie (3.580 Positionen). Von diesem Zuwachs entfallen 466 Positionen allein auf die neuen Bundesländer. Der Rest ist zum Teil auf Erweiterungen gesamtdeutscher Gremien um ostdeutsche Quotenpositionen zurückzuführen.

Einschränkend sei an dieser Stelle angemerkt, daß die reale Einflußverteilung zwischen der Vielzahl wichtiger Amtsinhaber nicht exakt abgebildet werden kann. Das liegt einerseits daran, daß die tatsächliche Ausschöpfung formal vorhandener Einfluß*potentiale* mit der persönlichen Amtsführung des jeweiligen Positionsinhabers variiert. Zum anderen unterscheiden sich die Einflußressourcen der verschiedenen Sektoren vor allem in *qualitativer* Hinsicht. Insofern kann es keinen vernünftigen Standard geben, nach dem sich etwa entscheiden ließe, ob die Befugnisse eines Ministeriums, die Leserschaft einer auflagenstarken Zeitung oder die Kapitalressourcen eines Großkonzerns den jeweiligen Positionsinhabern (Minister, Chefredakteur, Manager) größere oder kleinere Einflußpotentiale verleihen. Trotz dieser Vorbehalte steht fest, daß in modernen Gesellschaften in aller Regel nur offizielle Amtsträger die Chance haben, dauerhaft Einfluß auszuüben. Ein sektorübergreifendes Positi-

---

36 Die wichtigsten Elitenstudien zur Bundesrepublik, die auf statistisch verwertbarem Material basieren, stammen von Dahrendorf (1957); Edinger (1960); Zapf (1966); Deutsch u.a. (1967); Scheuch (1988; verfaßt 1968); Herzog (1975); Herzog u.a. (1990); Hoffmann-Lange (1992). Besondere Erwähnung verdienen in diesem Zusammenhang die drei großen Mannheimer Elitenstudien von 1968 unter Leitung von Wildenmann (808 Befragte), 1972 unter Leitung von Wildenmann/Kaltefleiter (1.825 Befragte) und 1981 unter Leitung von Wildenmann/Kaase (1.744 Befragte). Von der Größe und Anlage des Designs (2.341 Befragte) versteht sich die Potsdamer Elitenstudie als Fortsetzung dieser Tradition.

onsraster kann folglich beanspruchen, das Reservoir der *potentiell* einfluß-reichsten Positionsinhaber in einer nationalen Gesellschaft abzudecken.[37]

Vor diesem Hintergrund ist die Positionsauswahl der Potsdamer Eliten-studie zu verstehen. Tabelle I im Anhang faßt das entsprechende Positionen-set zusammen. Insgesamt wurden die zehn Sektoren Politik, Verwaltung, Wirtschaft, Finanzwirtschaft, Wirtschaftsverbände, Gewerkschaften, Medien, Wissenschaft, Militär und Kultur berücksichtigt. Zusätzlich erscheint in der Tabelle ein künstlicher Sektor „Sonstige", der im wesentlichen Positionen des Sektors Justiz, der Kirchen, wichtiger Berufsverbände, parteinaher Stiftungen sowie kommunale Spitzenämter, Positionen auf EU-Ebene und Führungspo-sitionen in humanitären, ökologischen und anderen „Alternativ"-Verbänden umfaßt. Wie man der mittleren Tabellenspalte entnehmen kann, wurden diese Sektoren nochmals in mehrere Untersektoren aufgeteilt. Die den Untersekto-ren zugeteilten Erhebungspositionen sind in der rechten Spalte abgetragen. Die Anzahl der auf diese Sektoren entfallenden Elitepositionen ist in der lin-ken Spalte angegeben. Die Kennzeichnung „brutto" bezeichnet die Anzahl der angeschriebenen Positionsinhaber. Unter der Kennzeichnung „netto" sind die realisierten Interviews und die prozentualen Ausschöpfungsquoten einge-tragen.[38]

---

37 Allerdings ist die Positionsmethode stets mit dem Problem behaftet, die Anzahl der in die Grundgesamtheit aufzunehmenden Positionen für jeden Sektor festlegen zu müssen, bei-spielsweise indem man entscheidet, im Sektor Wirtschaft die 200 umsatzstärksten Unter-nehmen aufzunehmen. Solche Festlegungen sind unvermeidlich mit einer gewissen Willkür behaftet. Alle diesbezüglichen Einzelheiten sind im Positionsbericht von Machatzke (1995) dokumentiert. Siehe auch sein Kapitel in Bürklin/Rebenstorf (1997) über die Positionsaus-wahl. In diesem Buch, das die Befunde des gesamten Projekts darstellt, findet sich auch der Fragebogen.

38 Betrachtet man die sektoralen Ausschöpfungsquoten, fallen starke Ungleichgewichte auf. Wirtschaft und Finanzwirtschaft sind unterdurchschnittlich, Verwaltung, Wissenschaft und Militär dagegen überdurchschnittlich ausgeschöpft. Zunächst erscheint es naheliegend, die-ser Verzerrung durch Gewichtungen zu begegnen. Dadurch würde indes nur eine Schein-repräsentativität erreicht, denn die Grundgesamtheit wurde durch positionsmethodische De-finitionen konstruiert und kann daher nicht wie eine natürliche Population behandelt wer-den. Die positionsmethodische Definition der Grundgesamtheit hätte die Schnitte in den einzelnen Sektoren durchaus auch tiefer oder höher ansetzen können, was jeweils zu einer anderen Proportionalität der Sektoren geführt hätte. Die Forderung nach Repräsentativität der Ausschöpfung *zu genau dieser* Grundgesamtheit ist darum stark zu relativieren. Außer-dem unterlag die Ausschöpfung innerhalb der Sektoren keinen nennenswerten systemati-schen Verzerrungen. Die Generalisierbarkeit der Daten auf die gesamtdeutsche Führungs-schicht ist somit weitgehend gesichert.

2. Strukturell verengte Aufstiegschancen der ostdeutschen Intelligenz

Die Befragten mit DDR-Herkunft sind in der Ausschöpfung mit 272 Personen und somit zu einem Anteil von rund 12 Prozent vertreten.[39] Gemessen am gesamtdeutschen Bevölkerungsanteil der neuen Bundesbürger von etwa 20 Prozent bedeutet dies eine ostdeutsche Unterrepräsentation in der Elite um den Faktor 0,4. Die Unterrepräsentation in der Grundgesamtheit dürfte tatsächlich aber noch deutlicher ausfallen, weil die Ostdeutschen in der Ausschöpfung sehr wahrscheinlich überrepräsentiert sind. Diese Vermutung läßt sich daraus ableiten, daß 239 der 272 Ostdeutschen (88 Prozent) ihren Arbeitsplatz in den neuen Bundesländern haben und die Positionsinhaber dort mit 402 realisierten Interviews aus 466 angeschriebenen Positionsinhabern (86 Prozent) um 30 Prozentpunkte über dem Ausschöpfungsschnitt liegen. Es ist also in jedem Falle davon auszugehen, daß Ostdeutsche, inklusive der Angehörigen des Gegeneliten-Reservoirs, bis 1995 generell geringere Aufstiegschancen in die Elite hatten als Westdeutsche.

Die Verengung der Aufstiegschancen Ostdeutscher ist eine strukturell bedingte Folge der Wiedervereinigung, und zwar aus mehreren Gründen. Zunächst hat die Wiedervereinigung die Abwicklung des institutionellen Korpus der DDR mit sich gebracht, wovon insbesondere die zentralstaatliche Ebene und die Bezirksebene mitsamt den daran gekoppelten Elitepositionen betroffen waren. Durch Positionsrecherchen konnte ermittelt werden, daß diese beiden Ebenen näherungsweise 4.100 Positionen gebunden haben, die in formaler Hinsicht als äquivalent zu den für die Bundesrepublik erhobenen Elitepositionen gelten können (vgl. Tab. II des Anhangs).[40] Von diesen Positionen wäre bei einem Regimewechsel ohne Wiedervereinigung ein wesentlich geringerer Teil weggefallen, wobei die entstandenen Positionsvakanzen allein den Bürgern der DDR - und dabei vor allem den Angehörigen der aufstiegsblockierten Intelligenz - offen gestanden hätten. Darüber hinaus wird die abwicklungsbedingte Reduzierung von Elitepositionen auf dem Gebiet der ehemaligen DDR nur zu einem kleinen Teil durch neu entstandene Positionen auf der Ebene der ostdeutschen Länder kompensiert (466 Positionen in der

---

39 Personen, die vor dem Mauerbau 1961 oder noch kurz danach in die Bundesrepublik übergesiedelt sind, wurden nicht als Herkunfts-Ostdeutsche klassifiziert, da ihr Aufstieg in die Elite durch die Sozialisationserfahrungen des westdeutschen Institutionengefüges bestimmt wurde. Die erwähnten 272 Personen waren von 1962 bis zur Wende 1989 ununterbrochen Bürger der DDR. Wenn im folgenden von (Herkunfts-) Ostdeutschen oder der Ostelite gesprochen wird, ist dieser Personenkreis gemeint.

40 Die Materialien, auf die sich die Positionsrecherche stützte, sind dem Quellenteil im Literaturverzeichnis zu entnehmen.

Grundgesamtheit). Noch erheblich unter dieser Zahl dürfte die Anzahl ost-
deutscher Quotenpositionen in gesamtdeutschen Gremien liegen. In jedem
Falle also standen der aufstiegsblockierten DDR-Intelligenz deutlich weniger
Elitepositionen offen als bei einem Regimewechsel ohne Wiedervereinigung.
Und schließlich bestand für die wenigen offenen Positionen auch noch eine
Konkurrenz westdeutscher Positionsaspiranten, die bislang mit völlig überle-
genen Kenntnissen der westdeutschen Transferinstitutionen ausgestattet wa-
ren.

Vor diesem Hintergrund ist es wenig überraschend, daß die Wiederverei-
nigung der ostdeutschen Gesellschaft zumindest mittelfristig mehr soziale
Abwärts- als Aufwärtsmobilität beschert hat. So geht beispielsweise aus einer
Analyse von Diewald/Sørensen (1994) hervor, daß lediglich 7 Prozent der
DDR-Professionellen nach der Wende beruflich aufgestiegen sind. Die Potsdamer Parallelbefragung verdeutlicht darüber hinaus, daß sich unter den Ostdeutschen ein überdurchschnittlicher Anteil der Intelligenz (36 gegenüber 22
Prozent der Referenzbevölkerung) zu den sozialen Absteigern seit der Wie-
dervereinigung zählt.[41]

Angesichts dieser Befunde kann man davon ausgehen, daß relevante Teile
der institutionell deprivierten DDR-Intelligenz, die sich mit der Wende Hoffnungen auf verbesserte berufliche und politische Entfaltungschancen mach-
ten, durch die Wiedervereinigung und ihre Folgen in diesen Hoffnungen ent-
täuscht wurden. Unter Berücksichtigung der in Teil B präsentierten Befunde
kann dies aber nicht bedeuten, daß hiermit ehemals Privilegierte vermeintli-
che Statusvorteile verloren hätten (vgl. Caballero/Klein 1996). Vielmehr ist
davon auszugehen, daß Teile der ostdeutschen Intelligenz einen Zyklus von
Deprivierung (SED-Regime), Entdeprivierung (Regimewechsel) und Redeprivierung (seit der Vereinigung) durchlaufen haben. Es wäre nicht verwun-
derlich, wenn dies zu politischen Identifikationsblockaden gegenüber der gesamtdeutschen Republik und neuerlichen gegenelitären Tendenzen führte, die
gerade die PDS mit politischem Führungsnachwuchs bedienen. Auf diesen
Gesichtspunkt ist im letzten Abschnitt von Kapitel III zurückzukommen.

3. Externe oder interne Speisung des Elitenwechsels in den neuen Bundesländern?

Trotz der Abwicklung von DDR-Institutionen und -Elitepositionen hat die
Überführung der DDR in die fünf neuen Länder natürlich zur Bildung eines

---

41 Befragt wurde eine *random*-Stichprobe von 2.995 Bundesbürgern, darunter eine überpro-
portionale Teilstichprobe von 1.029 Befragten in den neuen Bundesländern.

neuen Sets von Elitepositionen geführt. In bezug auf diese Positionen stellt
sich die Frage, ob die Kolonisierungsthese richtig liegt in der Annahme, daß
der Elitenwandel in den neuen Bundesländern vorrangig aus dem „externen
Reservoir" westdeutscher Sub- und Exeliten gespeist wurde.

Tabelle 12 verdeutlicht, daß die Kolonisierungsthese zumindest nicht pauschal zutrifft, da im Schnitt über alle Sektoren ca. 60 Prozent der ostdeutschen Positionen in der Hand ehemaliger DDR-Bürger sind.[42] Eindeutig kann
die Kolonisierungsthese mit den Daten der Potsdamer Elitestudie allein für
den Verwaltungssektor bestätigt werden, dessen Elitepositionen in den neuen
Bundesländern sich zu fast 90 Prozent in westdeutscher Hand befinden.[43]

Mit Vorbehalten wegen sehr kleiner Fallzahlen scheint die Kolonisierungsthese darüber hinaus auch für die Gewerkschaften, das Militär und die
Wirtschaft bestätigt. Das Militär bildet indes einen Sonderfall, weil es eine
politisch gesetzte Entscheidung war, keine Stabsoffiziersränge der NVA in
den Dienst der Bundeswehr zu übernehmen. Für die Wirtschaft ist darauf hin-
zuweisen, daß die geringen Fallzahlen zumindest in den neuen Bundesländern
nicht durch geringe Ausschöpfung, sondern dadurch bedingt sind, daß nur
zwei Unternehmen mit dortigem Stammsitz das Auswahlkriterium der Studie
(mindestens 3 Milliarden DM Umsatz im Jahr 1992) erfüllt haben. Die Beobachtung, daß nach den gesamtdeutsch einheitlich angelegten Auswahlkriterien nur so wenige wirtschaftliche Elitepositionen in den neuen Bundesländern erhoben werden konnten, spricht somit nicht für die Kolonisierung im
Wirtschaftssektor, sondern verleiht der Tatsache Ausdruck, daß sich in den
neuen Bundesländern noch so gut wie keine ökonomischen Schwerpunkte der

---

42 Die im folgenden verwendete Sektoreinteilung bildet eine Vereinfachung der in Tabelle I
    des Anhangs dokumentierten Einteilung, denn es mußte eine für 1995 und die Rückerinne-
    rungsfragen für 1988 identische Kategorisierung gefunden werden. Das brachte für die
    Ostelite die Schwierigkeit mit sich, sektorale Äquivalenzen von Positionen in der DDR- und
    der bundesrepublikanischen Erwerbsstruktur zu bestimmen. Die ursprüngliche sektorale
    Einteilung der Erhebungspositionen war dafür nur bedingt tauglich. Ich habe daher die
    sektorale Einteilung der Erhebungspositionen leicht abgeändert und dabei Sektoren gene-
    riert, für die es in der DDR-Gesellschaft funktionale Entsprechungen gab. Im einzelnen
    wurden gegenüber der Einteilung in Tabelle I folgende Veränderungen vorgenommen: Wirt-
    schaft und Finanzwirtschaft zu Wirtschaft; Wirtschaftsverbände, Sonstige/Berufsverbände
    und Sonstige/Alternativorganisationen zu Verbände; Medien und Kultur zu Medien; Sonsti-
    ge/Politik und Politik zu Politik; Sonstige/Verwaltung und Verwaltung zu Verwaltung; Son-
    stige/Justiz zu Justiz; Sonstige/Religionsgemeinschaften zu Kirchen.
43 Es sei darauf hingewiesen, daß in den folgenden Tabellen und Abbildungen keine statisti-
    schen Signifikanzniveaus ausgewiesen werden. Signifikanztests sind nur für Repräsentati-
    onsschlüsse von einer Zufallsstichprobe auf eine hypothetisch unendliche Grundgesamtheit
    sinnvoll. Diese Bedingung ist hier nicht gegeben, da die Befragten keine Stichprobe, son-
    dern eine mehr als hälftige Ausschöpfung der Grundgesamtheit bilden und somit einer Vol-
    lerhebung nahe kommen. Die Daten werden im folgenden auch als eine solche behandelt.

Bundesrepublik bilden konnten. Das Diktum einer „ostdeutschen Dependenz-
ökonomie" ist angesichts dieses Befundes keineswegs aus der Luft gegriffen.

Tab. 12: Sektorale Verteilung von West- und Ostelite in den
neuen Bundesländern[1]: Zeilenprozent (N)

Sektor	Westelite	Ostelite	gesamt
Politik	13 (22)	**87** **(149)**	44 (171)
Verwaltung	87 (68)	13 (10)	19 (78)
Wirtschaft	88 (7)	12 (1)	2 (8)
Verbände	-	**100** **(18)**	5 (18)
Gewerkschaft.	80 (8)	20 (2)	2 (10)
Medien	45 (34)	**55** **(41)**	19 (75)
Wissenschaft	50 (12)	50 (12)	6 (24)
Militär	100 (10)	-	2 (10)
Kirchen	14 (1)	**86** **(6)**	1 (7)
gesamt	40 (163)	60 (239)	100 (402)

[1] inklusive Westberlin (ABL) und Ostberlin (NBL).

Cramer's V: .66

Das sektorale Repräsentationsmuster bestätigt die einleitend diskutierte
funktionale Transformationslogik: Die Sektoren, in denen die Ostelite stark
vertreten ist (Politik, Medien), zeichnen sich durch ihre *intermediäre* Funktion aus. Aus repräsentationspolitischen Gründen sind Ostdeutsche in diesen
Sektoren nicht nur „funktional unentbehrlich", sondern bringen - zumindest

was Positionen in den neuen Bundesländern betrifft - sogar einen Plazierungsvorteil mit: die größere Vertrautheit mit der politischen Kultur der zu repräsentierenden Bevölkerung. Außerdem werden in den Sektoren mit intermediärer Funktion in erster Linie kommunikative Kompetenzen nachgefragt, die relativ unabhängig von systemspezifischen Fachqualifikationen sind. In der DDR erworbene Qualifikationen können daher kein Ausschlußgrund von diesen Positionen sein.

Demgegenüber zeichnen sich die Sektoren, in denen ostdeutsche Eliten schwach oder nicht vertreten sind (Verwaltung, Wirtschaft, Justiz), durch *technokratische* Funktionen aus. Der Aufstieg in diesen Sektoren erfordert darum spezifische Fachqualifikationen, die man bis zur Wende nur im westdeutschen Bildungssystem erwerben konnte. In der DDR erworbene Qualifikationen erweisen sich hierbei als Fehlqualifikationen, die einen Ausschlußgrund von den entsprechenden Elitepositionen bedeuten.[44] Insgesamt bestätigen die sektoralen Varianzen des ostdeutschen Elitenwandels die einleitend begründete These, daß zumindest in den *technokratischen* Sektoren westdeutsche Elitenimporte das funktionale Äquivalent zur Reproduktion der Vor-Wende-Eliten in den osteuropäischen Ländern bilden. Reproduziert haben sich in den neuen Bundesländern vermutlich nur die technokratischen *Sube-liten* der Vor-Wende-Zeit (zu Belegen hierfür vgl. Einl./2.2.2). Diese Frage entzieht sich jedoch dem Zugriff der Potsdamer Elitenstudie.

Indes ist zu erwarten, daß Ostdeutsche mit dem „langen Marsch" durch das bundesdeutsche Bildungssystem nach und nach auch in die technokratischen Sektoreliten aufrücken werden. Insofern ist die gegenwärtige sektorale Ungleichverteilung der Ostdeutschen als ein *mittelfristiger Übergangseffekt* anzusehen. Abgesehen von der sektoralen Repräsentanz bleibt allerdings die Frage offen, ob sich mit den DDR-Bürgern, die in die bundesdeutsche Elite gelangt sind, typische Rekrutierungsgruppen der DDR-Elite reproduziert haben oder ob eine Verlagerung auf das demokratische Gegeneliten-Reservoir der DDR stattgefunden hat.

---

44 Eine Ausnahmestellung nimmt die Kirche ein. Sie ist derjenige Sektor, dessen Elitenrekrutierung die größte Unabhängigkeit von unterschiedlichen Gesellschaftsordnungen aufweist. Ein Austausch der Kircheneliten aufgrund eines Regimewechsels ist daher nicht zu erwarten (vgl. Zapf 1966).

I. Rekrutierung und Sozialisation der ostdeutschen Elite

1. Rekrutierung: Reproduktion der DDR-Elite oder Verlagerung zum demokratischen Gegeneliten-Reservoir?

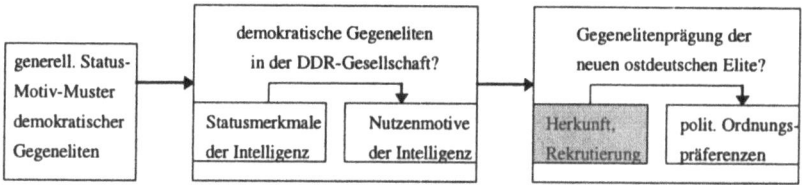

1.1 Gegenüberstellung der Rekrutierungsgruppen der DDR-Elite und des Gegeneliten-Reservoirs

Eine der wesentlichen Ausgangshypothesen bestand darin, daß sich die neue ostdeutsche Elite vorwiegend aus Angehörigen des demokratischen Gegene-liten-Reservoirs rekrutiere. Ich bin weiter davon ausgegangen, daß dies eine Verlagerung der Elitenkomposition zu Lasten der Rekrutierungsgruppen der alten DDR-Elite bedeute (Transitions- statt Reproduktionsthese). Diese These zu prüfen setzt voraus, daß man die Rekrutierungsgruppen des demokrati-schen Gegeneliten-Reservoirs und der alten DDR-Elite als distinkte Kategori-en einander entgegensetzen kann. Dies ist unter den Merkmalen Bildungsni-veau, Qualifikationsrichtung, berufliche Positionshöhe, beruflicher Sektor und Grad des regime-konformen politischen Engagements sowie Alter und Geschlecht möglich.

Unter dem Bildungsaspekt wurde bereits auf das geringe Niveau der DDR-Elite hingewiesen. Nach den Daten der DDR-Lebensverlaufsstudie ha-ben im Jahr 1988 nur 12 Prozent aller Leitungskader einen Hochschulab-schluß als höchste Qualifikation angegeben. Nach Meyers (1991: 140) Aus-wertungen hatten nur 18 Prozent der Spitzenpositionsinhaber der zentralen staatlichen Ebene einen Hochschulabschluß als höchste berufliche Erstquali-fikation erreicht. Demgegenüber bildete die über die Generationen angewach-sene und zunehmend aufstiegsblockierte wissenschaftliche Intelligenz ein strukturelles Gegeneliten-Reservoir (siehe B/I/2.2, S. 77 f.).

Betrachtet man die Fachqualifikationen jener Mitglieder der DDR-Elite, die ein Hochschulstudium absolviert hatten, so stellten die Absolventen eines gesellschaftswissenschaftlichen Studiums (i.b. des Marxismus-Leninismus), welches zumeist an der SED-Parteihochschule durchgeführt wurde (Schneider 1994: 84, 175), sowie die Absolventen wirtschafts- und staatswissenschaftlicher Fächer, die ebenfalls überwiegend an besonderen Akademien studiert wurden, die überwiegende Mehrheit. In einer strukturell gegenelitären Position hierzu standen die Absolventen all der Fächer, deren Ausbildungsinhalt nicht unmittelbar an die sozialistische Herrschaftsdoktrin geknüpft war. Das betraf insbesondere die natur- und technikwissenschaftlichen Fächer sowie das Fach Theologie.

Wie in jeder modernen Gesellschaft mit relativ stark institutionalisierten Karrierestrukturen erfolgte der Aufstieg in die DDR-Elite über eine Vielzahl von Hierarchiestufen. Allerdings wurden vakante Elitepositionen zum gößten Teil mit Inhabern anderer Elitepositionen besetzt, was zu einem hohen Grad an Ämterkumulation führte (Meyer 1991: 76). Der demgegenüber immer seltenere Aufstieg in die Elite erfolgte aus unmittelbar vor-elitären Positionen (obere Subelite). In einer strukturell gegenelitären Position zur Elite und oberen Subelite standen somit die Angehörigen mittlerer Positionsstufen, also insbesondere die Professionellen, aber auch die Angehörigen der unteren Subelite (Erläuterung dieser Kategorien unter 1.2.2, S. 108 f.).

Sektoral führte der Weg in die DDR-Elite über eine hauptamtliche Karriere in den Parteiapparaten, den Apparaten der Massenorganisationen sowie den Staatsorganen mit unmittelbarer politischer Kontrollfunktion. Von sekundärer Bedeutung für die Elitenrekrutierung waren die mit der Erfüllung von Sachfunktionen betrauten technokratischen Sektoren wie der Wirtschaftsapparat, die politisch nachgeordnete Verwaltung, die Justiz und die bewaffneten Organe. Aus den kulturellen Sektoren der Wissenschaft, des Bildungswesens und anderer Humandienstleistungen wurden, im Gegensatz zur Bundesrepublik, kaum Eliten rekrutiert (vgl. Meyer 1991: 161). Angehörige dieser Sektoren, inklusive der Kirchen, standen in einer strukturell gegenelitären Position zu den Rekrutierungsgruppen der DDR-Elite.

Das gleiche kann für all jene Personen behauptet werden, die sich parteipolitisch nur marginal (einfaches Mitglied ohne Amt), gar nicht oder sogar in der oppositionellen Bürgerbewegung engagiert hatten, denn ein Aufstieg in die Elite war in aller Regel an die Übernahme parteipolitischer Ämter - insbesondere in der SED, aber alternativ dazu auch in einer anderen Blockpartei - geknüpft.

Schließlich läßt sich ein strukturelles Gegeneliten-Reservoir auch demographisch festmachen. So bestand die DDR-Elite weit überwiegend aus Angehörigen der Aufbaugeneration (Durchschnittsalter 62 Jahre laut Derlien 1997) und nur zu 5 Prozent aus Frauen, obwohl deren Anteil an den Hochschulabsolventen kontinuierlich von 24 Prozent 1961 auf 40 Prozent 1989 angestiegen ist (Statistisches Jahrbuch der DDR 1972: 66; 1990: 138). Unter dem demographischen Aspekt sind es also die jüngeren und mittelalten Angehörigen der Nachaufbaugenerationen sowie Frauen, die dem strukturellen Gegeneliten-Reservoir zuzurechnen sind.

Tabelle 13 faßt die Gegenüberstellung der Rekrutierungsmerkmale der DDR-Elite und ihres strukturellen Gegeneliten-Reservoirs nochmals zusammen. Angesichts dieser Gegenüberstellung kann die These der Reproduktion der Elitenrekrutierung desto mehr Gültigkeit beanspruchen, je mehr die Rekrutierungsmerkmale der neuen ostdeutschen Elite jenen in der linken Spalte der Tabelle entsprechen. Je mehr sie aber den in der rechten Spalte ausgewiesenen Merkmalen entsprechen, desto mehr spricht für die These der Verlagerung der Elitenrekrutierung auf das strukturelle Gegeneliten-Reservoir.

Tab. 13: Rekrutierungsmerkmale der DDR-Elite und ihres strukturellen Gegeneliten-Reservoirs

Kriterien	DDR-Elite	Gegeneliten-Reservoir
höchster Abschluß auf erstem Bildungsweg	Facharbeiter	Hochschulabschluß
akademische Qualifikationsrichtung	Gesellsch.wissensch., Wirtschafts- u. Staatswissensch.	Natur- u. Technikwissensch., Theologie
Höhe der Rekrutierungsposition	obere Subelite, Elite	Professionen, untere Subelite
Rekrutierungssektor	Parteien, Massenorganisationen, Staatsapparat	Wissensch., Humandienstleistungen, Kirche
politisches Engagement	Übernahme von Ämtern in offiziellen Parteien	einfaches Parteimitgl., kein Parteimitgl., opposition. Gruppe
demographische Merkmale	fast ausschließl. Männer der Aufbaugeneration	Frauen u. Männer der Nachaufbaugenerationen

Die mit der Potsdamer Elitestudie erhobenen Rekrutierungsmerkmale sind so differenziert, daß die alternativen Möglichkeiten der Reproduktions- und der Transitionsthese nun geprüft werden können.

1.2   Rekrutierungsmerkmale der heutigen ostdeutschen Elite[45]

1.2.1   Fachliche Rekrutierung: Verlagerung zur ideologieneutral qualifizierten Intelligenz

Gemäß der Reproduktionsthese dürfte der Intelligenzanteil in der ostdeutschen Elite kaum die 20-Prozent-Marke überschreiten. Darüber hinaus müßten unter den vorhandenen Akademikern ideologienahe Fachabschlüsse dominieren, die zudem überwiegend auf Parteihochschulen und speziellen Akademien erworben wurden.

Die Daten belegen indes das Gegenteil dieser Erwartungen. Zum ersten liegt der Anteil der Intelligenz mit 215 von 270 Befragten auf dem beachtlichen Niveau von rund 80 Prozent (in der Westelite bei gut 77%). Zweitens handelt es sich bei den Akademikern in der ostdeutschen Elite um eher wissenschaftlich als ideologisch geschulte Hochschulabsolventen, denn nur 5 Personen gaben an, ihr Studium an einer der ideologienahen Parteihochschulen oder Akademien absolviert zu haben.[46]

Sprechen bereits diese Befunde für die Transitionsthese, so gilt dies auch für die Fachrichtung der akademischen Abschlüsse, die zu acht Fächergruppen zusammengefaßt wurden.[47] Nach der Reproduktionsthese wäre eine klare Dominanz ideologienaher Qualifikationen zu erwarten. Darunter sind Qualifikationen zu verstehen, deren Ausbildungsinhalte eng an die jeweilige Gesellschaftsordnung gekoppelt sind oder diese zum Gegenstand haben, also vor allem gesellschaftswissenschaftliche (geistes- und sozialwissenschaftliche) sowie staats- und wirtschaftswissenschaftliche Qualifikationen. Daß diese Fächer in einer institutionell kontinuierlichen Gesellschaft von überragender Bedeutung für die Elitenrekrutierung sind, erkennt man an der Verteilung in der westdeutschen Elite gemäß Abbildung 10 (linke Hälfte des Balkendia-

---

45 Es sei nochmals daran erinnert, daß die Termini „ostdeutsche Elite" und „Ostelite" auf Ostdeutsche nach Herkunft (ehemalige DDR-Bürger) rekurrieren (siehe Fn. 39, S. 98).

46 Genannt wurden die „Parteihochschule Karl-Marx" in Berlin, die „Akademie für Gesellschaftswissenschaften" in Berlin und die „Akademie für Staats- und Rechtswissenschaften" in Potsdam.

47 Es handelt sich hier um eine Zusammenfassung der Studienfächer, über die der erste akademische Abschluß erworben wurde: Geisteswissenschaften (Theater/Kunst/Film, Musik, Philologie, Fremdsprachen, Geschichte), Theologie, Sozialwissenschaften (Sozialwissenschaft, Psychologie, Pädagogik/Lehramt, Politikwissenschaft), Journalistik, Staatswissenschaften (Jura, Verwaltungswissenschaft), Wirtschaftswissenschaften, Natur- und Technikwissenschaft (Medizin, Naturwissenschaft, Technik, Landwirtschaft/Gartenbau). Da die Fächer Theologie und Journalistik von Bedeutung für die Zugehörigkeit zu früheren SED-Mitgliedern respektive Oppositionellen sind, wurden sie keiner anderen Fächergruppen zugeordnet.

gramms). Hervorstechendstes Merkmal ist nämlich die Dominanz der Wirt-
schaftswissenschaftler mit 19,5 und der Gesellschaftswissenschaftler mit 19,8
sowie vor allem der Staatswissenschaftler mit 39,1 Prozent - davon allein
38,7 Prozent Juristen, die im maßgeblichen Referenzjahrgang[48] nur 9 Prozent
aller Hochschulabsolventen stellten und somit in der Elite besonders deutlich
überrepräsentiert sind.[49]

Abb. 10: Fachrichtung der akademischen Qualifikationen in West- und Ostelite 1995:
Prozent an Hochschulabsolventen

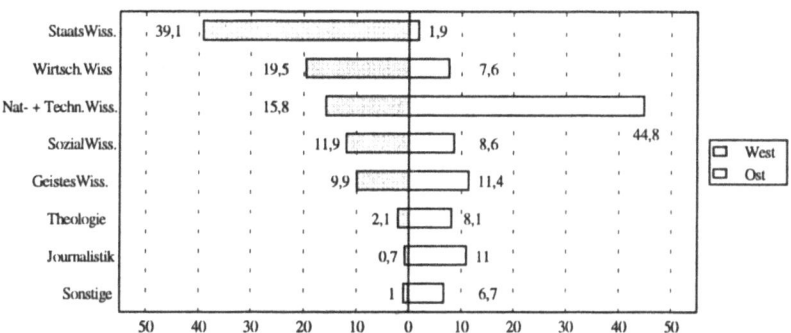

Basis (N)-West: 1528, -Ost: 210; Cramer's V: .44 (gewichtet: .59); Duncan Index of Dissimilarity: 51.

In der Ostelite stellen die Absolventen gesellschafts-, wirtschafts- und
staatswissenschaftlicher Fächer zusammen noch nicht einmal ein Drittel - im
Gegensatz zur DDR-Elite, in der sie über die Hälfte aller Akademiker zählten.
Die Unterrepräsentanz dieser Abschlüsse besteht nicht nur im Vergleich zur
DDR-Elite, sondern auch zur Verteilung im Referenzjahrgang aller ostdeut-
schen Hochschulabsolventen.[50] Die ideologienahen Fächer haben also ihre

---

48 Als Referenzjahrgang habe ich das Studienabschlußjahr 1967 ermittelt. Geht man davon
  aus, daß die Westelite im Jahr 1995 im Schnitt 54 Jahre alt war, so hat sie das durchschnitt-
  liche Studienabschlußalter von 26 Jahren im Jahr 1967 erreicht. Laut Statistischem Jahrbuch der Bundesrepublik (1975: 344-345) verteilen sich die insgesamt 28.685 Absolventen
  bundesdeutscher Hochschulen im Jahr 1967 folgendermaßen auf die Fächergruppen: 44%
  Natur- und Technikwissenschaften, 30% Geistes- und Sozialwissenschaften, 13,8% Wirtschaftswissenschaften, 9% Rechtswissenschaften und 3,2% Theologie.
49 Mit zusammen 19,8% sind Gesellschaftswissenschaftler (Geistes- und Sozialwissenschaft-
  ler) trotz der Tatsache, daß sie die zweitgrößte Qualifikationsgruppe in der Westelite stellen,
  unterproportional repräsentiert (30% im Referenzjahrgang). Am deutlichsten unterrepräsentiert sind die Absolventen natur- und technikwissenschaftlicher Fächer mit 15,8% gegenüber 44% im Referenzjahrgang (vgl. die folgende Fn.).
50 Da die Ostelite 1995 im Schnitt 47 Jahre alt war, hatte der Durchschnitt im Jahr 1974 das
  mittlere Alter der Hochschulabsolventen von 26 Jahren erreicht. Die insgesamt 34.300 Ab-

karrierefördernde Wirkung eingebüßt. Gemessen am Referenzjahrgang ebenfalls unterproportional, aber im Vergleich zur DDR-Elite weitaus stärker vertreten sind in der ostdeutschen Elite die Absolventen natur- und technikwissenschaftlicher Fächer. Mit 44,8 Prozent bilden sie die mit Abstand größte Qualifikationsgruppe. Natur- und technikwissenschaftliche Diplome sind als ideologieneutrale Qualifikationen zu betrachten, weil ihre Ausbildungsinhalte nicht von einer bestimmten Gesellschaftsordnung abhängen und sich daher kaum als Indoktrinationsmedium eignen. Dasselbe gilt in einem säkularen Staat für eine akademische Qualifikation als Theologe. Angesichts der religionskritischen Legitimationsbasis der marxistisch-leninistischen Doktrin und des Spannungsverhältnisses, in dem sich die Kirche als einzige autonome Organisation zum sozialistischen Staat befand, indiziert die theologische Orientierung sogar eine gewisse Ideologiedistanz. Von daher entspricht es ebenfalls den Erwartungen der Transitionsthese, daß Theologieabsolventen in der Ostelite mit 8,1 gegenüber 0,3 Prozent im Referenzjahrgang besonders deutlich überrepräsentiert sind.[51]

Insgesamt ist festzuhalten, daß unter dem Gesichtspunkt der Fachqualifikation zwar keine vollständige, aber doch eine weitgehende Verlagerung der Elitenrekrutierung zugunsten ideologieneutraler Qualifikationen erfolgte. Somit spricht unter dem Qualifikationsaspekt mehr für die Transitions- als für die Reproduktionsthese.

1.2.2 Hierarchische Rekrutierung: Verlagerung zur professionellen Intelligenz

Unter der Bedingung institutioneller Regimekontinuität ist der beste Prädiktor des individuellen Aufstiegs in die Elite, wie nahe eine Person zu einem frühe-

---

solventen des Jahrgangs 1974 verteilen sich wie folgt auf die Fächergruppen (berechnet nach Statistisches Jahrbuch der DDR 1975: 344-345): 54,6% Natur- und Technikwissenschaften, 26,3% Geistes- und Sozialwissenschaften, 15% Wirtschaftswissenschaften, 3,2% Rechtswissenschaften, 0,6% Journalistik und 0,3% Theologie. Die Verteilung der Studienabschlüsse in den drei Jahren vor und nach den Referenzjahrgängen ist mit diesen sowohl in West- als auch in Ostdeutschland weitgehend identisch.

51 Der überdurchschnittliche Anteil an Journalistikabsolventen in der Ostelite (11% gegenüber 0,6% im Referenzjahrgang) erklärt sich daraus, daß die Journalistikabsolventen bereits zu DDR-Zeiten weit überwiegend im Mediensektor beschäftigt waren und dieser Sektor eine starke karrierestrukturelle Geschlossenheit aufweist, die sich auch an der Westelite nachweisen läßt. Im Unterschied zum Politiksektor vollzog sich der Elitenaustausch im Mediensektor deshalb sektorintern, also zugunsten von Journalisten, die bislang keine leitenden Medienfunktionen ausübten. Der Mediensektor teilt mit dem Politiksektor allerdings die Gemeinsamkeit, daß der Elitenwandel im wesentlichen aus ostdeutschem Personal gespeist wurde. Dies ist, wie bereits ausgeführt, auf die Repräsentations- und Interessenvermittlungsfunktion beider Sektoren zurückzuführen.

ren Zeitpunkt in der Positionshierarchie bereits an die Elite herangerückt ist. Gemäß der Reproduktionsthese dürfte sich daran durch einen Regimewechsel nichts ändern.

Zur Prüfung der Reproduktionsthese in der Dimension der Positionshierarchie wurden die für 1988 angegebenen Erwerbstätigkeiten nach Positionsstufen klassifiziert. Die höchste Kategorie auf der Skala bildet die *Elite*. Sie umfaßt für die Bundesrepublik und für die DDR die Spitzenpositionen auf nationaler und Landesebene beziehungsweise auf Bezirksebene (letzteres für die DDR). Als Inhaber dieser Spitzenpositionen verfügen Angehörige der Elite über die umfangreichsten Positionsressourcen. Darunter liegt als nächste Kategorie die *Subelite*. Hierunter wurden alle Positionsangaben eingeordnet, die nicht in die Elitenkategorie gehören, aus denen aber hervorgeht, daß sie eine Leitungsfunktion beinhalten (z.B. Schulleiter, Bürgermeister, Abteilungsleiter, Referatsleiter, Redaktionsleiter etc.). Als nächst tiefere Stufe folgen die *Professionen*, worunter alle Berufe gefaßt wurden, deren Ausübung in der Regel einen Hochschulabschluß erfordert, aber keine Leitungsfunktion bedingt. Daran schließt sich die Kategorie der *Subprofessionen* an, die eine geringere Qualifikation erfordern. An unterster Stelle der Positionshierarchie folgen die Personen, die 1988 noch in der Ausbildung waren beziehungsweise keine Erwerbstätigkeit angegeben haben, in der Kategorie *„keine Erwerbsposition"*. Sie verfügen naturgemäß über die geringsten Positionsressourcen.

Abb. 11: Positionshöhe West- und Ostelite vor der Wende 1988 (Prozent)

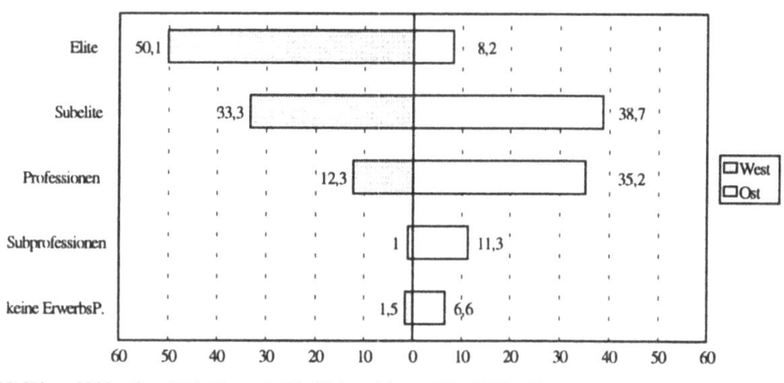

Basis (N)-West: 1999, -Ost: 256; Cramer's V: .37 (gewichtet: .52); DID: 43.

Die Verteilung der Westelite auf der Hierarchie-Skala in Abbildung 11 (linke Hälfte) demonstriert, daß die bereits sieben Jahre vor dem Erhebungszeitpunkt erreichte Positionshöhe tatsächlich der beste Prädiktor der Elitenzugehörigkeit ist: Mit gut 50 Prozent setzt sich die Westelite zum größten

Teil aus Personen zusammen, die zuvor bereits zur Elite gehörten, gefolgt von Personen, die zuvor in der Subelite (33,3%) sowie unter den Professionen (12,3%) plaziert waren.

Sollte die Reproduktionsthese zutreffen, müßte sich ein ähnliches Bild für die Ostelite ergeben. Abbildung 12 läßt freilich auf den ersten Blick erkennen, daß dem nicht so ist, denn fast 92 Prozent der heutigen Ostelite gehörten 1988 nicht zur DDR-Elite.[52] Ansonsten birgt die Verteilung der Ostelite jedoch beträchtliche Interpretationsspielräume. Zum einen nämlich kann die Tatsache, daß nur ein kleiner Teil der neuen Elite bereits im „alten" System zur Elite gehörte, die Reproduktionsthese nicht widerlegen, weil diese sich nicht auf die Eliten selbst, sondern auf deren Rekrutierungsgruppen bezieht. Ebenso wenig ist aber die Transitionsthese durch die Beobachtung zu widerlegen, daß die neue Elite kaum aus den untersten Positionskategorien der DDR-Hierarchie stammt, denn Verlagerung kann, aber muß nicht unbedingt eine Umkehrung der Rekrutierungschancen bedeuten. Somit läßt sich die dominierende Rekrutierung aus der Subelite, je nach Standpunkt, sowohl im Sinne der Reproduktions- als auch im Sinne der Transitionsthese deuten.

Um dennoch eine klare Entscheidung zwischen den Alternativthesen zu fällen, ist es angebracht, die Kategorie der Subelite in die Kategorien obere und untere Subelite aufzuspalten. Diese Differenzierung ist auch deshalb gerechtfertigt, weil durch die Oberkategorie der Subelite ein unverhältnismäßig weites Positionsspektrum erfaßt wird, das vom Leiter einer örtlichen Schule über einen Chefarzt in einem Kreis- oder Bezirkskrankenhaus bis zum Abteilungsleiter in einem DDR-Ministerium reicht. Vor diesem Hintergrund liegt der Unterteilung in obere und untere Subelite das Kriterium zugrunde, ob der Positionsinhaber an der Spitze einer Einrichtung stand und diese da-

---

52 20 von 256 gültigen Fällen gehörten 1988 der DDR-Elite an. Es ist jedoch zu beachten, daß davon neun Personen, also knapp die Hälfte, Spitzenpositionen in der evangelischen Kirche inne hatten (drei Landesbischöfe und sechs weitere führende Kirchenvertreter). Aufgrund der im Vergleich zur Bundesrepublik problematischeren Position der Kirche in der DDR können diese Personen nicht vorbehaltlos der Regime-Elite der DDR zugeschlagen werden. Aus Gründen der *formalen* Positionsäquivalenz zum bundesrepublikanischen Elitenset waren sie jedoch als Elite zu klassifizieren. Im übrigen ließ sich der Verdacht, frühere DDR-Elitepositionen seien verschwiegen worden, ausräumen. Ich habe dazu die Namen unserer Adreßdatei, die aus öffentlich zugänglichen Quellen gewonnen wurde, mit den Personenangaben in dem biographischen Nachschlagewerk „Namen und Daten wichtiger Personen in der DDR" (Buch 1987) abgeglichen. Dieses Nachschlagwerk enthält Angaben zu fast 2.000 wichtigsten Positionsinhabern aller gesellschaftlichen Bereiche der DDR. Der Anteil von Personenüberschneidungen zwischen dem Nachschlagewerk und der Adreßdatei lag bei knapp 1 Prozent und ist damit ebenso hoch wie der Anteil früherer DDR-Eliten in unserer Gesamtausschöpfung. Aus datenschutzrechtlichen Gründen wurde der Abgleich lediglich anhand der Adreßdatei vollzogen und nicht dokumentiert.

durch auch nach außen repräsentiert hat[53] oder ob er nur einen Bereich innerhalb einer Einrichtung geleitet hat und somit nicht als öffentlicher Repräsen-
tant in Erscheinung getreten ist. Entsprechend wurden der *oberen* Subelite die
*Spitzen*vertreter einer Einrichtung (z.B. Leiter von Schulen, örtlichen und
Kreisbetrieben, Kreisräte, Bürgermeister, Leiter von Krankenhäusern, Chefredakteur einer Kreiszeitung u.ä.) und der *unteren* Subelite die Leiter eines
organisations*internen* Bereichs zugeordnet (typische Bezeichnungen wie Ab-
teilungs-, Bereichs-, Stations- oder Sektorenleiter u.ä.).

Anhand dieser verfeinerten Hierarchie-Skala sind die Alternativhypothe-
sen in erster Linie auf die drei Positionskategorien der oberen und unteren
Subelite sowie der Professionen zu beziehen. Bei einer Repräsentanz dieser
Positionskategorien in der Reihenfolge „obere Subelite - untere Subelite -
Professionen", wäre die Reproduktionsthese bestätigt, bei umgekehrter Rei-
henfolge dagegen die Transitionsthese.

Die Daten bestätigen die Transitionsthese, weil die Professionen die
größte und die untere Subelite die zweitgrößte Aufstiegsgruppe bilden (Abb.
12). Überhaupt wird das Gesamtbild von diesen beiden Gruppen dominiert,
die zusammen fast zwei Drittel der Ostelite ausmachen (168 von 256 gültigen
Fällen). Von diesen beiden dominanten Kategorien besteht sowohl nach unten
als auch nach oben ein quantitativer Sprung. Der Sprung nach unten verleiht
der Tatsache Ausdruck, daß im Zuge eines demokratischen Regimewechsels
Qualifikationsbarrieren gegenüber dem Aufstieg in die Elite wirksam sind.
Der Sprung nach oben zeigt, daß offizielle Repräsentanten des *ancien régime*
- auch wenn sie nur Spitzenvertreter lokaler und regionaler Einrichtungen waren - mit dem Regimewechsel weitgehend diskreditiert werden.

Andererseits ist allerdings bemerkenswert, daß ehemals Professionelle nur
geringfügig stärker in der heutigen Ostelite vertreten sind als Angehörige der
unteren Subelite: Berücksichtigt man, daß die sozialistische Intelligenz nach
den Daten der DDR-Lebensverlaufsstudie im Jahr 1989 zu etwa 14 Prozent
Tätigkeiten mit Leitungsfunktionen ausgeübt hat und deshalb zur (unteren
und/oder oberen) Subelite zu rechnen war, so ist die ehemalige untere Subelite mit 30,5 Prozent in der heutigen ostdeutschen Elite deutlich überrepräsentiert. Insofern ist ein Plazierungsvorteil der unteren Subelite zu konstatieren. Dies sind die Inhaber früherer Leitungspositionen, die nicht an der Spitze, sondern innerhalb von Organisationen angesiedelt waren. An diese Art der
Positionierung knüpfen sich im Kontext eines Regimewechsels zwei auf-
stiegsrelevante Vorteile: Zum einen waren diese Leitungspositionen nicht so

---

53 Auf der subelitären Positionsebene waren das Einrichtungen der Kreis- und Ortsebene
(Spitzenvertreter von Einrichtungen der zentralstaatlichen Ebene und der Bezirksebene
wurden ja, wie erwähnt, der Elite zugerechnet).

exponiert, um deren Inhaber derart zu diskreditieren wie die Inhaber von Spitzenpositionen; zum anderen vermittelten sie doch gewisse Leitungserfahrungen, die auch nach einem Regimewechsel nachgefragt werden.

Abb. 12: Verfeinerte Positionshöhe der Ostelite in der DDR 1988 (Prozent)

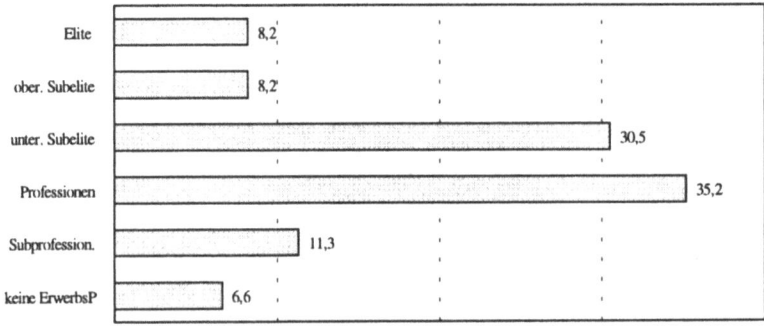

Basis (N): 256.

Vor diesem Hintergrund ist das auf die osteuropäischen Eliten bezogene Diktum vom Aufstieg der *second rank professionals* (Andorka 1993) oder der *deputy heads of departments* (von Beyme 1993) auch für die ostdeutsche Elite zutreffend. Insgesamt hat eine Verlagerung der Elitenrekrutierung auf die mittleren, stark durch Sachkompetenz geprägten, Positionsebenen stattgefunden.

1.2.3 Sektorale Rekrutierung: Verlagerung zur Wissenschafts- und Humandienstleistungs-Intelligenz

Nach der Reproduktionsthese ist zu erwarten, daß die sektorale Rekrutierungsbasis der ostdeutschen Elite im wesentlichen mit jener der alten DDR-Elite identisch ist. Daraus wäre eine starke sektorale Kontinuität in den individuellen Karrieren zu folgern, während nach der Transitionsthese das Gegenteil, nämlich ein überwiegender Anteil von Sektorwechslern, zu vermuten ist.

Dies zu prüfen setzt die Kenntnis der individuellen Sektorplazierung vor und nach der Wende voraus. Diese Kenntnis läßt sich aus den Erhebungspositionen für 1995 (nach der Wende) und den für 1988 abgefragten Erwerbspositionen (vor der Wende) gewinnen. Die Kategorisierung der 1988er Positionen war mit leichten Modifikationen verbunden, denn zu diesem Zeitpunkt gehörten nicht alle Befragten zur Elite, so daß auch Positionen in eliteuntypischen Sektoren zu berücksichtigen waren: Als Entsprechungssektor zum Militär erscheint in der 1988er Einteilung ein um Positionen in der Polizei und in Sicherheitsdiensten erweiterter Sektor „bewaffnete Organe"; als Entsprechungssektor zur Wissenschaft wurde ein um Positionen des Bildungswesens, des Kulturbetriebs und des Gesundheits-, Pflege- und Betreuungsbereichs erweiterter Sektor „Humandienstleistungen" (HDL) gebildet. Alle anderen Sektoren konnten äquivalent zur 1995er Einteilung generiert werden.

Abb. 13: Sektorale Verteilung der Ostelite
         1988 und 1995 im Vergleich (Prozent)

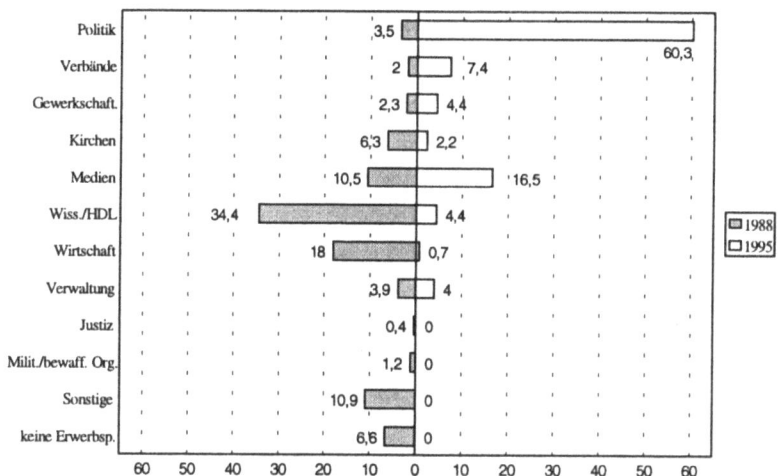

Basis (N) 1988: 256; Basis (N) 1995: 272; Duncan Index of Dissimilarity: 70,5.

Abbildung 13 zeigt die Verteilung der Ostelite nach ihren Herkunftssektoren 1988 (linke Hälfte des Balkendiagramms) und ihren Ankunftssektoren 1995 (rechte Hälfte). Zum Vergleich gibt Abbildung 14 die entsprechende Verteilung der Westelite wieder. Während die sektorale Verteilung der Westelite zwischen 1988 und 1995 nur geringfügig variiert, hat sich der überwiegende Teil der Ostelite bis 1995 in einem anderen Sektor plaziert als dies noch 1988 in der DDR der Fall war. Dies impliziert einen gegenüber der Westelite höheren Anteil an wendebedingten Sektorwechslern: Haben von der Westelite ca. 21 Prozent gegenüber 1988 den Sektor gewechselt, so sind dies von der Ostelite immerhin fast 70 Prozent. Dabei hat sich der Anteil der Sektorwechsler im Vergleich zum vorangehenden 7-Jahres-Intervall (1988

gegenüber 1981) innerhalb der Westelite um nur etwa 4 Prozent und in der
Ostelite um knappe 60 Prozent erhöht.[54] Diese Zahlen demonstrieren die
Auswirkungen variierender institutioneller Entwicklungen auf die sektorale
Karrieremobilität: Bei Kontinuität des institutionellen Kontextes, wie sie für
die Westelite gegeben ist, besteht auch ein hohes Maß an sektoraler Karriere-
kontinuität, wohingegen institutionelle Umbrüche zu stärkerer sektoraler Mobilität führen, wie an der Ostelite zu erkennen ist.

Abb. 14: Sektorale Verteilung der Westelite
        1988 und 1995 im Vergleich (Prozent)

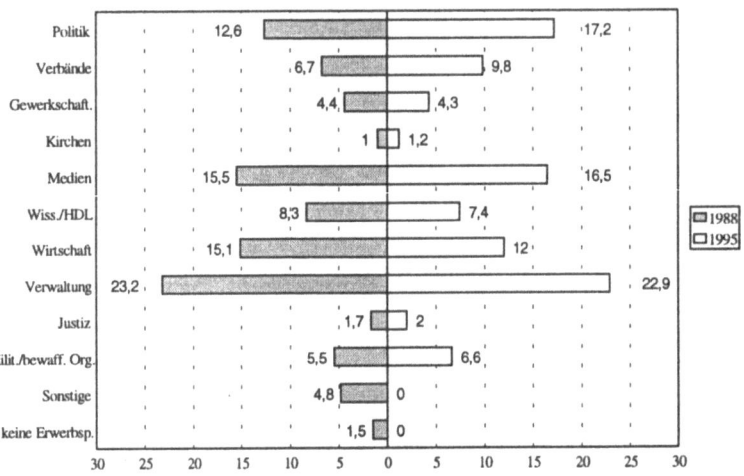

Basis (n) 1988: 1.999; Basis (n) 1995: 2.066; Duncan Index of Dissimilarity: 10,2.

Auf welche DDR-Sektoren sich die Rekrutierungsbasis der ostdeutschen
Elite verlagert hat, zeigt ihre sektorale Verteilung für das Jahr 1988 (linke
Hälfte des Balkendiagramms in Abb. 13): Mit 32,4 Prozent stammt der überwiegende Teil der Ostelite aus dem Wissenschafts- und dem Humandienstleistungssektor der DDR; darauf folgen die Sektoren Wirtschaft mit 16,9 Prozent[55] sowie Medien (9,9%) und Kirchen (5,9%). Alle übrigen Herkunftssek-

---

54 Wie für 1988 wurden Positionen auch für 1981 abgefragt. Der Personenkreis mit gültigen
    Positionsangaben für 1981 und 1988 ist etwas kleiner als der mit gültigen Angaben nur für
    1988. Prozentuierungsbasis (N) für 1981: West - 1.939; Ost - 194. Und für 1988: West -
    2.069; Ost - 272.
55 Angesichts des weniger als halb so großen Anteils von Wirtschaftswissenschaftlern (7,6
    Prozent, vgl. Abb. 10) mutet diese Zahl zunächst erstaunlich an. Der Widerspruch löst sich
    jedoch leicht auf, da fast drei Viertel der im Wirtschaftssektor Beschäftigten einen technik-

toren weisen nur verschwindend geringe Anteile auf. Gemessen am Beschäftigtenanteil dieser Sektoren in der DDR sind ehemalige Angehörige der Wissenschaft und der Humandienstklasse in der ostdeutschen Elite klar überrepräsentiert, denn in diesen Sektoren der neuen Dienstklasse waren maximal 15 Prozent der Erwerbstätigen beschäftigt.[56] Für die Beschäftigtenanteile der anderen DDR-Sektoren waren keine zuverlässigen Angaben zu gewinnen. Sicher dürfte aber sein, daß Angehörige der Medien und der Kirchen über- und Verwaltungsbedienstete unterrepräsentiert sind.

In der dominierenden Herkunft aus den Sektoren Wissenschaft, Humandienstleistungen, Wirtschaft sowie Medien und Kirche kommt zum Ausdruck, daß die ostdeutsche Nach-Wende-Elite vorrangig aus den *politisch fremdgesteuerten, technokratischen* oder *kulturellen* Sektoren des sozialistischen Regimes stammt. Kennzeichnend für die berufliche Etablierung in diesen Sektoren war, daß die fachliche Qualifikation gegenüber politischem Engagement ein größeres Gewicht hatte als in anderen Sektoren (vgl. Endruweit 1987).

Dem entspricht andererseits, daß eine hauptamtliche Position in den mit politischen Kontroll- oder Mobilisierungsfunktionen betrauten Sektoren (Parteien, Massenorganisationen, gouvernementale und legislative Staatsorgane) ihren Karrierevorteil eingebüßt hat. Immerhin waren nur 20 Befragte zu DDR-Zeiten hauptamtlich in einem dieser Bereiche tätig.[57] Im Vergleich zur DDR-Elite, die vorwiegend aus diesen Sektoren stammte, ist also auch eine deutliche Verlagerung der *sektoralen* Rekrutierungsbasis zu konstatieren. Die Verlagerung erfolgte insbesondere zugunsten des „Bewegungsreservoirs" der DDR-Gesellschaft. Betrachtet man nämlich die Schnittmenge von Intelligenzlern und der im wissenschaftlichen und humandienstleistenden Sektor sozialisierten Personen als das typische Rekrutierungsfeld neuer sozialer Bewegungen (siehe Erläuterung auf S. 9 f.), so haben Angehörige dieses Bewegungsreservoirs einen Anteil von 30 Prozent in der Ostelite, was eine deutliche Überrepräsentation gemessen an einem Bevölkerungsanteil von 2,3 Prozent (gemäß ALLBUS 1994) bedeutet. Auch in der Westelite ist der sozialstrukturelle Kern des Bewegungsreservoirs mit 7,7 gegenüber 2 Prozent in der Bevölkerung überrepräsentiert, jedoch bei weitem nicht so deutlich wie in der Ostelite.

---

wissenschaftlichen Abschluß hatten und von daher eher ingenieurstypische als managerielle Tätigkeiten ausübten.

56 Nach DDR-offiziellen Definitionskriterien umfaßte die Intelligenz vor der Wende knapp 15 Prozent der Erwerbstätigen. Die offizielle Intelligenzdefinition umfaßte Hochschulabsolventen *und* Beschäftigte in kulturellen und humandienstleistenden Tätigkeiten.

57 Davon hatten vier Personen eine Eliteposition inne, und zwar zwei Personen eine DDR-weite Spitzenposition in einer FDGB-Gewerkschaft und zwei Personen eine Spitzenposition in einer der Blockparteien auf Bezirksebene.

1.2.4   Politische Rekrutierung: Verlagerung zur politisch marginalisierten Intelligenz

In der DDR-Gesellschaft gab es im Prinzip vier Möglichkeiten der politischen Selbsteinordnung: als Mitglied der SED oder einer anderen Blockpartei[58] sowie als Aktivist der oppositionellen Bürgerbewegung[59]; schließlich konnte man sich dieser Möglichkeiten enthalten und damit politisch ungebunden bleiben.

Berücksichtigt man, daß die Plazierung in der DDR-Elite praktisch zwingend an eine Parteimitgliedschaft, insbesondere in der SED, gebunden war (Meyer 1991), so wäre desto mehr von einer Elitenreproduktion zu sprechen, je deutlicher die heutige Ostelite von früheren SED- und Blockparteimitgliedern dominiert wird. Hingegen würde desto mehr für die Transitionsthese sprechen, je mehr Ungebundene und Oppositionelle sich in der Ostelite befinden.

Die Verteilung in Tabelle 14 offenbart eine Verlagerung, die aber keiner vollständigen Umschichtung der Rekrutierungsstrukturen gleichkommt, denn SED- und Blockparteimitglieder einerseits (46%) und andererseits Ungebundene und Oppositionelle (54%) halten sich in etwa die Waage. Das leichte Übergewicht auf der Seite von Ungebundenen und Oppositionellen indiziert gleichwohl bemerkenswerte Verschiebungen der Elitenkomposition. Das gilt insbesondere für die Oppositionellen, deren Anteil an der DDR-Bevölkerung auf 0,3 Prozent geschätzt werden kann und somit massiv überrepräsentiert ist.[60] Indes bleibt zu bemerken, daß auch ehemalige SED- und Blockparteimitglieder mit 28 beziehungsweise knapp 18 Prozent gemessen an ihren Be-

---

58 Von den 126 Ostbefragten, die in Frage 62 eine Parteimitgliedschaft bejahten, haben auf die Nachfrage 63 („in welcher Partei?") 83 Personen die SED, 23 die CDU, 14 die LDPD, 7 die NDPD und 5 die DBD angegeben.

59 Diese Variable wurde durch Frage 67 erhoben, die folgenden Wortlaut hatte: „Waren Sie vor Oktober 1989 in einer oppositionellen Gruppe tätig, z. B. im Rahmen einer Kirchengruppe oder Umweltgruppe?" An dieser Stelle nochmals eine Bemerkung zur Glaubwürdigkeit der Angaben: Je nach früherer Parteizugehörigkeit und oppositioneller Aktivität zeigten die Befragten ein voneinander unterschiedliches und in sich konsistentes Antwortverhalten. Da die Fragen zur Parteimitgliedschaft und oppositioneller Aktivität im Fragebogen weit hinten plaziert waren, ist es ausgeschlossen, daß Befragte eine Aktivität in der Opposition nur vorgaben und dann ihre Antworten dem vermutlichen Einstellungsmuster eines Oppositionellen angepaßt haben.

60 Diese Schätzung stützt sich auf die optimistische Hochrechnung von Blattert u.a. (1995: 404, Fn. 10), die zu rund 41.000 Oppositionsmitgliedern DDR-weit gelangt. Gemessen an der damals über 18-jährigen DDR-Bevölkerung von etwa 13 Millionen Menschen (berechnet nach Statistisches Jahrbuch 1989: 359) entspricht dies vernachlässigbaren 0,3 Prozent.

völkerungsanteilen von zuletzt 18,2 und 3,4 Prozent überrepräsentiert sind. Dem entspricht eine Unterrepräsentation der Ungebundenen mit 31 Prozent gegenüber rund 78 Prozent in der Vor-Wende-Bevölkerung.[61] Dennoch muß angesichts der Anteile von Oppositionellen und Ungebundenen eine Verschiebung der Elitenkomposition zu politischen Gruppen konstatiert werden, die im SED-Regime praktisch keine Chance hatten, sich in der Elite zu plazieren. Unter dem Aspekt der politischen Rekrutierung kann also von

Tab. 14: Politische Gruppierung der heutigen Ostelite in der DDR

	Fallzahl	Prozent
SED-Mitglieder	75	28,0
Blockparteimitgl.	47	17,5
Ungebundene	81	30,3
Oppositionelle	65	24,2
Summe	*268*	*100*

einer Hybridkonfiguration aus Reproduktion und Transition mit allerdings dominant transitorischen Elementen gesprochen werden.

Die Transitionstendenzen der politischen Rekrutierung treten allerdings deutlicher zu Tage, wenn die innerparteiliche Ämterhierarchie und damit der Integrationsgrad in Parteipolitik berücksichtigt wird. Die aktive Involvierung in die offizielle Parteipolitik läßt sich in einer sechsstufigen Hierarchie darstellen. Ausgehend vom Nullniveau (keine Parteimitgliedschaft) nimmt die Involvierung in der Reihenfolge „Mitglieder ohne Amtsfunktion, Mitglieder mit örtlicher, mit Kreis-, mit Bezirks- und mit DDR-weiter Funktion" zu.

In bezug auf diese Skala verdeutlicht Abbildung 15 ein Verteilungsgefälle, das sich genau umgekehrt zu den Erwartungen der Reprodukti-

---

61 Die CDU hatte 1987 ca. 137.000 Mitglieder, die DBD 112.000, die LDPD 92.000 und die NDPD 91.000, was zusammen 432.000 Mitglieder von Blockparteien und somit einen Anteil von gut 3% an der erwachsenen Bevölkerung von etwa 13 Millionen Personen ergibt (zu berücksichtigen ist hierbei, daß sich die „Kunstprodukte" DBD und NDPD in der Wende auflösten und die CDU dabei den Mitgliederstamm der DBD und die LDP respektive FDP den der NDPD übernahm). Die SED hatte 1987 etwa 2,3 Millionen Parteimitglieder. Zusammen hatten Blockparteien und SED also 2,7 Millionen Mitglieder. Das entspricht einem Anteil von 22% an der erwachsenen DDR-Bevölkerung. Komplementär dazu ergibt sich ein Anteil von 78% Parteilosen an der Bevölkerung (Daten aus Zahlenspiegel 1988: 19).

onsthese verhält. Besonders augenfällig ist hierbei der quantitative Sprung von amtsführenden Mitgliedern auf nicht-amtsführende Mitglieder und Nicht-Mitglieder. Geht man also davon aus, daß die Plazierungschancen in der DDR-Elite in aller Regel an die Inhaberschaft parteipolitischer Ämter gebunden waren, so haben Wende und Wiedervereinigung eine deutliche Verschiebung der Elitenkomposition zugunsten der politisch marginalisierten Intelligenz nach sich gezogen.

Abb. 15: Involvierung der Ostelite in DDR-Parteipolitik:
     Heutige Ostelite vor der Wende (N)

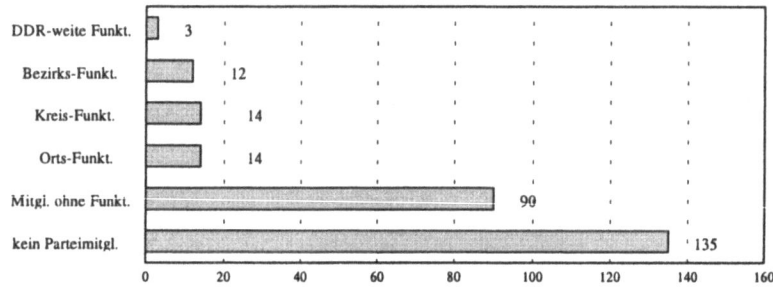

Basis (N): 268.

1.2.5   Demographische Rekrutierung: Verjüngung und „Feminisierung"

Sollte die Reproduktionsthese wenigstens unter demographischen Gesichtspunkten zutreffen, dürfte der Frauenanteil in der ostdeutschen Elite nicht wesentlich über 5 Prozent und ihr Durchschnittsalter nicht sehr weit unter 60 Jahren liegen. Die Daten belegen jedoch erneut das Gegenteil: Der Frauenanteil der ostdeutschen Elite liegt bei 30 Prozent und ist damit sechsmal größer als in der DDR-Elite und immer noch dreimal so groß wie in der westdeutschen Elite. Das Durchschnittsalter der ostdeutschen Elite liegt bei 47 Jahren, das heißt um 15 Jahre unter dem Durchschnittsalter der DDR-Elite sowie um immerhin noch 7 Jahre unter dem der westdeutschen Elite. Dabei sind gut drei Viertel der ostdeutschen Elite nach 1942 geboren und stammen somit aus der Generation, deren politische Sozialisation in die Zeit nach dem Ende der entbehrungsreichen sozialistischen Aufbauphase fiel. Im Kontext westlicher Gesellschaften entspricht das den Kohorten, unter denen postmaterialistische Wertorientierungen überdurchschnittliche Verbreitung finden.

Gegenüber der Zusammensetzung der alten DDR-Elite ist von einer deutlichen „Feminisierung" und Verjüngung der ostdeutschen Elite zu sprechen. Auch unter demographischen Gesichtspunkten kann also eine Verlagerung der Elitenrekrutierung und somit eine Bestätigung der Transitionsthese konstatiert werden.

Fazit:

Trotz ihrer relativ zu den Westdeutschen noch geringeren Aufstiegschancen muß mit Blick auf jene Ostdeutschen, die durch das Rekrutierungssieb der Elite geschlüpft sind, eine deutliche Verlagerung der in der DDR-Gesellschaft zugeteilten Aufstiegschancen konstatiert werden. Das gilt gleichermaßen in bezug auf qualifikatorische, sektorale, hierarchische und politische Rekrutierungskriterien. Anhand dieser Kriterien zeichnet sich die *positionelle Verankerung des alternativen Elitenreservoirs der DDR-Gesellschaft* klar ab: die zu einem beträchtlichen Teil *aus Frauen bestehende, ideologieneutral qualifizierte, auf der professionellen und unteren subelitären Positionsebene plazierte sowie der neuen Dienstklasse (Wissenschaft und Humandienstleistungen) entstammende Intelligenz der Nachaufbaugenerationen, welche entweder gar nicht oder nur marginal in die parteipolitische Machtzuteilung integriert war.* Aufgrund der rigiden institutionellen Barrieren in der DDR-Gesellschaft war dieses Reservoir in positionell relativ trennscharf umrissenen Gesellschaftsbereichen eingekapselt. Es entspricht der bereits von Ludz (1970) beschriebenen „institutionalisierten Gegenelite" und erfüllt alle in Teil B herausgearbeiteten Statuskriterien eines im sozialistischen Kontext geprägten Reservoirs demokratischer Gegeneliten.

Die Angehörigen der ostdeutschen Elite waren vor der Wende zu immerhin einem Viertel, aber gleichwohl nicht mehrheitlich in der Bürgerbewegung aktiv. Das war auch nicht zu erwarten in einem autokratischen Regime, das der Mobilisierung politischen Dissenses massive Repressionsdrohungen entgegensetzte. Dennoch besitzt die ostdeutsche Elite sozialstrukturelle Charakteristika, die für *neue soziale Bewegungen* typisch sind. Es handelt sich insofern um die Angehörigen eines blockierten Bewegungsreservoirs, das erst im Zuge der Wende politisch aktiv werden konnte. Dabei wird am ostdeutschen Transitionsbeispiel auch deutlich, daß zumindest in demokratischen Umbrüchen vor allem die für neue soziale Bewegungen typischen Gruppen mobilisiert werden und in die Elite aufsteigen. Die heutige Zusammensetzung der ostdeutschen Elite reflektiert von daher noch die Ausnahmesituation des Umbruchs. Mit zunehmender zeitlicher Distanz zu dieser einmaligen Zäsur ist daher eine Angleichung an die Zusammensetzung der westdeutschen Elite zu erwarten.

2.   Politische Sozialisation der ostdeutschen Elite

Im folgenden soll gezeigt werden, daß die Zuordnung zu einer der vier politischen DDR-Gruppen bestimmte *cleavages* der DDR-Gesellschaft reflektiert,
die in der Wende handlungsrelevant wurden und bis heute einstellungsrelevant sind. Dabei erweisen sich die aktuellen ordnungspolitischen Präferenzen
und die Parteisympathien der ostdeutschen Elite als Endpunkte verschiedener
Sozialisationspfade, deren Entwicklungslogik sich über den Regimewechsel
bis ins politische System der Bundesrepublik fortsetzt. Der Regimewechsel
war insofern *keine* „Stunde Null" der politischen Standortbestimmung.

2.1   Die Stellung in der DDR-Gesellschaft nach politischer Gruppierung

Die vergangene Zugehörigkeit zu einer der politischen DDR-Gruppen hängt
mit den bisher diskutierten Herkunftsmerkmalen sowie auch mit den heutigen
politischen Ordnungspräferenzen der Ostelite eng zusammen. Im Kontext der
einzelnen Mermalsausprägungen ist die politische Gruppenzuordnung eine
zentrale Ankervariable.

Tab. 15: Positionshöhe 1988 nach politischer DDR-Gruppierung (nur
Professionen und Subelite): Spaltenprozent

	SED-Mitglied.	Blockp.-mitgl.	Ungebun-dene	Oppositio-nelle	N
Professionen	33	32	**60**	**64**	*90*
untere Subelite	44	**55**	38	29	*78*
obere Subelite	**23**	13	2	7	*21*
N	*54*	*38*	*52*	*45*	*189*

Cramer's V: .25

Eine enge Verbindung besteht beispielsweise zu der in der DDR-
Gesellschaft eingenommenen Positionshöhe. Betrachtet man etwa die Positionsstufen der *Professionen* sowie der *unteren* und *oberen Subelite* (Tab. 15),
so ist zu erkennen, daß Ungebundene und Oppositionelle weit überdurchschnittlich auf der Ebene der Professionen angesiedelt waren, während sich
Blockpartei- und SED-Mitglieder besser auf den subelitären Leitungsebenen
zu etablieren vermochten, und zwar Blockparteimitglieder besonders auf der
unteren und SED-Mitglieder stärker auf der *oberen* subelitären Leitungsebene. Das bestätigt die Erwartung, daß die Besetzung einer Führungsfunktion

mit zunehmender Positionshöhe immer enger an eine Parteimitgliedschaft - vor allem in der SED - gekoppelt war. Ungebundene und Oppositionelle hatten von daher schlechte Aufstiegschancen, wenn man einmal von der Kirche als alternativer Karriereschiene absieht.

Darüber hinaus ist die Positionshöhe mit der Involvierung in die DDR-Parteipolitik korreliert. Fassen wir dazu wiederum die drei am stärksten besetzten Positionsebenen ins Auge (Tab. 16), ist folgendes festzustellen: Die Professionellen waren mit gut 60 Prozent weit überdurchschnittlich *nicht* parteipolitisch organisiert. In der unteren Subelite waren die einfachen Parteimitglieder leicht überdurchschnittlich und in der oberen Subelite die einfachen und die amtstragenden Parteimitglieder weit überdurchschnittlich vertreten.

Tab. 16: Involvierung in (DDR-)Parteipolitik nach Positionshöhe 1988 (nur Professionen und Subelite): Spaltenprozent

	Professionen	untere Subelite	obere Subelite	*N*
kein Parteimitgl.	**62**	38	9	*87*
Mitgl. ohne Amt	27	39	**53**	*66*
Mitgl. mit Amt	11	23	**38**	*35*
N	*89*	*78*	*21*	*188*

Cramer's V: .25

Noch klarere Zusammenhänge sind für die Positions*sektoren* zu erkennen. Beschränken wir uns hierbei auf die vier am stärksten besetzten Sektoren, ist zu vermerken, daß SED-Mitglieder deutlich über Durchschnitt im Mediensektor, Blockparteimitglieder im Wirtschaftssektor, Ungebundene im Wissenschafts- und Humandienstleistungs-Sektor und Oppositionelle in der Kirche plaziert waren (Tab. 17).

Der beruflichen Sozialisation vorgelagert ist die Ausbildung. Für die akademisch gebildeten Eliten ist damit besonders das Hochschulstudium tangiert. Wiederum lassen sich klare Zusammenhänge erkennen (Tab. 18). Die deutlichsten Abweichungen vom Durchschnitt bestehen im Fach Journalistik zugunsten von SED-Mitgliedern, im Fach Theologie zugunsten der Oppositionellen, in den Naturwissenschaften zugunsten der Ungebundenen und Oppositionellen sowie in den Technikwissenschaften zugunsten der Blockparteimitglieder. Offenkundig besteht also ein Zusammenhang zwischen politischer Orientierung und Qualifikationsorientierung. Die jeweilige Verbindung dieser

Merkmale gibt deutliche Hinweise auf die generelle Haltung, die eine Person zur DDR-Gesellschaft hatte.

Tab. 17: Sektorplazierung 1988 nach politischen DDR-Gruppen (nur die vier größten Sektoren): Spaltenprozent

	SED-Mitgl.	Blockp.-mitgl.	Ungebun-dene	Opposi-tionelle	*N*
Wiss., HDL	27	44	**66**	54	*88*
Wirtschaft	36	44	15	18	*46*
Medien	37	6	13	6	*27*
Kirchen		6	6	**22**	*16*
N	*41*	*34*	*52*	*50*	*177*

Cramer's V: .30

In den Studienneigungen kommen zwei unterschiedliche Dimensionen der gesellschaftlichen Haltung zum Ausdruck, nämlich *stark* und *schwach* karrierefixierte Haltungen zum einen sowie ideologie*nahe* und ideologie*ferne* (bis - konträre) Haltungen zum anderen.

Das Journalistikstudium beispielsweise war stark ideologiegefärbt und bereitete auf ein konkretes berufliches Einsatzfeld vor. Die Neigung der SED-Mitglieder zum Journalistikstudium verweist demnach auf eine ideologienahe und stark karrierefixierte Haltung.[62]

Technikwissenschaftliche Studiengänge bereiten ebenfalls auf konkrete Einsatzfelder vor (Ingenieursberufe), sind angesichts der Ausbildungsinhalte aber als ideologieneutral einzuschätzen. Die Affinität der Blockparteimitglieder zu technikwissenschaftlichen Fächern indiziert vor diesem Hintergrund

---

62 An dieser Stelle ist noch eine wichtige Relativierung angebracht. Wenn im Zusammenhang mit SED-Mitgliedern von einer relativen Nähe zur sozialistischen Ideologie die Rede war, so ist damit lediglich die Vermutung geäußert, daß dieser Personenkreis den sozialistischen *Werten* positiver gegenüberstand als die anderen politischen Gruppen. Dies muß jedoch keineswegs eine unkritische Haltung zum „realsozialistischen" *Regime* beinhaltet haben. Im Gegenteil kann eine starke Verinnerlichung sozialistischer Werte zu einer besonders kritischen Haltung zum Regime geführt haben, nämlich dann, wenn die Realität des Regimes an seinen selbst gesetzten Werten gemessen wurde. Die Wahrnehmung einer Diskrepanz zwischen Ideal und Realität kann entweder zur Verwerfung des Ideals oder aber zur Ablehnung des Regimes als einer Pervertierung führen. Insofern ist es zumindest denkbar, daß ein Festhalten an den sozialistischen Werten mit einer regimekritische Haltung einherging. So sind denn auch die prominentesten Regimekritiker (Robert Havemann, Wolf Biermann, Rudolf Bahro) stets überzeugte demokratische Sozialisten und SED-Mitglieder gewesen.

ebenfalls eine stark karierefixierte, aber zugleich ideologieferne Haltung. Von daher läßt sich die Blockparteimitgliedschaft als ein ambivalenter Kompromiß zwischen Karrierestreben und einer gewissen Distanz zur sozialistischen Ideologie charakterisieren.

Naturwissenschaftliche Fächer sind weniger karrierespezifisch ausgerichtet, da beispielsweise die beruflichen Einsatzfelder von Chemikern, Biologen und Physikern weniger fest umrissen sind. Darüber hinaus sind die Ausbildungsinhalte dieser Fächer ebenso wenig ideologiegefärbt wie die der Technikwissenschaften. In der Neigung der Ungebundenen zu den Naturwissenschaften kann darum eine schwach karrierefixierte und zugleich ideologieferne Haltung gesehen werden. Tendenziell lassen sich die Ungebundenen demnach als Personen kennzeichnen, die eine relative Distanz zur sozialistischen Ideologie hatten, zugleich aber beruflich weniger ambitioniert waren als die Blockparteimitglieder. Einen zusätzlichen Hinweis darauf liefert der Befund, daß die Ungebundenen größtenteils nicht über die professionelle Positionsstufe hinauskamen, während die ehemaligen Blockparteimitglieder in stärkerem Maße auf Positionen der subelitären Stufe anzutreffen waren.

Ein Theologiestudium schließlich bereitet auf das berufliche Einsatzfeld eines Seelsorgers oder Pfarrers vor und ist somit karrierespezifisch ausgerichtet. Angesichts des Spannungsfeldes zwischen Staat und Kirche im Sozialismus war eine theologische Orientierung in vielen Fällen auch Ausweis einer kritischen Distanz zur sozialistischen Herrschaftsdoktrin (wenn auch nicht unbedingt zu den sozialistischen Werten). Die Präferenz der Oppositionellen für ein Theologiestudium signalisiert somit, zumindest in der Tendenz, eine stark karrierefixierte und zugleich ideologiekonträre Haltung. Immerhin war die Kirche die einzige Organisation, in der auch offen systemkritische Personen Karriere machen konnten.

Insgesamt verdeutlicht der enge Zusammenhang zwischen der politischen Gruppenzuordnung und den Qualifikationsorientierungen, daß sich die individuelle Standortbestimmung in der DDR-Gesellschaft bereits in der vorberuflichen Sozialisationsphase abzeichnete. Damit stellt sich die Frage, wie weit man in der Biographie zurückgehen muß, um zu den Ursprüngen der politischen Prägung vorzudringen. Sozialisationstheoretisch ist anzunehmen, daß der soziale Status der Väter und die genossene Erziehung einen Einfluß auf die politische Gruppenzuordnung hatten.[63] In bezug auf den sozialen Status der Väter bestehen jedoch nur geringe Unterschiede zwischen den Ange-

---

63 Zum allgemeinen sozialisationstheoretischen Hintergrund dieser These sei auf Rebenstorf (1991) verwiesen. Die Autorin konnte am Beispiel der Abgeordneten des 11. Deutschen Bundestages nachweisen, daß die meisten Parlamentarier die Parteimitgliedschaft ihrer Eltern, insbesondere der Väter, übernommen haben.

hörigen der vier politischen DDR-Gruppen. Berichtenswert ist gleichwohl, daß die Väter der ehemaligen SED- und Blockparteimitglieder in überdurchschnittlichem Maße nur einen Primarschulabschluß erreicht haben. Abgesehen von dieser Gemeinsamkeit unterscheiden sie sich aber darin, daß die Väter der SED-Mitglieder vorwiegend Staatsbedienstete waren, während die Väter der Blockparteimitglieder einen überdurchschnittlichen Anteil unter den wenigen Selbständigen in der DDR hatten. Demgegenüber waren die Väter der Oppositionellen höher gebildet und als Angestellte in betrieblichen Einrichtungen tätig (vermutlich in professionellen Tätigkeitsfeldern). Insofern scheint das „bildungsbürgerliche" Milieu der oberen Dienstklasse das regimekritische Engagement gefördert zu haben, während das „kleinbürgerliche" Milieu eher dem parteipolitischen Arrangement zuträglich war.

Tab. 18: Studienfächer nach politischen DDR-Gruppen (nur Studienfächer mit eindeutigem Politisierungseffekt): Spaltenprozent

	SED-Mitgl.	Blockp.-mitgl.	Ungebundene	Oppositionelle	N
Technikwiss.	36	70	48	32	60
Naturwissensch.	8	18	38	35	34
Journalistik	56	4	5		23
Theologie		8	9	33	17
N	36	27	35	36	134

Cramer's V: .43

Was die Erziehung der ostdeutschen Elitenangehörigen angeht, sind zwei Fragen der Potsdamer Elitenstudie aussagekräftig. Zum einen wurde nach dem Stellenwert der Erziehung zum sozialistischen Klassenbewußtsein, zum anderen nach dem Stellenwert der religiösen Erziehung im Elternhaus gefragt. Dieser Stellenwert sollte jeweils auf einer Skala von null (überhaupt keine Rolle) bis zehn (sehr starke Rolle) angegeben werden.[64] Die Korrelation der beiden Skalenverteilungen ist erwartungsgemäß negativ (Pearson's r von -.43). Angesichts dieser negativen Beziehung können als *sozialistisch* gepräg-

---

64 Formulierung der Frage 36a: „Sagen Sie mir bitte anhand der Skala [11er Skala aus vorangehender Frage, wobei der Wert 0 für 'keine Rolle' und der Wert 10 für eine 'sehr große Rolle' steht], welche Rolle in Ihrem Elternhaus die Erziehung zum sozialistischen Klassenbewußtsein gespielt hat." Frage 37: „Und welche Rolle hat die religiöse Erziehung gespielt? Verwenden Sie bitte wieder dieselbe Skala."

ter Erziehungstyp diejenigen eingestuft werden, die für die sozialistische Erziehung einen höheren Skalenwert angeben als für die religiöse; vice versa wurden Befragte als *religiös* geprägter Erziehungstyp eingestuft. Wurden für beide Fragen übereinstimmende Werte angegeben, so daß keine der beiden erzieherischen Prägungen Dominanz erlangte, wurden die Personen als *ambivalent* geprägter Erziehungstyp eingestuft. Daraus ergibt sich eine Verteilung von 30 Prozent eher sozialistisch, 12 Prozent ambivalent und 58 Prozent eher religiös Erzogenen.

Trotz des dezidierten Laizismus, auf den sich die offizielle politische Kultur des Sozialismus stützte, besteht die Ostelite aus einer absoluten Mehrheit eher religiös erzogener Personen. Darin ist ein weiterer Hinweis auf die Abkunft aus einem gegenelitären Milieu zu sehen, zumal die eher religiös Erzogenen weit unter Durchschnitt Mitglieder der SED waren, die ja als zentrale Trägerorganisation des Regimes fungierte (Tab. 19). Demgegenüber bestand allein unter den eher sozialistisch Erzogenen eine deutliche Affinität zur

Tab. 19: Politische DDR-Gruppen nach erzieherischer Prägung: Fallzahlen (Spaltenprozent)

	SED-Mitgl.	Blockpartei-mitgl.	Ungebun-dene	Oppositio-nelle	*N*
sozialist. erzogen	**67**	6	24	13	*78*
ambival. erzogen	11	11	15	11	*32*
religiös erzogen	22	**83**	61	**76**	*150*
N	*72*	*47*	*78*	*63*	*260*

Cramer's V: .38

SED, während sich die ambivalent Erzogenen mit einem leichten Schwerpunkt auf den Ungebundenen relativ gleichmäßig auf die politischen DDR-Gruppen verteilen (Tab. 19).

Aus diesen Analysen ist zu folgern, daß die politische Gruppenzuordnung in der DDR tiefere sozialstrukturelle Lagerungen reflektiert sowie unterschiedliche mentale Distanzen zu den Werten der sozialistischen Ideologie und unterschiedliche Grade des Arrangements mit dem Regime ausdrückt. Es stellt sich die Frage, inwiefern diese Differenzierungen in der Wende handlungsrelevant wurden und inwiefern sie noch heute einstellungsrelevant sind.

2.2   Zur Handlungs- und Einstellungsrelevanz der politischen DDR-Gruppen

Unter dem Handlungsaspekt stellt sich zunächst die Frage, wie sich die Zugehörigkeit zu unterschiedlichen politischen DDR-Gruppen auf die politischen Aktivitäten in der Wende ausgewirkt hat. Dabei ist vor allem das Engagement in der Bürgerbewegung von Interesse, weil sich Regimeopposition hier am entschiedensten manifestiert hat. Vor der Wende wurde die Bürgerbewegung allein von dem hier als Oppositionelle charakterisierten Personenkreis getragen. Wie aber stellte sich das in der Phase der Hochmobilisierung zwischen Oktober 1989 und März 1990 dar? Geht man davon aus, daß die Zugehörigkeit zu den politischen DDR-Gruppen unterschiedliche Grade des Arrangements mit einem Kernprinzip des Regimes, nämlich der führenden Rolle der SED, ausdrückt, so liegt die Vermutung nahe, daß sich die „Alt"-Oppositionellen am stärksten, die Ungebundenen am zweit-, die Blockparteimitglieder am drittstärksten und die SED-Mitglieder am wenigsten in der Bürgerbewegung engagiert haben.

Tabelle 20 bestätigt diese Vermutung. Die Oppositionellen haben die Bürgerbewegung auch in der Hochmobilisierungsphase geschlossen mitgetragen, was daran zu erkennen ist, daß sie in der Kategorie „keine Nennung" nicht auftauchen.[65] In dieser Phase wurde auch knapp die Hälfte der Ungebundenen, nämlich 48 Prozent (die sich als Differenz zu den 52% unter „keine Nennung" ergeben), für die Bürgerbewegung mobilisiert. Mit deutlichem Abstand folgen die Blockparteimitglieder, von denen immerhin noch 37 Prozent in der Bürgerbewegung aktiv wurden, und die SED-Mitglieder, unter denen dies auf lediglich 3 Prozent (2 Nennungen) zutrifft.

In den unterschiedlichen Affinitäten zum Engagement in der Bürgerbewegung deuten sich Differenzierungslinien an, die sich auch noch in den aktuellen Parteisympathien[66] niederschlagen (Tab. 21):

---

65   Die entsprechende Frage 68a lautete: „Auf dieser Liste stehen politische Gruppierungen, die es in der Wendezeit zwischen Oktober 1989 und März 1990 gab. Waren Sie in einer oder mehreren davon Mitglied oder politisch aktiv? - Initiative für Frieden und Menschenrechte, - Demokratie Jetzt, - Neues Forum, - Demokratischer Aufbruch, - Kirchengruppe, - Umweltgruppe, - Unabhängiger Frauenverband, - SPD (Ost), - Andere, - Nein, in keiner davon."

66   Grundlage für die Skalierung der Parteieigungen ist ein Sympathie-Index, der aus den elfstufigen Sympathieskalometern für die einzelnen Parteien gebildet wurde. In ihrer Parteineigung wurden die Befragten der Partei zugeordnet, der sie den höchsten Sympathiewert zugeteilt haben. Befragte, die ihren höchsten Sympathiewert zwei oder mehr Parteien aus dem rechten Spektrum (Republikaner, Unionsparteien, FDP) vergeben haben, wurden in die Kategorie „rechtes Spektrum" eingeordnet. In die Kategorie „linkes Spektrum" wurden sie eingeordnet, wenn sie ihren höchsten Sympathiewert zwei oder mehr Parteien des linken

- die weitaus größte Gruppe früherer SED-Mitglieder, nämlich 42 Prozent, weist der PDS ihre größte Sympathie zu;
- frühere Blockparteimitglieder zeigen zu 80 Prozent größte Sympathien für die Union oder die FDP;
- ehemals Ungebundene stehen zur Hälfte der SPD oder den Bündnisgrünen am nächsten (mit leichtem Vorsprung der SPD);
- damalige Oppositionelle besitzen zu gut 70 Prozent eine Vorliebe für die Bündnisgrünen oder die SPD (mit Schwerpunkt auf den Bündnisgrünen).

Tab. 20: Aktivität der politischen DDR-Gruppen in Bürgerorganisationen der Wendezeit (nur die 5 am häufigsten genannten Kategorien): Spaltenprozent

| Aktivität in: | politische Gruppen | | | | |
	SED-Mitgl.	Blockpart.-mitgl.	Ungebundene	Oppositionelle	*N*
mehrere Nennungen	1,5	6	15	66	*49*
Neues Forum	1,5	12	11	17	*24*
SDP/SPD		5	20	4	*19*
Kirchengrp.		14	2	13	*14*
keine Nennung	97	63	52		*131*
N	*67*	*43*	*75*	*52*	*237*

Cramer's V: .48

Die Differenzierung der Parteineigungen und des Engagements für die Bürgerbewegung verdeutlicht eine spezifische Konfliktlinie. Sie verläuft zwischen den Traditionsparteien der DDR (SED, CDU, LDPD) und deren Nachfolgeorganisationen im Parteienspektrum der Bundesrepublik (PDS, CDU,

---

Spektrums vergaben (SPD, Bündnisgrüne, PDS). Die Kategorie „Zwischenspektrum" faßt Befragte zusammen, die ihren höchsten Sympathiewert an Parteien aus beiden Spektren zuwiesen.

FDP) einerseits und den sich als Alternative hierzu darstellenden, neuen Parteigründungen der Bürgerbewegung (SPD, Bündnis 90) andererseits:

Tab. 21: Heutige Parteineigung nach politischer DDR-Gruppierung: Spaltenprozent

	politische DDR-Gruppen				
heutige Parteisymp.:	SED-Mitgl.	Blockpart.-mitgl.	Ungebun-dene	Opposi-tionelle	*N*
Union	9	**60**	18	13	*57*
FDP		**20**	3		*11*
rechtes Spktr.	2	3	1	3	*5*
Zwisch.spektr.	9	9	15	5	*26*
linkes Spektr.	15		10	5	*22*
SPD	8	4	**31**	**34**	*55*
B90	15	4	**21**	**39**	*58*
PDS	**42**		1	1	*33*
N	*74*	45	*81*	*64*	*267*

Cramer's V: .49

Die Mehrzahl der ostdeutschen Elitemitglieder, die bereits in der DDR eine Bindung zu den Traditionsparteien aufgebaut hat, behielt diese über die Wende hinaus bei und ist keine Bindung zu den neuen Parteigründungen der Bürgerbewegung eingegangen. In der Wende hat sich das politische Engagement dieser Gruppe auf den organisatorischen und programmatischen Wandel innerhalb der Altparteien konzentriert. Umgekehrt hat die Mehrzahl der ostdeutschen Eliten, die schon in der DDR keine Bindung zu den Traditionsparteien hatte, eine solche auch nicht nach der Wende aufgebaut, sondern eine Bindung zu den neuen Parteien der Bürgerbewegung entwickelt. Interessanterweise besteht hierbei eine Differenzierung darin, daß die Ungebundenen stärker an die Sozialdemokraten und die Oppositionellen an die Bündnisgrünen gebunden sind. Das ist leicht erklärlich. Im ostdeutschen Kontext zelebrieren die Bündnisgrünen sehr stark ihre Kontinuität zur Vor-Wende-Opposition und haben dadurch Identifikationsblockaden gegenüber der Masse der Ungebundenen manifestiert, die dem exklusiven Kreis der Vor-Wende-Opposition nicht angehörten. Demgegenüber haben sich die ebenfalls aus dem oppositionellen Milieu hervorgegangenen Sozialdemokraten sehr früh an der westdeutschen SPD orientiert und damit stärker den Personenkreis all derer angesprochen, die weder Bindungen zu den Traditionsparteien der DDR noch zur Opposition besaßen.

Diese Zusammenhänge verdeutlichen, daß die heutigen Parteineigungen der ostdeutschen Elite gleichsam Äquivalente der früheren politischen DDR-Gruppen darstellen. Die politischen Lagergrenzen der DDR-Gesellschaft sind mit dem Regimewechsel nicht obsolet geworden, sondern haben lediglich neue institutionelle Formen angenommen, die sich - mit Ausnahme der PDS - in den Organisationsbestand des etablierten westdeutschen Parteiengefüges eingefädelt haben.

Die Nachhaltigkeit der tradierten DDR-Lager zeigt sich auch in ihrer differenzierenden Wirkung auf politische Ordnungspräferenzen, die nicht nur auf Unterschiede in einzelnen Sachfragen, sondern in prinzipiellen Fragen der konstitutionellen Gestalt des politischen Regimes verweisen. Für ein vollständiges Bild solcher Regimekonzepte muß man nach Eastons (1965) Systemmodell beide Halbkreisläufe des *policy cycle* im Auge behalten, nämlich den gesellschaftlichen Inputfluß in das politische System hinein und den staatlichen Outputfluß aus ihm heraus. Im Inputbereich gehört zu den wichtigsten Streitfragen von langfristig konstitutioneller Bedeutung die nach dem Umfang demokratischer Mitbestimmungsrechte, wobei in letzter Zeit wieder eine verstärkte Diskussion um direktdemokratische Instrumente aufkeimt (Welzel 1997). Im Outputbereich geht es hingegen um den Umfang staatlicher Regelungsverantwortung. Hier konzentriert sich die Diskussion auf die Reduktion staatlicher Aufgaben.

Nun sind zu beiden Fragen jeweils zwei gegensätzliche Standpunkte denkbar. Man kann für oder gegen mehr Demokratie und für oder gegen die Abgabe von Staatsaufgaben sein.[67] Erst die jeweilige *Kombination beider Haltungen* definiert das Gesamtkonzept, das eine Person vom politischen Regime hat (hinfort: Regimekonzept). Dergestalt sind vier grundlegende Regimekonzepte unterscheidbar (Abb. 16):

---

67 Die Befragten waren aufgefordert sich zu der Aussage „Die Einführung von Volksbegehren und Volksentscheiden ist eine notwendige Ergänzung der repräsentativen Demokratie" durch eine der folgenden Antwortvorgaben zu äußern: „stimme voll zu - stimme eher zu - stimme eher nicht zu - stimme überhaupt nicht zu". Für die Skalenkonstruktion habe ich die uneingeschränkten Befürworter („stimme voll zu") gegen die übrigen Befragten dichotomisiert. Zur Frage „Soll der Staat Aufgaben abgeben oder übernehmen?" waren die Antworten „(nur) abgeben - so lassen - teils abgeben, teils übernehmen - (nur) übernehmen" vorgegeben. Für die Skalenbildung habe ich hier die Befürworter der reinen Abgabe von Staatsaufgaben gegen alle anderen Befragten dichotomisiert. Siehe hierzu auch C/II/1.1, S. 147 f.

Abb. 16: Vierfeldermatrix der politischen Regimekonzepte

		Umfang Demokratie (Input)	
		eng	weit
Umfang Staat (Output)	eng	**Minimalismus** (neo-liberales Leitbild)	**Inputorientierung** (zivilgesellschaftliches Leitbild)
	weit	**Outputorientierung** (paternalistisches Leitbild)	**Maximalismus** (sozial-demokratisches Leitbild)

- Eine Person kann für mehr Demokratie und gegen die Abgabe von Staatsaufgaben sein. Das entspräche dem im weiteren Sinne *sozialdemokratischen* Verständnis einer partizipativen Demokratie und eines verantwortungsreichen Staates. Da nach diesem Verständnis sowohl der Input als auch der Output des politischen Systems auf hohem Niveau gehalten werden, läßt sich diese Regimekonzeption als *maximalistisch* kennzeichnen.

- Das genaue Gegenteil, nämlich keine Ausweitung der demokratischen Mitbestimmung zu wollen und eine Abgabe von Staatsaufgaben zu befürworten, entspricht dem *neo-liberalen* Verständnis von repräsentativ begrenzter Demokratie und „schlankem" Staat. Nach diesem Leitbild sollen sowohl der Input als auch der Output des politischen Systems auf niedrigem Niveau gehalten werden. Insofern kann man von einem *minimalistischen* Regimekonzept sprechen.

Das maximalistische und das minimalistische Regimekonzept sind jeweils konsistent in ihrer Vorstellung vom wünschenswerten Input-Output-Verhältnis (beide hoch oder beide niedrig). Die anderen beiden Konzepte sind in dieser Hinsicht inkonsistent:

- Personen, die viel Demokratie aber wenig Staat wollen, präferieren eine *inputorientierte* Regimekonzeption. Ihr liegt ein *zivilgesellschaftliches* Leitbild zugrunde, das der Gesellschaft möglichst umfangreiche Einwirkungsmöglichkeiten in staatliches Handeln zuschreibt, gleichzeitig aber die Reichweite staatlichen Handelns begrenzen möchte.

- Personen, die wenig Demokratie und viel Staat wollen, bevorzugen dagegen eine *outputorientierte* Regimekonzeption. Dahinter steht die *pater-

nalistische Vorstellung eines verantwortungsreichen, demokratisch aber nur aufs nötigste kontrollierten Staates.

Tab. 22: Präferiertes Regimekonzept nach politischen DDR-Gruppen: Spaltenprozent

| Regime-konzept | politische DDR-Gruppen | | | | *N* |
	SED-Mitgl.	Blockpartei-mitglieder	Ungebun-dene	Oppositio-nelle	
maximalistisch	**68**	8	**39**	**42**	*113*
inputorientiert	7	15	17	23	*40*
outputorientiert	9	17	17	8	*34*
minimalistisch	16	**60**	27	27	*79*
N	*75*	*47*	*82*	*62*	*266*

Cramer's V: .26

Tabelle 22 läßt erkennen, daß die maximalistische Regimekonzeption die mit Abstand größte Unterstützung in der ostdeutschen Elite findet. Darüber hinaus sind aber auch systematische Differenzen innerhalb der ostdeutschen Elite offenkundig:

1. Trotz eines insgesamt schon hohen Unterstützungsniveaus für das maximalistische Regimekonzept liegt die Unterstützung der ehemaligen SED-Mitglieder hier deutlich über dem Durchschnitt.

2. Ebenso deutlich über dem Durchschnitt liegt die Präferenz der ehemaligen Blockparteimitglieder für das minimalistische Regimekonzept. Die Blockparteimitglieder fallen damit aus dem Rahmen des Gesamtbildes der ostdeutschen Elite und bilden ihre gleichsam „bürgerlichste" Gruppierung.

3. Während sich die Präferenzen der SED- und Blockparteimitglieder jeweils auf ein bestimmtes Regimekonzept konzentrieren, verteilen sich die Regimepräferenzen der Oppositionellen und Ungebundenen gleichmäßiger. Zu vermerken ist allerdings eine leicht überdurchschnittliche Unterstützung des inputorientierten Regimekonzepts bei den Oppositionellen.

Einen Überblick über die wichtigsten der bisher diskutierten Zusammenhänge bietet Tabelle 23. Sie gibt eine Serie *multipler Klassifikationsanalysen* wieder, in denen die Zugehörigkeiten zu den politischen DDR-Gruppen die abhängigen Variablen darstellen. Der *Erziehungstyp* und die *politische Regimepräferenz* wurden in alle drei Modellserien als unabhängige Variablen eingeführt. Die dritte unabhängige Variable wurde dann jeweils ausgetauscht. In Serie I war es die *Positionshöhe 1988*, in Serie II die *Sektorplazierung 1988* und in Serie III das in der DDR abgeschlossene *Studienfach*.

Tab. 23: Über- und Unterrepräsentation der politischen DDR-Gruppen nach Erziehung, Regimepräferenz und positionellen Herkunftsmerkmalen: Abweichungen von den Gruppenmittelwerten in Prozent[1]

			N	SED-Mitgl.	Blockp.-mitgl.	Ungebunden	Oppositionelle
Ø (%)				28	19	28	25
	Erziehg.	sozialist.	72	35	-15	-5	-15
		ambival.	28		-1	5	-3
		religiös	143	-18	8	2	8
eta				.53	.26	.08	.24
	Regime-präfer.	maximal.	103	17	-15		-1
		inputor.	36	-17		3	14
		outputor.	32	-7	6	10	-9
		minimal.	72	-13	20	-5	-1
eta				.33	.37	.11	.15
	Posithöhe (DDR)	kein. EP	17	1	-19	14	5
		Subprof.	27	1	-1	-2	1
		Profess.	84	-8	-5	8	5
		unt. SE	76	2	8	-3	-8
		ober. SE	21	29	4	-23	-10
		Elite	18	-6	3	-11	14
eta				.22	.19	.21	.17
R² (Serie I)				.34	.19	.06	.12

wird fortgesetzt ...

Im Vergleich der eta-Koeffizienten ist zu erkennen, daß auf die SED-Mitgliedschaft die Erziehung, gefolgt vom Studienfach, den stärksten Einfluß hat. Mit der Blockparteimitgliedschaft hängen die Regimepräferenz und die

Sektorplazierung am engsten zusammen. Für die Ungebundenen spielen Studienfach und Sektorplazierung die größte Rolle. Das gleiche gilt für die Oppositionellen. Die für die einzelnen Modelle ausgewiesenen R^2-Werte verdeutlichen, daß die erklärungskräftigsten Modelle in Serie III enthalten sind, in der das Studienfach die dritte unabhängige Variable bildet. Das Studien-

Fortsetzung Tab. 23:

			N	SED-Mitgl.	Blockp.-mitgl.	Ungebun-den	Opposi-tionelle
Ø (%)				28	19	28	25
	Sektor (DDR)	kein. EP	17	1	-19	14	5
		Wirtsch.	45		14	-10	-5
		Medien	26	29	-12	-1	-17
		HDL	81	-15	-1	9	6
		Kirche	14	-28	-5	-13	47
		Sonstige	27	-28	3	2	-2
eta				.39	.29	.26	.35
R^2 (Ser. II)				.36	.22	.08	.17
	Stud.f. (DDR)	kein Stud.	58	-11	-8	17	2
		Geistesw.	20	7	-8	-4	6
		Theolog.	15	-28	-5	-16	49
		Sozialw.	16	3		2	-5
		Journal.	23	59	-14	-21	-24
		Wirtsch.	15	18	8	-9	-17
		Naturw.	32	-19	-3	8	14
		Technik.	59	-6	14	-2	5
eta				.48	.25	.27	.38
R^2 (Ser.III)				.42	.20	.09	.18

[1]   In die Tabelle sind nur Kategorien mit n ≥ 14 aufgenommen worden.

fach ist mit allen vier politischen Gruppen enger als der Sektor und dieser wiederum enger als die Positionshöhe korreliert. Diese Beobachtung unterstreicht die relativ große Bedeutung der Qualifikationsorientierung für die politische Gruppenzuordnung.

Zudem ist in allen drei Modellserien das gleiche Muster zu erkennen, nämlich die deutlich stärkere Determination der SED-Mitgliedschaft, gefolgt von der Blockparteimitgliedschaft sowie der Zugehörigkeit zu den Oppositionellen und Ungebundenen. Letztere ist mit 9 Prozent in der erklärungsstärksten Modellserie am wenigsten durch die einbezogenen Merkmale bestimmt. Darin kommt zum Ausdruck, daß sich die Ungebundenen im Vergleich zu den anderen politischen Gruppen gleichmäßiger auf die Merkmalsausprägungen der einzelnen Variablen verteilen und sich insofern weniger aus dem Durchschnitt herausheben.

Insgesamt betrachtet bleibt festzustellen, daß sich die vier politischen DDR-Gruppen in allen bisher angesprochenen Rekrutierungs- und Orientierungsmerkmalen mehr oder minder klar voneinander unterscheiden. Sie bilden gewissermaßen vier distinkte Sozialisations*cluster*, die sich zusammenfassend wie folgt charakterisieren lassen:

SED-Mitglieder: Ehemalige SED-Mitglieder sind durch eine starke *sozialistische Erziehung* geprägt. Ihre Väter haben in überdurchschnittlichem Maße lediglich einen Primarschulabschluß erreicht und waren vorwiegend Staatsbedienstete. Als dominant kann man von daher den *Hintergrund der „kleinbürgerlichen"* Staatsdienstklasse ansehen. Ehemalige SED-Mitglieder haben in überdurchschnittlichem Maße Journalistik studiert, was auf eine *ideologienahe und stark karrierefixierte Haltung* hinweist. Beruflich haben sie sich zum größten Teil im *Mediensektor* etabliert. Unter den ehemaligen SED-Mitgliedern befindet sich der größte Teil von Angehörigen der *oberen* DDR-Subelite, wenngleich auch unter den SED-Mitgliedern die untere Subelite und die Professionellen dominieren. Darüber hinaus präferieren die ehemaligen SED-Mitglieder am stärksten ein *maximalistisches* Regimekonzept. Sie bilden die einzige Gruppe, deren Parteisympathien überwiegend bei der *PDS* (gefolgt von den Bündnisgrünen) liegen.

Blockparteimitglieder: Blockparteimitglieder genossen eine eher *religiöse Erziehung*. Auch unter ihren Vätern dominieren niedrige Bildungsabschlüsse auf Primarschulniveau. Beruflich war ein überdurchschnittlicher Anteil der Väter in kommerziellen Berufen tätig. Besonders typisch ist somit ebenfalls ein *„kleinbürgerlicher"* Hintergrund, allerdings in der marginalen *kommerziellen Dienstklasse* der DDR. Ehemalige Blockparteimitglieder haben in erster Linie technikwissenschaftliche Fächer studiert. Darin deutet sich eine zwar *ideologieferne*, aber dennoch stark *karrierefixierte Haltung* an. Frühere Blockparteimitglieder haben sich vorwiegend im *Wirtschaftssektor* etabliert (vor allem in Ingenieurstätigkeiten) und dort überdurchschnittlich Positionen der *unteren subelitären Ebene* bekleidet (häufig technische Direktoren). Ihre politischen Vorstellungen basieren auf einer *minimalistischen Regimekonzeption*. Damit bilden sie - und nicht die ehemals Oppositionellen - die eigentlichen Antipoden zu den früheren SED-Mitgliedern. Ihre Parteisympathien liegen vorwiegend bei den *bürgerlichen Parteien* der Bonner Koalition mit einer deutlichen Abneigung zu den Parteien des linken Spektrums, insbesondere aber zur PDS.

Ungebundene: Die ehemals Ungebundenen weisen die am wenigsten unterscheidbare Prägung auf, was sich auch darin zeigt, daß unter ihnen die Gruppe der *ambivalent Erzogenen* am stärksten ist. Ehemals Ungebundene haben am häufigsten naturwissenschaftliche Fächer studiert, was eine *ideologienferne sowie schwach karrierefixierte Haltung* andeutet. Die meisten der ehemals Ungebundenen haben sich im *Wissenschafts-* und *Humandienstleistungssektor* etabliert und dort vorwiegend Positionen der *professionellen Hierarchiestufe* bekleidet (z.B. Lehrer, Wissenschaftler, Ärzte). Die relative Mehrheit präferiert ein maximalistisches Regimekonzept. Ihre Parteisympathien liegen überwiegend bei der *SPD* gefolgt von den Bündnisgrünen. Aber auch der Anteil an Unionssympathisanten ist unter den ehemals Ungebundenen noch verhältnismäßig hoch.

Oppositionelle: Ehemalige Anhänger der Bürgerbewegung genossen in ebenso überdurchschnittlichem Maße eine *religiöse Erziehung* wie die ehemaligen Blockparteimitglieder. Was sie in der elterlichen Prägung aber von diesen unterscheidet, ist das hohe Bildungsniveau ihrer Väter, die in überdurchschnittlichem Maße die Hochschulreife oder sogar einen Hochschulabschluß erworben haben. Darüber hinaus waren die Väter vorwiegend Angestellte, vermutlich in qualifizierten und hoch qualifizierten Tätigkeiten. Hier überwiegt also der „*bildungsbürgerliche" Hintergrund der oberen Dienstklasse*. Das typischste Merkmal an der Qualifikationsorientierung der ehemals Oppositionellen ist der hohe Anteil von *Theologieabsolventen*. Insofern läßt sich auf eine *ideologieferne bis -konträre und stark karrierefixierte Haltung* schließen. Entsprechend erfolgte die berufliche Etablierung überdurchschnittlich häufig in der *Kirche*, und dort zum Teil auch auf *Elitepositionen*. Am deutlichsten vom Durchschnitt weichen die früheren Oppositionellen im Hinblick auf ihre stärker *inputorientierte Regimekonzeption* ab. Der hiermit verbundene Fokus auf Partizipation kann als besonders typisch für demokratische Gegeneliten gelten. Die Par-

teisympathien der ehemals Oppositionellen liegen überwiegend bei den
Bündnisgrünen, knapp gefolgt von der SPD. Wie bei allen anderen DDR-
Gruppen (mit Ausnahme der SED-Mitglieder) besteht eine deutliche Distanz zur PDS. Die hohe Sympathie der PDS-Mitglieder für die Bündnisgrünen wird von dieser Seite nicht erwidert.

Die Nachhaltigkeit der politischen DDR-Lager im Hinblick auf die heutigen
Parteineigungen und politischen Regimepräferenzen der ostdeutschen Elite
eröffnet eine historische Perspektive, die auf die Pfadabhängigkeit politischer
Sozialisation zurückverweist. Der nächste Abschnitt gilt daher dem Versuch,
der Entwicklungslogik politischer Sozialisationspfade in der DDR auf die
Spur zu kommen.

2.3   Die politischen Sozialisationspfade der ostdeutschen Elite

Vor dem Hintergrund der oben beschriebenen Strukturen erhebt sich die Frage nach dem relativen Gewicht und der kausalen Verknüpfung der einzelnen
Faktoren innerhalb der jeweiligen Lebensverläufe. Zur Klärung dieser Frage
ist das analytische Instrument der Pfadanalyse geeignet. Dazu waren die einzelnen Merkmale in einer Kausalfolge anzuordnen. Grundlage der Anordnung
ist die zu vermutende zeitliche Lagerung der Merkmale im Lebensverlauf.
Aus den entsprechenden Überlegungen ergibt sich die kausale Struktur des in
Abbildung 17 dargestellten Pfadmodells:

Abb. 17:   Pfadmodell zur politischen Sozialisation der ostdeutschen Elite

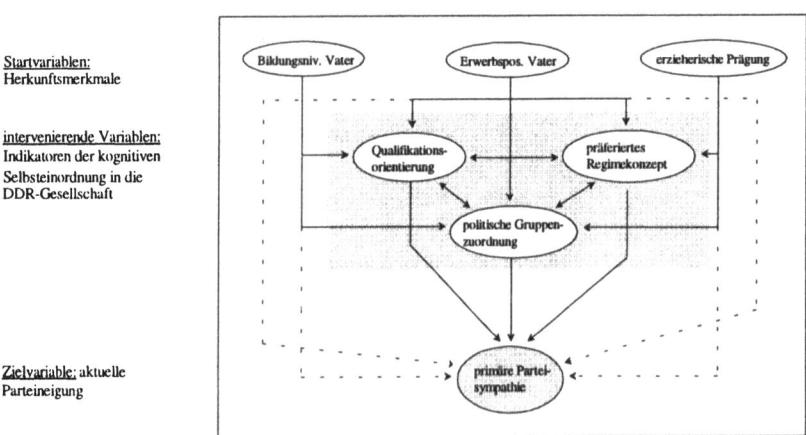

Pfeilrichtung: Richtung der vermuteten Kausalwirkung; gestrichelte Linie: vermuteter geringer Einfluß

Als *Startvariablen* fungieren die Herkunftsmerkmale (väterlicher Bildungsabschluß und Erwerbsposition, erzieherische Prägung), da sie am weitesten an den Ursprung der Biographien zurückreichen. Die Herkunftsmerkmale wirken auf einen *Block intervenierender Variablen* ein, die als Indikatoren der individuellen Einordnung in die DDR-Gesellschaft zu interpretieren sind (Qualifikationsorientierung, politische Gruppenzuordnung, präferiertes Regimekonzept). Die zeitliche Lagerung dieser drei Merkmale ist nicht bekannt und kann zudem in den einzelnen Lebensverläufen variieren. Auch theoretisch ist unklar, ob die Beziehungen zwischen diesen Merkmalen eindeutig gerichtet sind, so daß eine wechselseitige Beeinflußung angenommen wurde. Die Pfeile zwischen diesen drei Merkmalen sind deshalb in der Modelldarstellung beidseitig gerichtet. Verfolgt man das Modell weiter nach unten, ist zu erkennen, daß unmittelbare Effekte aller drei Indikatoren der gesellschaftlichen Selbstzuordnung auf die heutige Parteisympathie angenommen werden. Sie ist zugleich die *Zielvariable* des Gesamtmodells. Auf sie ist auch ein kausaler Effekt der Herkunftsmerkmale anzunehmen, jedoch wird erwartet, daß diese Einflüsse nur schwach - weil weitestgehend über die intervenierenden Variablen vermittelt - sind. Die entsprechenden Kausalpfeile erscheinen deshalb nur gestrichelt.

Nach diesem Kausalmodell wurden vier Pfadanalysen auf jeweils dichotomisierte primäre Parteisympathien berechnet: höchste Sympathie für die PDS mit den typischen Sozialisationsmerkmalen der ehemaligen SED-Mitglieder, höchste Sympathie für Union oder FDP mit den typischen Merkmalen der Blockparteimitglieder, höchste Sympathie für die Bündnisgrünen mit den Merkmalen der Oppositionellen sowie höchste Sympathie für die SPD mit denen der Ungebundenen. Das allgemeine Modell läßt 20 Kausalbeziehungen zu. Welche dieser theoretisch zugelassenen Effekte aber auch statistisch relevant sind, konnten erst die Pfadanalysen zeigen.[68]

In Abbildung 18 für die PDS-Sympathisanten erweist sich nur ein Teil, nämlich 11 der 20 zugelassenen Effekte als signifikant. So hat unter den Herkunftsmerkmalen die Staatsbedienstung des Vaters keinen unabhängigen Einfluß auf irgendein anderes Merkmal im Sozialisationspfad. Von einer soziali-

---

68 Sie wurden jeweils durch eine Staffelung multivariater Regressionen mit *dummy*-Variablen realisiert, in denen alle theoretisch zugelassenen Effekte auf eine abhängige Variable simultan berechnet wurden. Dabei ließen sich drei distinkte Sozialisationspfade herauskristallisieren, deren erklärte Varianz in der Zielvariablen über 10% liegt. Die beiden aussagekräftigsten sind in den Abbildungen 18 und 19 dargestellt. Als Pfadkoeffizienten sind die standardisierten beta-Koeffizienten der Regressionsanalysen ausgewiesen. Es wurden nur Effekte mit einer Irrtumswahrscheinlichkeit unter 10 Prozent in die Darstellung aufgenommen. Prozentangaben in Klammern hinter einem Merkmal geben an, wieviel der Varianz dieses Merkmals durch die auf es einwirkenden Effekte erklärt wird.

stischen Erziehung wirken hingegen relativ starke Effekte auf die SED-Mitgliedschaft (beta: .30) und auf die Präferenz einer maximalistischen Regimekonzeption (.22) sowie ein mäßiger Effekt auf das Journalistikstudium (.14). Ein unvermittelter Einfluß auf die PDS-Sympathie besteht jedoch nicht. Ein Primarschulabschluß des Vaters hat generell nur schwache Effekte, wenngleich einer davon auf die PDS-Sympathie durchschlägt (.08). Die drei Merkmale der gesellschaftlichen Selbsteinordnung stehen, wie erwartet, unter starkem wechselseitigen Einfluß. Entgegen den Vermutungen ist der wechselseitige Einfluß zwischen Journalistikstudium und maximalistischer Regimekonzeption aber negativ (-.25/-.26). Darüber hinaus wirkt sich das Journalistikstudium als einziger der drei Indikatoren negativ auf die PDS-Sympathie aus (-.24). Der in den bivariaten Analysen erkennbare positive Zusammenhang zwischen PDS-Sympathie und Journalistikstudium ist also über die SED-Mitgliedschaft vermittelt: Nur Journalistikabsolventen, die einmal Mitglied der SED waren, haben auch überdurchschnittliche Sympathien für die PDS. Demgegenüber hat eine maximalistische Regimepräferenz auch unabhängig von einer früheren SED-Mitgliedschaft einen positiven Einfluß auf die PDS-Sympathie (.22). Letztere wird indes am stärksten von der früheren SED-Mitgliedschaft bestimmt (.55).

Abb. 18: Pfadanalyse zur politischen Sozialisation der PDS-Sympathisanten

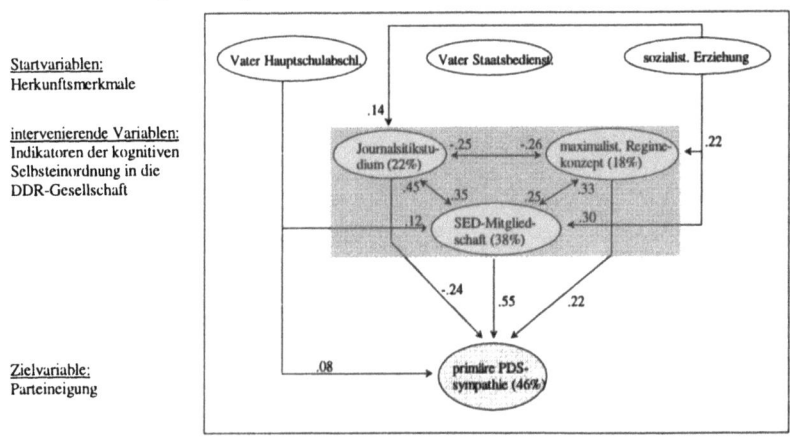

Basis (N): 257.

In der Analyse für die Sympathisanten der Bonner Koalitionsparteien (Abb. 19) erweisen sich 9 der 20 möglichen Effekte als relevant. Die Paßgüte des Modells liegt wie in der vorherigen Analyse bei einer erklärten Varianz in der Zielvariablen von 46 Prozent. Im Unterschied zum Sozialisationspfad der PDS-Sympathisanten geht hier von allen drei Herkunftsmerkmalen zumindest ein signifikanter Effekt auf die anderen Merkmale aus. Eine weitere Abweichung von der Effektstruktur der PDS-Sympathisanten besteht darin, daß hier nicht der Bildungsabschluß, sondern die Erwerbsposition des Vaters am weitesten durchschlägt (beta von .09 auf die Parteisympathie). Darüber hinaus besteht kein nennenswerter Zusammenhang zwischen der Qualifikationsorientierung (hier: Ingenieursstudium) und dem präferierten Regimekonzept (hier: minimalistisch). Auch verhält sich der Effekt von der Qualifikationsorientierung auf die Parteisympathie hier, wie erwartet, positiv (.11). Ansonsten aber gleicht die Effektstruktur in Stärke und Beziehungsrichtung dem Sozialisationspfad der PDS-Sympathisanten: Auch im Pfad der Koalitionssympathisanten hat die frühere politische Gruppenzuordnung (hier: Blockparteimitgliedschaft) den stärksten Einfluß auf die heutige Parteisympathie (.41), knapp gefolgt von der präferierten Regimekonzeption (.36).

Abb. 19: Pfadanalyse zur politischen Sozialisation der CDU-/FDP-Sympathis.

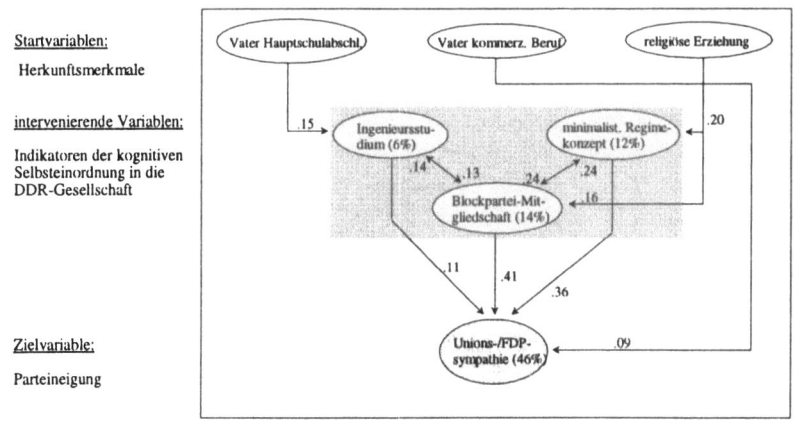

Basis (n): 257.

Die Sozialisationspfade der ehemals Ungebundenen und Oppositionellen auf die SPD- und die Bündnisgrünen-Sympathie weisen deutliche Überschneidungen auf. Sie grenzen sich deshalb weniger voneinander als vielmehr gegenüber den Sozialisationspfaden der Koalitions- und PDS-Sympathisanten ab. Der dritte Sozialisationspfad umfaßt somit ein breiteres Merkmalsspektrum, das sich pfadanalytisch weniger übersichtlich abbilden läßt. Auf eine Darstellung wird daher verzichtet. Es sei aber erwähnt, daß die Effektstruktur in einem zentralen Aspekt jener der hier dargestellten Sozialisationspfade ähnelt: Stärksten Einfluß auf die Parteisympathie zugunsten der SPD- *oder* der Bündnisgrünen hat die frühere Zugehörigkeit zu den Ungebundenen *oder* Oppositionellen. Auch hier ist es also die politische Zuordnung in der DDR-Gesellschaft, die den größten Beitrag zur Erklärung der heutigen Parteisympathie leistet.

Zwei Gesichtspunkte verdienen vor diesem Hintergrund nachdrücklich hervorgehoben zu werden: erstens, daß sich aus der Plazierung in der DDR-Gesellschaft relativ trennscharfe politische Sozialisationspfade herausschälen, sowie zweitens, daß die heute von der ostdeutschen Elite präferierten Regimekonzepte und Parteineigungen *keinen Bruch, sondern eine logische Fortsetzung dieser Sozialisationspfade* bilden. Die heutigen politischen Grundorientierungen sind also *pfadabhängig*, was zugleich impliziert, daß die Entwicklungslogik der Sozialisationspfade *über den Regimewechsel hinaus* wirksam ist. In diesem Zusammenhang gewinnt noch eine weitere Überlegung an Bedeutung: Politische Ordnungspräferenzen, wie sie hier mit der Regimekonzept-Skala operationalisiert wurden, reflektieren sehr prinzipielle politische Grundhaltungen, die im Unterschied zu themenspezifischen Einstellungen langfristig stabil sind. Unter dieser Annahme sollten die Angehörigen der ostdeutschen Elite zu DDR-Zeiten keine wesentlich anderen Regimekonzepte präferiert haben als heute. Demnach bilden die von der ostdeutschen Elite präferierten Regimekonzepte nicht nur den Referenzrahmen für die Bewertung des politischen Systems der Bundesrepublik, sondern waren dies auch schon für die Bewertung des politischen Systems der DDR. Folglich müßten sich die unterschiedlichen Motive für den Unterstützungsentzug gegenüber dem DDR-Regime aus den jeweils präferierten Regimekonzepten erschließen lassen. Diese Möglichkeit fordert eine Replik auf die Ursachen der Wende geradezu heraus.

3.   Replik auf die Ursachen der Wende

Im Vorfeld der Wende gab es in der DDR nur vergleichsweise schwache Anzeichen politischer Opposition. Zu erwähnen sind die Aktivitäten der zahlenmäßig kleinen Bürgerbewegung, aber auch die Proteste an der Parteibasis der SED (zu letzteren Bortfeldt 1992; Welzel 1992). Andererseits aber hat sich in der Herbstkrise 1989 keine politische Gruppierung für den Erhalt des etablierten Regimes eingesetzt. Das gilt selbst für die obere Subelite (Friedheim 1993 spricht von *middle level elites*), so daß die politische Spitze in ZK und Politbüro mit ihren Versuchen zur Rettung des Regimes isoliert stand. Man kann sogar sagen, daß seit der Herbstkrise alle politischen DDR-Gruppen auf die Umwälzung des etablierten Regimes hingewirkt haben. Davon sind selbst weite Teile der SED-Basis nicht auszunehmen. Erst auf deren Demonstrationen hin sahen sich ZK und Politbüro Anfang Dezember zur Selbstauflösung gezwungen.

Vor diesem Hintergrund ist es verfehlt, politische Gruppen, die nicht schon vor der Wende in offener Opposition zum Regime standen, als regimekonforme Kräfte zu kennzeichnen (so aber Derlien 1997, wenn er die Reformkräfte in der PDS und den Blockparteien als systemkonforme Eliten bezeichnet). Eine solche Charakterisierung verkennt die Realität von Autokratien, die aufgrund ihrer Repressionsdrohungen eine Unterdrückung nonkonformer Regimepräferenzen erwirken (vgl. zum Konzept der „Präferenzunterdrückung" Kuran 1992). Das tatsächliche Ausmaß an Regimeunterstützung wird in Autokratien erst sichtbar, wenn Zweifel an der Repressionsfähigkeit des Regimes aufkeimen. Solche Zweifel begründen *experimentelle Ausnahmesituationen*, indem sie Anreize freisetzen, die Entschlossenheit der Elite zur Verteidigung des etablierten Regimes auf die Probe zu stellen (Welzel 1995). Erst als das in der Herbstkrise 1989 der Fall war, wurde deutlich, daß abgesehen von der Elite praktisch alle politischen Gruppen durch einen prinzipiellen Dissens gegenüber dem etablierten Regime verbunden waren. Allerdings gab es je nach Gruppierung unterschiedliche Ansatzpunkte des Regimedissenses.

Als Ansatzpunkte für Dissens gegenüber politisches Regimes kommen deren Hauptstrukturbereiche in Betracht: die *Output*strukturen, die in den sozialistischen Regimes durch die uneingeschränkte staatliche Regulierung von Wirtschaft und Gesellschaft gekennzeichnet waren, sowie die *Input*strukturen, deren Hauptkennzeichen die Blockade demokratischer Mitbestimmungsmöglichkeiten war. Welcher der beiden Strukturbereiche zum Hauptgegenstand der Ablehnung geriet, ergibt sich aus den Regimekonzepten, die von den politischen DDR-Gruppen jeweils präferiert werden (vgl. Tab. 24).

Die maximalistische Regimepräferenz (vereinfacht: viel Staat, viel Demokratie) vertrug sich unter „realsozialistischen" Bedingungen zwar mit dem weiten Umfang des Staates, aber nicht mit der Blockade demokratischer Mitbestimmung. Die maximalistische Regimepräferenz ist vor allem unter den früheren SED-Mitgliedern, aber auch den ehemaligen Oppositionellen in der ostdeutschen Elite stark vertreten (Tab. 22). Im Einklang mit ihrer maximalistischen Präferenz fokussierte die Wendeprogrammatik der Nachfolgeorganisationen von SED und Oppositionellen, namentlich der PDS und des Bündnis 90, weniger auf die Rückführung staatlicher Verantwortung als auf die Demokratisierung der Machtstrukturen. Ein wesentlicher Unterschied zwischen PDS und Bündnis 90 bestand hierbei allerdings darin, daß die PDS-Reformer

Demokratisierungsforderungen auf die inneren Strukturen ihrer Partei bezogen, während die Bündniskräfte sie gegen die Vormachtstellung dieser Partei richteten.

Tab. 24: Aspekte der Ablehnung des „Realsozialismus" nach präferierten Regimekonzepten (idealtypisch)

	Dimension des politischen Regimes	
Regimepräfer.:	staatlicher Output: uneingeschränkte Regulierung v. Wirtschaft und Gesellschaft	gesellschaftlicher Input: Blockade demokratischer Mitbestimmung
maximalistisch	—	✚
inputorientiert	✚	✚
outputorientiert	—	—
minimalistisch	✚	—

(—): kein Gegenstand der Ablehnung; (✚) Gegenstand der Ablehnung.

Die inputorientierte Regimepräferenz (wenig Staat, viel Demokratie) vertrug sich weder mit dem ausgedehnten Umfang des Staates noch mit der Blockade demokratischer Mitbestimmung. Diese Regimepräferenz, die unter „realsozialistischen" Bedingungen das größte Unzufriedenheitspotential barg, ist unter den ehemals Oppositionellen in der ostdeutschen Elite leicht überdurchschnittlich vertreten.

Die outputorientierte Regimepräferenz (viel Staat, wenig Demokratie) war mit dem weiten Staatsumfang und den geringen demokratischen Spielräumen des „Realsozialismus" noch am ehesten verträglich. Dies ist die in allen Gruppen der ostdeutschen Elite am schwächsten repräsentierte Regimepräferenz.

Das regime-oppositionelle Potential der minimalistischen Regimepräferenz (wenig Staat, wenig Demokratie) richtete sich primär gegen den weiten Umfang staatlicher Aufgaben. Diese Regimepräferenz ist weit überdurchschnittlich unter den ehemaligen Blockparteimitgliedern in der ostdeutschen Elite anzutreffen. In der Wende sind die Nachfolgeorganisatioen der Blockparteien (Ost-CDU und -FDP) am entschiedensten für den raschen Anschluß der DDR an die Bundesrepublik eingetreten. Dieses Ziel stand insofern im Einklang mit der minimalistischen Regimepräferenz, als die Übernahme der bundesdeutschen Marktwirtschaft eine Rückführung der staatlichen Wirtschaftsregulierung versprach, wie sie im Rahmen einer fortbestehenden DDR nur schwerlich durchsetzbar schien.

Spiegelbildlich zur Ablehnung des „Realsozialismus" stellt sich auf der Grundlage der präferierten Regimekonzepte die Unterstützung des bundesdeutschen Regimes dar: Aus dem maximalistischen Regimekonzept der PDS-Sympathisanten ergibt sich als Hauptkritikpunkt ein Defizit an staatlicher Verantwortung im Wirtschafts- und Sozialbereich. Aus der stärker inputorientierten Regimepräferenz der Bündnisgrünen-Anhänger (in Nachfolge der Altoppositionellen) resultiert als Kritikpunkt vor allem ein Defizit an basisdemokratischen Strukturen. Das minimalistische Regimekonzept der Koalitionsanhänger (in Nachfolge der Blockparteimitglieder) verträgt sich demgegenüber am besten mit der gegenwärtigen Rückführung staatlicher Verantwortung und der Beschränkung demokratischer Mechanismen auf das repräsentative Prinzip.

Allerdings ist indes zu vermerken, daß die Kritikpunkte, die sich aus den einzelnen Regimekonzepten der ostdeutschen Elite ergeben, dem politischen System der Bundesrepublik keine kategorischen, sondern graduelle Akzeptanzdefizite bereiten, denn es steht keine autokratisch-staatssozialistische Regimealternative zur Debatte, sondern es geht um die Fragen der Fortschreibung demokratischer Prinzipien und der Grenzen staatlicher Aufgabenreduktion. Das wird im folgenden Kapitel noch deutlicher. Abschließend zu diesem Kapitel bleibt festzuhalten, daß die Frage, ob sich die Rekrutierung der ostdeutschen Elite auf die blockierte demokratische Gegenelite der DDR verlagert hat, bejaht werden muß.

II.   Gegenelitäre Regimepräferenzen der ostdeutschen Elite?

Kapitel II hat gezeigt, daß die ostdeutsche Elite nicht nur den Statusgruppen des demokratischen Gegeneliten-Reservoirs der DDR entstammt, sondern auch am stärksten jenes ordnungspolitische Modell unterstützt, das für die Angehörigen dieses Reservoirs erwartet wurde, nämlich ein partizipativ-etatistisches Modell, wie es im maximalistischen Regimekonzept zum Ausdruck kommt.

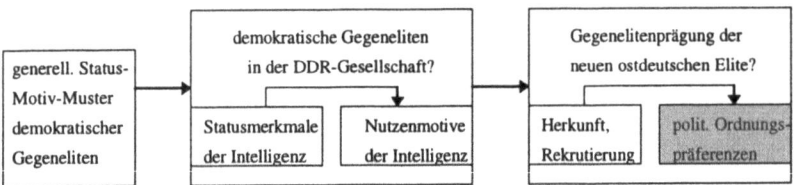

Inwieweit es sich hierbei aber um ein Spezifikum der ostdeutschen Elite handelt, kann nur im Vergleich mit anderen Statusgruppen ermittelt werden. Aus konfliktstrukturellen Überlegungen ist ein solcher Vergleich mit der westdeutschen Elite einerseits und der ostdeutschen Intelligenz und Bevölkerung andererseits zu führen. Der Vergleich mit der Westelite gibt Aufschluß über den gesamtdeutschen Elitenkonsens und jener mit Bevölkerung und Intelligenz über die gesellschaftliche Repräsentativität der Ordnungspräferenzen in der ostdeutschen Elite.

Eliteintegration und Repräsentation bilden funktionale Imperative einer stabilen Demokratie (Hoffmann-Lange 1992). Beide sind aber dann nicht gleichzeitig maximierbar, wenn - wie im deutschen Fall - zwischen den Teilbevölkerungen beträchtliche politische Einstellungsunterschiede bestehen. Von daher stellt sich die Frage, ob die ostdeutsche Elite ordnungspolitisch eher die eigene Bevölkerung beziehungsweise deren Intelligenz repräsentiert oder der westdeutschen Elite näher steht (vgl. Einl./2.3). Zur Beantwortung dieser Fragen werden im ersten Abschnitt die ordnungspolitischen Präferenzen der ostdeutschen Elite mit jenen der Westelite verglichen, um dann im zweiten Abschnitt diesen Vergleich auf Intelligenz und Bevölkerung zu erweitern.

1.   Regimekonzeptuelle Ost-West-Differenzen im eliteninternen Vergleich

1.1   Die Ost-West-Differenz als Maximalismus-Minimalismus-Gegensatz

Das maximalistische Regimekonzept, das von der ostdeutschen Elite am stärksten unterstützt wird, kann aus zwei Gründen als gegeneliten-typisch angesehen werden: Erstens weil die starke partizipative Orientierung, die dieses Konzept beinhaltet, die Einengung des Handlungsspielraums von Eliten impliziert, und zweitens weil aus einer Reihe von Umfragen bekannt ist, daß Eliten der Ausweitung demokratischer Partizipation ablehnender und der Beschneidung staatlicher Aufgaben zustimmender gegenüberstehen als der Bevölkerungsdurchschnitt (Hoffmann-Lange 1991: 284). Elitentypisch dürfte demnach das minimalistische Gegenkonzept des Maximalismus sein. Angesichts der kontinuierlichen Elitengenese in Westdeutschland sollte man erwarten, daß die westdeutsche Elite diese elitentypische Ordnungspräferenz aufweist. Dergestalt bestünde ein regimekonzeptueller Minimalismus-Maximalismus-Gegensatz innerhalb der gesamtdeutschen Elite. Sofern diese Annahme zutrifft, rücken zwei weitere konfliktstrukturelle Fragen in den Vordergrund, nämlich erstens inwieweit Ost-West-Unterschiede auf vorübergehende kompositorische „Verzerrungen" der Ostelite zurückzuführen und zweitens inwieweit solche Differenzen in die parteienbasierte *cleavage*-Struktur integriert sind. In der Parteiendemokratie ist die Bindung von Konfliktlinien an die Parteiendifferenzierung eine wichtige Bedingung ihrer institutionellen Bearbeitbarkeit.

Die Datenanalyse zeigt in der Tat, daß ordnungspolitische Differenzen zwischen West- und Ostelite existieren, und zwar sowohl in bezug auf die politischen Input- wie auch die Outputstrukturen. Für den Bereich der Inputstrukturen ist festzustellen, daß die Ostelite stärker als die Westelite an direktdemokratischen Verfahren und somit am partizipativen Demokratieprinzip orientiert ist. Das ist beispielsweise an der Bewertung politischer Akteure zu erkennen. Dazu wurde den Befragten eine Liste mit 25 Akteuren des politischen System vorgelegt[69], die danach zu bewerten waren, ob sie nach An-

---

69   Formulierung Frage 80a: „Ich lese Ihnen eine Reihe von Akteuren unseres politischen Systems vor. Wir möchten gerne wissen, wie hoch Sie deren aktuellen Einfluß auf die Politik in der Bundesrepublik einschätzen. Bitte nehmen Sie dazu wieder die Skala von 1-7. Der Wert 1 bedeutet 'sehr geringer', der Wert 7 bedeutet 'sehr hoher Einfluß'. Welchen Einfluß haben Ihrer Meinung nach: - Bundespräsident, - Bundestag, - Bundesregierung, - Bundesrat, - Bundesverfassungsgericht, - Bundesbank, - Bundeswehr, - Länderparlamente, - Verwaltung, - Parteien, - Interessengruppen, - Medien, - Justiz, - Polizei, - Arbeitgeber, - Land-

sicht des Befragten jeweils zu viel oder zu wenig Einfluß besitzen. Bei einer insgesamt großen Ähnlichkeit der Bewertungen im Ost-West-Vergleich, weicht die Ostelite zunächst bei jenen Akteuren von der übereinstimmenden Bewertung ab, die sich in der Elite-Bürger-Dimension auf der Bürgerseite befinden, nämlich die *Wähler* sowie *Bürgerinitiativen und soziale Bewegungen*: 50 Prozent der Ostelite im Vergleich zu 32 Prozent der Westelite sind der Auffassung, daß die Wähler, und 54 Prozent der Ost- im Unterschied zu 20 Prozent der Westelite, daß soziale Bewegungen und Bürgerinitiativen einen zu geringen Einfluß im politischen System haben.

Das gleiche Bild ergibt sich aus den Antworten auf eine Frage, in denen die Zustimmung oder Ablehnung zu zehn verschiedenen Aussagen über das Funktionieren der Demokratie zum Ausdruck gebracht werden sollte (Skala unter Punkt 1.1 in Tab. 27). Auch hier bestehen die größten Ost-West-Differenzen bei Aussagen, die Prinzipien der bürgerzentrierten „Demokratie von unten" thematisieren und insofern eine Spannung zum elitenzentrierten Verständnis der repräsentativen Demokratie erzeugen. So stimmen der Aussage *„Demokratie sollte nicht auf den politischen Bereich beschränkt bleiben, sondern in allen gesellschaftlichen Bereichen realisiert werden"* 67 Prozent der Ostelite gegenüber 43 Prozent der Westelite voll zu. Noch deutlicher tritt dieser Unterschied bei der Bewertung eines konkreten direktdemokratischen Verfahrensinstruments, dem Volksentscheid, hervor. Auf die Aussage *„Die Einführung von Volksbegehren und Volksentscheiden ist eine notwendige Ergänzung der repräsentativen Demokratie"* verteilt sich die Zustimmung gemäß Tabelle 25. Sie verdeutlicht, daß in bezug auf Volksentscheide die Trennlinie innerhalb der beiden Teileliten jeweils anders verläuft. Im Westen steht eine knappe Mehrheit dem Instrument zustimmend (52%) und eine starke Minderheit (48%) ablehnend gegenüber. Nur ein gutes Viertel der Westelite ist in dieser Frage aber sehr entschieden im Sinne einer vollen Zustimmung. Dagegen ist die Frage der Notwendigkeit von Referenden in der Ostelite mit 81 Prozent Befürwortern praktisch nicht umstritten. Die Trennlinie ist eher durch die Wichtigkeit dieses Anliegens bestimmt und teilt demnach diejenigen, die dem Instrument ihre volle Zustimmung entgegenbringen (57%), von den übrigen. Die größte Ost-West-Differenz besteht demnach zwischen denjenigen, die Volksentscheiden voll zustimmen, und allen anderen.

---

wirtschaftsverbände, - Gewerkschaften, - Wähler, - Großunternehmen, - Banken, - Wissenschaft, - Kirchen, - Meinungsforschung, - soziale Bewegungen und Bürgerinitiativen."
Frage 80b: „Gibt es unter diesen Akteuren einen oder mehrere, die Ihrer Meinung nach zu viel Einfluß haben? Bitte sehen Sie dazu noch einmal die Liste durch."
Frage 80c: „Und gibt es einen oder mehrere Akteure, die Ihrer Meinung nach zu wenig Einfluß haben?"

Tab. 25: Zustimmung der Elite zu Volksentscheiden nach
Ost/West 1995: Spaltenprozent (N)

	Westelite	Ostelite	*gesamt*
volle Zustimmung	27 (547)	**57** **(155)**	*30* *(702)*
eher Zustimmung	26 (527)	24 (64)	*26* *(591)*
eher Ablehnung	29 (605)	14 (37)	*27* *(642)*
volle Ablehnung	18 (367)	5 (14)	*17* *(381)*
gesamt	*88* *(2046)*	*12* *(270)*	*100* *(2316)*

Cramer's V: .23 (gewichtet: .35); Duncan Index: 31.

Ebenso große Ost-West-Unterschiede finden sich in der zweiten
regimekonzeptuellen Dimension, nämlich den politischen Outputstrukturen.
Hier konzentriert sich die Diskussion auf die Frage, wieviel Verantwortung
der Staat für seine Bürger beibehalten beziehungsweise wieviel er davon an
privatwirtschaftliche Träger abgeben solle. Ost-West-Unterschiede in diesem
Bereich zeigen sich wiederum bei der Bewertung des Einflusses politischer
Akteure. In ähnlicher Deutlichkeit wie gegenüber Wählern und sozialen
Bewegungen/Bürgerinitiativen weicht die Ostelite in der Bewertung
privatwirtschaftlicher Institutionen von den Bewertungen der Westelite ab. So
sind erheblich größere Anteile der Ostelite der Ansicht, Wirtschaftsunternehmen
und Banken hätten zu viel Einfluß. Bei den Banken sind dies 62 Prozent
der Ost- im Vergleich zu 33 Prozent der Westelite. Neben der Elite-Bürger-
Dimension zeigt sich hier eine zweite Ost-West-Polarisierung in der Staat-
Wirtschafts-Dimension. Die heutige Ostelite, deren Angehörige so gut wie
nicht im Wirtschaftssektor plaziert sind, hat ein *distanziertes Verhältnis zu*
den Institutionen der Privatwirtschaft und den Prinzipien marktwirtschaft-
licher Ressourcenallokation (allein die ehemaligen Blockparteimitglieder
fallen hier aus dem Rahmen, schlagen aber quantitativ nicht zu Buche).
Entsprechend zeigt die Ostelite auch in der Frage, ob der Staat Aufgaben
abgeben solle, eine andere Haltung als die Westelite.

Tabelle 26 ist zu entnehmen, daß zwar sowohl im Westen als auch im Osten klare Mehrheiten für eine Reform der staatlichen Aufgaben bestehen; doch liegt ein wesentlicher Ost-West-Unterschied in der Haltung, ob dies ausschließlich über eine Abgabe von Staatsaufgaben oder über eine Umverteilung beziehungsweise sogar zusätzliche Übernahme von Aufgaben geschehen

Tab. 26: Haltung der Elite zum Umfang der Staatsaufgaben nach Ost/West 1995: Spaltenprozent (N)

Soll der Staat Aufgaben abgeben oder übernehmen ?:	Westelite	Ostelite	*gesamt*
(nur) abgeben	71 (1436)	**44** **(119)**	*68* *(1555)*
so lassen	9 (167)	9 (24)	*8* *(191)*
teils abgeben, teils übernehmen	18 (370)	38 (102)	*21* *(472)*
(nur) übernehmen	2 (41)	9 (23)	*3* *(64)*
gesamt	*88* *(2014)*	*12* *(268)*	*100* *(2282)*

Cramer's V: .22 (gewichtet: .29); Duncan Index: 27.

solle: Im Westen ist eine deutliche Mehrheit von 71 Prozent der Ansicht, es könne allein um Aufgabenreduzierung gehen. Mit 44 Prozent ist diese Position auch in der Ostelite am häufigsten genannt. Sie bildet jedoch keine Mehrheit, sondern steht den anderen drei Positionen gegenüber, deren Gemeinsamkeit darin besteht, daß sie gegen die *ausschließliche* Reduzierung der Staatsaufgaben sind. Der größte Ost-West-Unterschied besteht also zwischen denjenigen, die für die ausschließliche Abgabe von Staatsaufgaben eintreten, und allen anderen.

Somit lassen sich die beiden Möglichkeiten der vollen oder nicht vollen Zustimmung zu Volksentscheiden und die beiden Möglichkeiten der Befürwortung oder Nicht-Befürwortung einer reinen Abgabe von Staatsaufgaben zu der auf S. 130 beschriebenen Regimekonzept-Skala verbinden. Abbildung 20 gibt die unterschiedliche Verteilung von Ost- und Westelite auf der Skala zu erkennen.

Abb. 20: Präferierte Regimekonzepte in West- und Ostelite:
Prozent an Präferenten

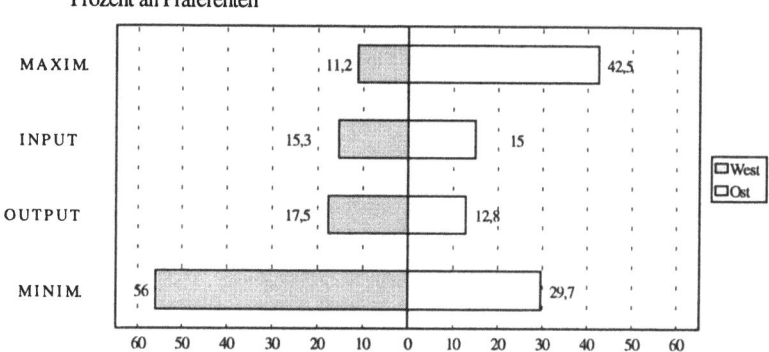

Basis: West (N=1994), Ost (N=266); Cramer's V: .29 (gewichtet: .37); DID: 31,5.

Die Verteilung entspricht den Erwartungen, denn sie zeigt, daß in den
Teileliten das jeweils andere der beiden Gegenkonzepte von Maximalismus
und Minimalismus die stärkste Unterstützung findet: Im Westen präferiert eine absolute Mehrheit von 56 Prozent das minimalistische Regimekonzept, im
Osten eine relative Mehrheit von 43 Prozent das maximalistische. Am maximalistischen Regimekonzept scheiden sich Ost- und Westelite zugleich am
deutlichsten. Während sich die Westelite also in Richtung Reduktion der
Staatsaufgaben formiert und eine Diskussion um Volksentscheide nicht auf
der Tagesordnung steht, sind aus den Reihen der Ostelite eher Widerstände
gegen die staatliche Aufgabenreduzierung und Impulse für den Ausbau direktdemokratischer Instrumente zu erwarten.

1.2   Zur inhaltlichen Fundierung von Minimalismus und Maximalismus

Die Ausprägungen der Regimekonzept-Skala sind in erster Linie als ein
Reichweite-Konzept hinsichtlich des gewünschten Umfangs von Demokratie
und Staat konzipiert, das heißt, sie haben zumindest keinen unmittelbaren Bezug zur inhaltlichen Ausgestaltung von Demokratie und Staat. Insofern ist es
eine empirische Frage, in welcher Weise die Regimekonzepte des Minimalismus und des Maximalismus auch inhaltlich, im Sinne politischer Wertorientierungen, fundiert sind.
    Politische Wertorientierungen beziehen sich auf unterschiedliche Bewer-
tungsobjekte, wie beispielsweise Demokratie und Staat, aber auch Persönlichkeit. Unabhängig von den Bewertungsobjekten sollten sich politische
Wertorientierungen in mindestens zwei Dimensionen ausrichten, einer tradi-

tional-konservativen Wertedimension und einer modern-progressiven. Demzufolge müßten sich die Aussagen von Befragten zur wünschenswerten Gestalt von Demokratie und Staat sowie auch zu ihren persönlichen Handlungsorientierungen in einer zweifaktoriellen Struktur abbilden lassen. Soweit die reichweite-bezogenen Konzepte des Minimalismus und Maximalismus auch inhaltlich fundiert sind, müßten sie dann in einer systematischen Beziehung zu den beiden Wertedimensionen stehen.

Im Hinblick auf die drei Bewertungsobjekte Demokratie, Staat und Persönlichkeit enthält das Untersuchungsprogramm der Potsdamer Elitenstudie jeweils eine Fragestellung mit einer Aussagenbatterie, wobei die Befragten aufgefordert waren, ihre Zustimmung zu jeder einzelnen Aussage auf einer *rating*-Skala einzustufen. Unter der Vorgabe, zwei Faktoren zu extrahieren,

Tab. 27: Faktorenanalysen zur Dimensionalität politischer Wertpräferenzen in West- und Ostelite 1995:

	Faktorladungen (varimaxrotierte Lösungen)[1]	
1. **Regimebezogene Wertpräferenzen**	Faktor 1	Faktor 2
1.1 **Input: Demokratie-Skala:**[2]	Partizipative Demokratie	„Autoritäre" Demokratie
+ *Die Einführung von Volksbegehren und Volksentscheiden ist eine notwendige Ergänzung der repräsentativen Demokratie.*	.74	-.09
+ *Demokratie sollte nicht auf den politischen Bereich beschränkt bleiben, sondern in allen gesellschaftlichen Bereichen realisiert werden.*	.74	-.13
+ *Die politische Mitwirkung der Bevölkerung sollte sich auf die Teilnahme an Wahlen beschränken.*	-.67	.19
+ *Demokratie ist auf Dauer nur möglich, wenn sich eine starke politische Führung über alle Gruppeninteressen hinwegsetzt.*	-.44	.35
+ Meinungs- u. Diskussionsfreiheit müssen dort ihre Grenzen haben, wo elementare moralische Überzeugungen u. sittliche Werte berührt werden.	-.02	.70
+ Zuviel Medienkritik an der politischen Führung schadet der Demokratie.	-.32	.59
+ Der Bürger verliert das Recht zu Streiks und Demonstrationen, wenn er damit die öffentliche Ordnung gefährdet.	-.41	.60
+ Wenn Parteien in der Demokratie auch eine wichtige Rolle spielen, so werden durch sie doch politische Konflikte oft unnütz verschärft.	.11	.63
	Kaiser-Meyer-Olkin-Maß: .78	

wird fortgesetzt ...

wurden diese drei Aussagenbatterien jeweils einer Faktorenanalyse unterzogen. Wie Tabelle 27 verdeutlicht, erbringen alle drei Faktorenanalysen sowohl statistisch akzeptable als auch theoretisch mit den Annahmen übereinstimmende Resultate.

Fortsetzung Tab. 27:

1.2. **Output:** Gewünschtes Politikprofil d. Staatstätigkeit:[3]	Faktorladungen (varimaxrotierte Lösungen)[1]	
	Faktor 1	Faktor 2
	Neo-liberaler Staat	Sozial-ökolog. Staat
den Mißbrauch von Sozialleistungen verhindern.	.81	-.15
Kriminalität wirksamer bekämpfen.	.75	.10
den Wirtschaftsstandort Deutschland sichern.	.71	-.15
die Staatsverschuldung abbauen.	.62	.13
politischen Extremismus unterbinden.	.56	.22
den Sozialstaat sichern.	-.08	**.78**
den Schutz der Umwelt verstärken.	-.07	**.78**
die Integration von Ausländern verbessern.	.09	**.71**
die Vereinigung Europas vorantreiben.	.27	.49
	Kaiser-Meyer-Olkin-Maß: .73	

wird fortgesetzt ...

In bezug auf das Bewertungsobjekt „Demokratie" (Punkt 1.1 in Tab. 27) ist folgendes zu erkennen: Die Aussagen, die auf dem ersten Faktor hoch laden, sind dadurch charakterisiert, daß sie eine Ausweitung von Partizipationsmöglichkeiten befürworten beziehungsweise deren Beschränkung ablehnen. Dieser Faktor repräsentiert ein Modell der Inputstrukturen, das sich als „eliten-lenkende" (Inglehart 1989) oder *partizipative Demokratie* beschreiben läßt. Sie entspricht der modernen Entwicklung zur erweiterten Nutzung unmittelbarer und themenspezifischer, sog. „unkonventioneller", Partizipationsformen. Die Aussagen, die auf dem zweiten Faktor hoch laden, zeichnen sich dadurch aus, daß sie demokratische Störpotentiale eliteninterner Entscheidungen ablehnen. Insofern indiziert der zweite Faktor eine Inputpräferenz, die dem tradierten Modell einer „eliten-gelenkten" oder auch *autoritären Demokratie* entspricht. Demokratie soll demnach die Auswahl der Eliten ermöglichen, aber nicht deren Autorität beeinträchtigen.

Fortsetzung Tab. 27:

	Faktorladungen (varimaxrotierte Lösungen)	
2. Persönlichkeitsbezogene Wertpräferenzen:[4]	Faktor 1	Faktor 2
	Konventio-nalismus	**Idealismus**
nach Sicherheit streben.	**.73**	.08
Gesetz und Ordnung respektieren.	**.71**	.22
einen hohen Lebensstandard haben.	**.70**	-.25
fleißig und ehrgeizig sein.	**.67**	.17
sich für sozial benachteiligte Gruppen einsetzen.	.08	**.83**
anderen Menschen helfen, nicht nur an sich denken.	.15	**.76**
sich politisch engagieren.	-.15	**.66**
seine eigene Phantasie und Kreativität entwickeln.	.22	**.38**
	Kaiser-Meyer-Olkin-Maß: .69	

1   Unter der theoretischen Annahme einer Zweidimensionalität politischer Wertpräferenzen wurde für alle drei Faktoranalysen die Vorgabe von zwei zu extrahierenden Faktoren definiert. Die durch die Faktoren erklärte Varianz beträgt für die „Demokratie-Skala" 48 Prozent, für das gewünschte Politikprofil der Staatstätigkeit 51 Prozent und für die persönlichkeits-bezogenen Wertpräferenzen ebenfalls 51 Prozent.

2   Frageformat: „Hier ist eine Liste von häufig gehörten Thesen über die Demokratie. Bitte sagen Sie mir zu jeder dieser Aussagen, ob Sie ihr voll zustimmen, eher zustimmen, eher nicht zustimmen oder überhaupt nicht zustimmen."

3   Frageformat: „In der aktuellen Diskussionen sind weitere Ziele [der Politik] von Bedeutung. Wie wichtig sind Ihrer Meinung nach die folgenden Ziele? Verwenden Sie bitte wieder die Skala von 1-7, wobei der Wert 1 'ganz unwichtig' und der Wert 7 'sehr wichtig' ausdrückt."

4   Frageformat: „Jeder Mensch hat ja bestimmte Vorstellungen, die sein Leben und Verhalten bestimmen. Wenn Sie einmal daran denken, was Sie in Ihrem Leben eigentlich anstreben: Wie wichtig sind die folgenden Dinge für Sie persönlich? Verwenden Sie bitte noch einmal die Skala von 1-7. Wert 1 bedeutet 'ganz unwichtig', Wert 7 bedeutet 'sehr wichtig'.

Die beiden Dimensionen des Bewertungsobjekts „Staat" (Punkt 1.2 in Tab. 27) lassen sich als *neo-liberaler* und *sozial-ökologischer Staat* charakterisieren. Das Modell des neo-liberalen Staats (Faktor 1) zeichnet sich dadurch aus, daß der Schwerpunkt der staatlichen Aktivitäten auf Kriminalitätsbekämpfung, Haushaltskonsolidierung und der Unterstützung der Wirtschaft liegt. Das sind im wesentlichen traditionelle Staatsaufgaben. Dagegen konzentrieren sich die Aktivitäten des sozial-ökologischen Staates (Faktor 2) auf die Sicherung der sozialen Leistungen, den Umweltschutz und die Integration von Ausländern. Der Akzent liegt hier eher auf den neueren Aufgaben des modernen Staats.

Hinsichtlich der Persönlichkeitsorientierung (Punkt 2 in Tab. 27) lassen sich in Anlehnung an Klages oder auch Gensicke (1994) ein Faktor *Konventionalismus* und ein Faktor *Idealismus* unterscheiden. Der Konventionalismus (Faktor 1) steht für die traditionellen Pflicht- und Akzeptanzwerte, die eine eher autoritäre Persönlichkeitsstruktur verraten. Der Idealismusfaktor repräsentiert Selbst- und Mitbestimmungswerte, wie sie für eine aufgeschlossene Persönlichkeit prägend sind. Eine solche Persönlichkeit kann insofern als

Tab. 28: Faktorenanalyse zur Metadimensionalität von sechs Partialfaktoren aus der ersten Faktorenanalyse: West- und Ostelite 1995

Aus den ersten drei Faktorenanalysen extrahierte Faktoren (Faktorscores)	Faktorladungen (varimaxrotierte Lösungen)[1]	
	Faktor 1	Faktor 2
	Traditionalism.	Modernismus
+ neo-liberaler Staat (Regime-Output)	**.85**	-.02
+ Konventionalismus (Persönlichkeit)	**.81**	-.13
+ autoritäre Demokratie (Regime-Input)	**.65**	.05
+ *sozial-ökologischer Staat* (*Regime-Output*)	-.04	**.83**
+ *Idealismus* (*Persönlichkeit*)	.19	**.78**
+ *partizipative Demokratie* (*Regime-Input*)	-.31	**.69**
Kaiser-Meyer-Olkin-Maß: .60		

[1] Unter der Zweidimensionalitätsannahme war die Vorgabe, zwei Faktoren zu extrahieren. Die durch die beiden Faktoren erklärte Varianz beträgt 62 Prozent.

modern gelten, als sie in hohem Maße über das soziale Kapital verfügt, das für die Orientierung in Gesellschaften mit schwächer werdenden traditionellen Bindungen essentiell ist (vgl. Inkeles 1983).

Die ursprüngliche Annahme war es, daß sich alle hier extrahierten Faktoren nach zwei ihnen nochmals übergeordneten Dimensionen ausrichten, einer Traditionalismus- und einer Modernismusdimension. Demzufolge müßten die „Partial"-Faktoren autoritäre Demokratie, neo-liberaler Staat und konventionelle Persönlichkeit dem „Meta"-Faktor Traditionalismus und die Partialfaktoren partizipative Demokratie, sozial-ökologischer Staat und idealistische Persönlichkeit dem Metafaktor Modernismus zuzuordnen sein. Tatsächlich gelangt man zu diesem Ergebnis, indem man die *score*-Variablen der sechs Partialfaktoren ihrerseits einer konfirmatorischen Faktorenanalyse unterzieht (Tab. 28).

Tab. 29: Korrelation zwischen den Partialfaktoren des Modernismus/ Traditionalismus und der maximalistischen/minimalistischen Regimepräferenz: West- und Ostelite 1995 (Pearson'r-Koeffizienten der Faktor*scores*)

	partizipative Demokratie	sozial-ökolog. Staat	persönlicher Idealismus	maximalist. Regimekonz.
+partizipative Demokratie	-			
+sozial-ökolog. Staat	.43	-		
+persönlicher Idealismus	.28	.47	-	
+maximalist. Regimekonz.	.42	.28	.20	-
	autoritäre Demokratie	neo-liberaler Staat	persönlicher Konvention.	Minimalist. Regimekonz
+autoritäre Demokratie	-			
+neo-liberaler Staat	.33	-		
+persönlicher Konvention.	.32	.55	-	
+minimalist. Regimekonz.	.10	.30	.23	-

Ausgangspunkt der Faktorenanalysen war die Frage, ob und wie die ordnungspolitischen Reichweite-Konzepte Minimalismus und Maximalismus inhaltlich, also wertebezogen, fundiert sind. Vor dem Hintergrund der faktoren-
analytischen Befunde ist die naheliegende Annahme, daß die minimalistische
Ordnungskonzeption mit den Werteaspekten des Traditionalismus und die
maximalistische mit jenen des Modernismus in positivem Zusammenhang
steht. Wie die Korrelationsmatrizen in Tabelle 29 zeigen, trifft diese Annahme zu. Die Regimekonzepte Maximalismus und Minimalismus indizieren also
keineswegs nur die gewünschte *Reichweite* von Demokratie und Staatsaufgaben, sondern verweisen auch auf bestimmte Aspekte ihrer *inhaltlichen* Ausgestaltung. Dabei ist der Zusammenhang zwischen Maximalismus und partizipativer Demokratie, einer Einstellungskomponente mit typisch gegenelitären Impetus, besonders deutlich.

Tab. 30: Unterschiede zwischen Ost- und Westelite auf die modernistischen Aspekte
politischer Wertpräferenzen: Mittelwerte (Faktorscores bzw. Prozent)

	Westelite	Ostelite	eta
+ partizipative Demokratie (Faktorscores)	-.08	.63	.23
+ sozial-ökolog. Staat (Faktorscores)	-.07	.52	.19
+ persönlicher Idealismus (Faktorscores)	-.07	.56	.20
+ Modernismus (Faktorscores)	**-.10**	**.72**	**.26**
+ gegen reine Abgabe von Staatsaufgaben	29%	56%	.19
+ volle Zustimmung zu Volksentscheiden	26%	57%	.21
+ maximalistische Regimepräferenz	**11%**	**43%**	**.28**

Darüber hinaus bringt die maximalistische Regimepräferenz die ordnungspolitischen Ost-West-Unterschiede am deutlichsten zum Vorschein,
denn, wie in Tabelle 30 zu erkennen, weist sie im Vergleich mit den anderen
Variablen den höchsten eta-Koeffizienten für die Ost-West-Differenz auf.

Schließlich gibt Tabelle 31 zu erkennen, daß von der maximalistischen
Regimepräferenz ein latenter Reformdruck auf das politische System ausgeht.
So stellen die Maximalisten nur 15 Prozent aller, aber 40 Prozent jener Elitenangehörigen, die der Meinung sind, das politische System funktioniere
nicht gut oder überhaupt nicht und müsse in vielen oder in allen Punkten ver-

ändert werden.[70] Unter den Maximalisten stellen diese Reformwilligen 34 Prozent, während sie unter den Nicht-Maximalisten nur 9 Prozent zählen. Mit der institutionellen Reformorientierung - die nur für 10 Prozent der West-, aber für 33 Prozent der Ostelite typisch ist - korreliert der Maximalismus in der Größenordnung eines eta-Koeffizienten von .27. Der Ost-West-Unterschied auf diese unterschiedliche Einschätzung institutionellen Reformbedarfs beträgt ein eta von .26.

Tab. 31: Wahrgenommene Reformbedürftigkeit des politischen Systems: Ost- und westdeutsche Elite 1995 (Spaltenprozent)

politisches System ist:	West		Ost	
	Nicht-Maximal.	Maxima-listen	Nicht-Maximal.	Maxima-listen
+völlig oder stark reformbedürftig	9	23	16	56
+nicht oder gering reformbedürftig	91	77	84	44
N	*1.765*	*223*	*153*	*112*
eta	*.17*		*.43*	

Diese Befunde sprechen für die Relevanz der mit der maximalistischen Regimepräferenz identifizierten ordnungspolitischen Differenzen. Die maximalistische Regimepräferenz rückt damit als abhängige Variable in den Mittelpunkt unseres weiteren Interesses.

1.3   Kompositorische Abhängigkeit und parteipolitische Integration der Ost-West-Polarisierung?

Aus den Analysen in Kapitel II ging hervor, daß sich die ostdeutsche Elite nach verschiedenen Merkmalen wie Alter, fachlicher Qualifikation und sektoraler Herkunft anders zusammensetzt als die westdeutsche Elite. Von daher ist denkbar, daß die für die Ostelite typische Unterstützung des maximalistischen Regimekonzepts gar nichts mit ihrem sozialistischen Erfahrungshintergrund

---

70 Frageformat: „Alles in allem gesehen, was denken Sie, wie gut oder wie schlecht funktioniert unser politisches System heute? A: Es funktioniert gut und muß nicht verändert werden. B: Es funktioniert im großen und ganzen gut, muß aber in einigen Punkten verändert werden. C: Es funktioniert nicht gut und muß in vielen Punkten verändert werden. D: Es funktioniert überhaupt nicht und muß völlig verändert werden."

zu tun hat, sondern einen Kompositionseffekt darstellt, der auf ihre anders gelagerte Zusammensetzung zurückzuführen ist. Der Ost-West-Unterschied hinsichtlich der maximalistischen Regimepräferenz müßte dann nach Kontrolle der genannten Kompositionsmerkmale verschwinden. Das wäre ein folgenreicher Befund, weil in diesem Fall die intra-elitäre Ost-West-Polarisierung über die Angleichung der ost- an die westdeutsche Elitenkomposition nach und nach abgebaut würde.

Darüber hinaus würde es die institutionelle Bearbeitbarkeit der Ost-West-Polarisierung verbessern, wenn sie über die ideologischen Trennlinien des Parteiensystems vermittelt würde. In der Analyse müßte sich dann eine Abnahme des Einflusses der ostdeutschen Herkunft auf die Unterstützung des maximalistischen Regimekonzepts zeigen, wenn nach Parteisympathie kontrolliert wird. Tabelle 32 präsentiert Varianzanalysen zur Kompositionsabhängigkeit und parteistrukturellen Vermittlung der maximalistischen Regimepräferenz. Neben dem Herkunftseffekt (Ost versus West) wurden als Kontrollvariablen nach und nach das Alter, das Studienfach, die Sektorplazierung und die Parteisympathie in der Analyse berücksichtigt.

Modell 1 (Tab. 32) zeigt, daß der Einfluß der ostdeutschen Herkunft auf die maximalistische Regimepräferenz mit einem beta-Koeffizienten von .28 und einem Beitrag zur erklärten Varianz von 72 Prozent auch dann noch relativ stark ist, wenn das Alter als Kovariate Berücksichtigung findet. Die stärkere Präferenz der Ostelite für das maximalistische Regimekonzept kann demnach nicht nur auf ihr um sieben Jahre geringeres Durchschnittsalter zurückgeführt werden.

Nach Einführung des Studienfachs als Kontrollvariable (Modell 2) fällt der Einfluß der Herkunft auf einen beta-Koefizienten .23 zurück und hält einen Beitrag zur erklärten Varianz von immerhin noch 63 Prozent. Ein kleinerer Teil des Herkunftseinflusses auf den Maximalismus wird also durch das Studienfach aufgefangen, und zwar insofern, als die dem Maximalismus besonders abgeneigten Juristen und Ökonomen (vgl. Tab. 33 und 34) in der Ostelite kaum vertreten sind.

Bei Hinzunahme der Sektorplazierung als Kontrollvariable (Modell 3) bleibt der Herkunftseffekt auf den Maximalismus mit einem beta-Koeffizienten von .22 praktisch konstant. Er wird also kaum durch die starke Konzentration der Ostelite im Politiksektor vermittelt. Das hätte man aber annehmen können, weil Angehörige des Politiksektors relativ zu anderen Sektoreliten ein stärkeres Interesse an der Ausdehnung des Politiksektors und damit an einem maximalistischen Regimekonzept haben sollten.

Tab. 32: Varianzanalysen zum Herkunftseffekt auf die maximalistische
Regimepräferenz[1]

abhängige Variable „maximalistische Regimepräferenz"		
Modell 1		
Effekte	Anteil an der erklärten Varianz[2]	bereinigter beta-Koeffizient
Herkunft (Ost/West)	72%	.28
Alter (Kovariate)	28%	
Anteil der erklärten an der Gesamtvarianz (R^2)	11% (.11)	
Modell 2		
Effekte	Anteil an der erklärten Varianz[2]	bereinigter beta-Koeffizient
Herkunft	63%	.23
Studienfach	15%	.13
Alter (Kovariate)	10%	
Herkunft * Studienfach	12%	
Anteil der erklärten an der Gesamtvarianz (R^2)	16% (.14)	
Modell 3		
Herkunft	55%	.22
Studienfach	13%	.11
Sektorplazierung	25%	.22
Alter (Kovariate)	7%	
Anteil der erklärten an der Gesamtvarianz (R^2)	18% (.18)	

wird fortgesetzt ...

Erst nach Berücksichtigung der Parteisympathie (Modell 4) geht der Herkunftseffekt deutlich zurück (beta von .13). Der Einfluß der Parteisympathie auf den Maximalismus ist seinerseits stark (beta von .41). Er substituiert den Herkunftseffekt zum größten Teil, wenn auch nicht vollständig. Zum verbleibenden Resteinfluß der Herkunft (und des Sektors) verhält er sich additiv, wie man an der Steigerung der erklärten Varianz von 18 Prozent (Modell 3) auf 28 Prozent (Modell 4) erkennen kann.

Fortsetzung Tab. 32:

Modell 4		
Effekte	Anteil an der erklärten Varianz[2]	bereinigter beta-Koeffizient
Herkunft	29%	.13
Sektorplazierung	20%	.13
Parteisympathie	51%	.41
Alter (Kovariate)	0,7%	
Anteil der erklärten an der Gesamtvarianz (R²)	28% (.28)	

1 Die Kovariate wurde simultan mit den Effekten in die Berechnung aufgenommen. Darüber hinaus wurde die hierarchische Berechnungsmethode gewählt, um multiple Klassifikationsanalysen durchführen zu können. Dies ist dann gerechtfertigt, wenn die Interaktionseffekte eine untergeordnete Rolle spielen.

2 In dieser Spalte ist der Anteil der Quadratsumme der Effekte an der Quadratsumme der erklärten Varianz angegeben. In Modellen, wo Interaktionseffekte in die bereinigte Quadratsumme der erklärten Varianz eingeflossen sind, ergibt sich eine höhere erklärte Varianz als der Wert von R^2 anzeigt. Dies liegt daran, daß in die Berechnung des R^2 in der multiplen Klassifikationsanalyse nur die Haupteffekte eingehen.

Die nur für die Angehörigen des Politiksektors durchgeführte *multiple Klassifikationsanalyse* in Tabelle 33 verdeutlicht, daß es vor allem eine primäre Sympathie für eine oder mehrere Parteien des linken politischen Spektrums ist, welche die maximalistische Regimepräferenz befördert. Demnach ist die vergleichsweise starke Unterstützung des Maximalismus durch die ostdeutsche Elite zum größten Teil auf ihre stärkere Sympathie für die Parteien des linken Spektrums zurückzuführen. Tatsächlich liegen die Parteisympathi-

en der Ostelite zu immerhin 63 Prozent im linken (SPD, Bündnis 90, PDS)
und nur zu 27 Prozent im rechten Spektrum (Union, FDP), wohingegen die

Tab. 33: Herkunftseffekt auf die maximalistische Regimepräferenz bei
Konstanthaltung des Sektors (hier: Politiksektor): Abweichungen
vom Mittelwert in Prozent

			N	maximalist. Regimepräf.
∅ (%)				33
	Herkunft	West	332	-8
		Ost	157	17
eta				.25
	Studienfach	Geisteswiss.	48	9
		Theologie	16	-1
		Sozialwiss.	70	-4
		Staatswiss.	87	-22
		Wirtschaftswiss.	39	-4
		Naturwiss. + T.	91	9
eta				.27
	Parteisymp.	Union	117	-31
		FDP	55	-27
		linkes Spektr.	16	17
		SPD	134	
		B90	114	23
		PDS	39	65
eta				.61
R²				.40

Nur Darstellung von Kategorien mit n ≥ 15.

Sympathien der Westelite zu 52 Prozent im rechten und zu 35 Prozent im linken Spektrum liegen (Abb. 21). Gleichwohl ist festzuhalten, daß ein Herkunftseffekt auf den Maximalismus auch innerhalb der parteipolitischen Spektren noch nachweisbar ist. So ergibt die multiple Klassifikationsanalyse in Tabelle 34 immer noch einen Herkunftseffekt in der Stärke eines eta-Koeffizienten von .30, obwohl die Analyse nur für die Sympathisanten linker Parteien durchgeführt wurde.

Tab. 34: Herkunftseffekt auf die maximalistische Regimepräferenz bei Konstanz der Parteisympathie (hier: nur Sympathisanten von Linksparteien): Abweichungen vom Mittelwert in Prozent

			N	maximalist. Regimepräf.
Ø (%)				34
	Herkunft	West	690	-7
		Ost	163	29
eta				.30
	Studienf.	kein Stud.	242	5
		Geistesw.	98	3
		Theologie	27	3
		Sozialwiss.	113	
		Journalist.	18	11
		Staatswiss.	158	-14
		Wirtschaft.	88	-9
		Natur. + T.	93	9
		Sonstige	16	29
eta				.19

wird fortgesetzt ...

Daß Ost-West-Differenzen praktisch in jeder einzelnen Parteianhängerschaft bestehen, veranschaulicht Abbildung 22. Sie zeigt das in beiden Teileliten gleich strukturierte Links-Rechts-Gefälle in der Unterstützung des maximalistischen Regimekonzepts, allerdings auf einem generell höheren Unterstützungsniveau unter den Ostdeutschen.

Fortsetzung Tab. 34:

		N	maximalist. Regimepräf.
∅ (%)			34
Sektor	Politik	303	17
	Verwaltg.	152	-17
	Wirtschaft	36	-3
	Verbände	26	5
	Gewerksch.	78	
	Medien	179	-10
	Wissensch.	44	-20
	Kirchen	14	2
eta			.30
R^2			.14

Fazit:

Aus den obigen Analysen ist zu folgern, daß die stärkere Unterstützung des Maximalismus durch die Ostelite keineswegs nur auf ihre von der Westelite abweichende Zusammensetzung nach Merkmalen wie Alter, Qualifikation und Sektorplazierung zurückgeführt werden kann. Die Hoffnung, mit der über die Zeit zu erwartenden kompositorischen Angleichung der Ost- an die Westelite werde der regimekonzeptuelle Ost-West-Gegensatz allmählich hinfällig, erscheint somit trügerisch.

Andererseits läßt sich die Affinität der Ostelite zum maximalistischen Regimekonzept größtenteils aus ihrer stärkeren Sympathie für die Parteien des linken Spektrums erklären, so daß man von einer starken Bindung der ordnungspolitischen Ost-West-Polarität an die parteipolitische Differenzierung sprechen kann. Doch gibt auch dieser Befund wenig Anlaß zur Relativierung der Ost-West-Polarisierung. Denn zum einen ist sie nicht vollständig an die Differenzierung der Parteianhängerschaften gebunden und zum zweiten bewirkt die partielle Verschmelzung der Links-Rechts- mit der Ost-West-

Abb. 21: Parteisympathien der Elite nach Ost/West (Prozent)

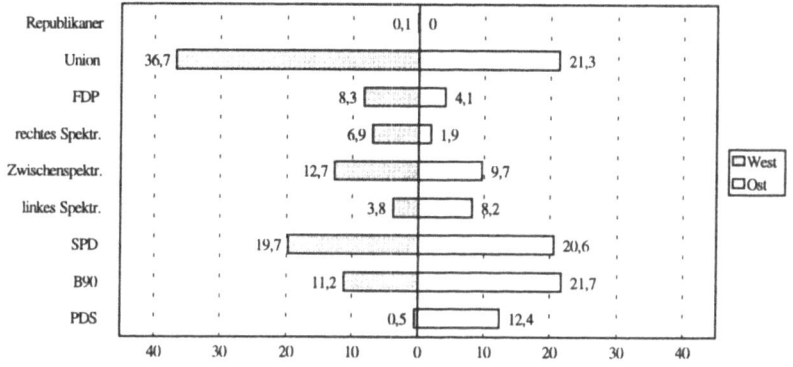

Basis (N)-West: 2030; -Ost: 267; Cramer's V: .32 (gewichtet: .35); Duncan Index: 28.

Abb. 22: Maximalistische Regimepräferenz nach Parteisympathien:
Prozent an maximalist. Regimepräferenten in West- und Ostelite 1995

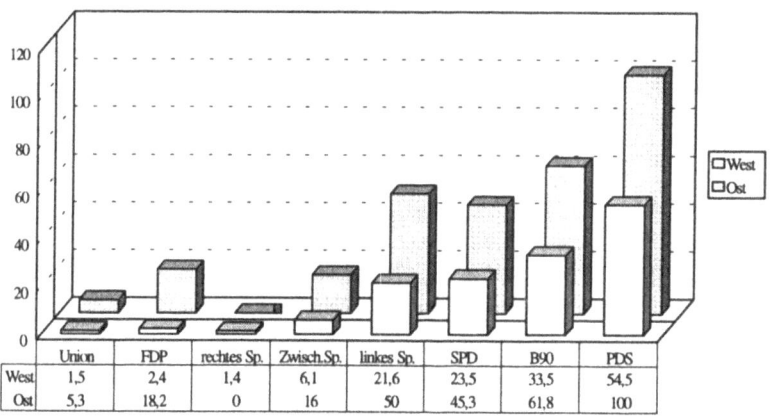

	Union	FDP	rechtes Sp.	Zwisch.Sp.	linkes Sp.	SPD	B90	PDS
West	1,5	2,4	1,4	6,1	21,6	23,5	33,5	54,5
Ost	5,3	18,2	0	16	50	45,3	61,8	100

Basis: West (N=1956), Ost (N=261); CV (West): .39, CV (Ost): .62.

Polarisierung keine Abschwächung, sondern eine beträchtliche *Verstärkung der ordnungspolitischen Spannungslinie* zwischen Minimalismus und Maximalismus (sic). Unter integrationspolitischen Aspekten fernerhin bedenklich ist der Umstand, daß das größte Unterstützungspotential des Maximalismus unter den PDS-Anhängern anzutreffen ist. Gesamtdeutsch betrachtet handelt es sich hierbei um einen *geo-politischen Desintegrationsfaktor*, weil durch die regionale Spezifik der PDS das „Beitrittsgebiet" zum Träger eines Konfliktpols erhoben wird.

2. Die regimekonzeptuelle Spannungslinie im gesamtgesellschaftlichen Vergleich

In Gestalt des maximalistischen Regimekonzepts findet in der Ostelite ein Ordnungsmodell die stärkste Unterstützung, das eine partizipativ-etatistische Orientierung anzeigt und insofern als typisch für eine demokratische Gegenelite gelten darf, die ihre Prägung in einem staatssozialistischen Regime erfahren hat. Der gegenelitäre Charakter des maximalistischen Regimekonzepts zeigt sich darin, daß er im Gegensatz zum minimalistischen Regimekonzept steht, welches seinerseits elitentypisch ist und dementsprechend von der Westelite am stärksten unterstützt wird. An diesem Punkt stellt sich die Frage, ob die ordnungspolitische Distanz der Ost- zur Westelite zugleich eine entsprechende Nähe zu bestimmten anderen Statusgruppen beinhaltet. Da sich die Ostelite weitgehend aus der ostdeutschen Intelligenz rekrutiert, wäre zu erwarten, daß sie dieser ideologisch am nächsten steht.

Andererseits ist angesichts der Befunde zu den starken Prägungseffekten, die von der Rollensozialisation in der Elite ausgehen (Putnam 1976; Barton 1984; Rebenstorf 1991; Hoffmann-Lange 1992; Patzelt 1994), anzunehmen, daß sich die Ostelite ordnungspolitisch bereits von der Ostintelligenz entfernt und der Westelite angenähert hat. Zu eruieren ist also, wie weit dieser Prozeß eventuell vorangeschritten ist beziehungsweise wie stark die heutige Sozialisation als Elite bereits die vergangene Sozialisation im Gegeneliten-Reservoir überlagert. In diesem Zusammenhang stellt sich desweiteren die Frage, wie sich die ost- und die westdeutsche Referenzbevölkerung ordnungspolitisch einordnen, denn hiermit wird ein repräsentationstheoretisch relevanter Gesichtspunkt angeschnitten.

Dergestalt haben wir es mit sechs Vergleichsgruppen zu tun: Westelite - Ostelite - Westintelligenz - Ostintelligenz - Westbevölkerung - Ostbevölkerung. Die Relevanz der Elite besteht in ihrer Rolle als zentraler Entscheidungsträger, die der Intelligenz als Reservoir der Gegeneliten (und Eliten) und die der Bevölkerung als der zu repräsentierenden Bürgerschaft. Die Untersuchungsanordnung mit sechs nach Status- und Herkunftsmerkmalen gekreuzten Vergleichsgruppen erlaubt es zu prüfen, ob regimekonzeptuelle Differenzen eher status- oder herkunftsgebunden sind. Größere Ähnlichkeiten der Ostelite mit der Westelite würden dabei *eliten*-typische, solche mit der ostdeutschen Bevölkerung *sozialismus*-typische und solche mit der Intelligenz wiederum *gegeneliten*-typische Prägungen indizieren.

Theoretisch ist damit ein weiterer sehr wesentlicher Aspekt thematisiert, nämlich die Problematik von horizontaler und vertikaler politischer Integration. Ein Mindestmaß an Elitenkonsens (horizontale Integration) ist notwendig, damit die Eliten kooperationsfähig bleiben. Das gilt vor allem für politische Systeme mit stark institutionalisierten Kompromißzwängen und einer daraus resultierenden verhandlungsbetonten Funktionsweise, also etwa für die Bundesrepublik (vgl. Scharpf 1985; Lehmbruch 1987). Ein Mindestmaß an Repräsentation (vertikale Integration) ist unverzichtbar, da sonst die Gefahr besteht, daß sich aus der Gesellschaft heraus Gegeneliten formieren, die das bestehende Regime infrage stellen. Die Notwendigkeit repräsentativer Eliten betrifft insbesondere Demokratien, deren Legitimation sich nahezu ausschließlich auf das Repräsentationsprinzip gründet, was ebenfalls auf die Bundesrepublik zutrifft.

Unter diesen Prämissen verdeutlicht die Indikation horizontaler und vertikaler Integrationsdefizite zumindest potentielle Ansatzpunkte für Effektivitäts- und Legitimitätsdefizite des politischen Systems (vgl. Tab. 1, S. 9). Zwar ist nicht mit Gewißheit zu sagen, ab welchem Punkt innerelitärer Dissens oder Repräsentationsdefizite funktionsstörend oder gar regimegefährdend werden, doch kann bei geeigneter Datenlage zumindest geprüft werden, in welcher der beiden Dimensionen größere Defizite bestehen. Bezogen auf die gesamtdeutsche Situation nach der Vereinigung ist somit zu klären, ob die größeren ordnungspolitischen Gegensätze zwischen Ost und West oder zwischen Eliten, Gegen-eliten-Reservoir (Intelligenz) und Bevölkerung bestehen.

2.1 Regimekonzeptuelle Differenzierung in der Status- und Herkunftsdimension

Die Präferenzverteilung unserer Vergleichsgruppen auf die vier Ordnungsmodelle der Regimekonzept-Skala ist in Tabelle 35 zu erkennen. Um die wechselseitigen Einstellungsdistanzen der sechs Vergleichsgruppen deutlicher vor Augen zu führen, kann man die pro Skalenpunkt auftretenden Prozentdifferenzen zwischen immer zwei Gruppen zu *Euklidischen Distanzen* aufaddieren. Daraus ergibt sich die in Tabelle 36 dargestellte Distanzmatrix. Die zwischen Werten von 0 bis 200 gebundenen Euklidischen Distanzen lassen sich dann als Milimeterabstände auf eine Fläche projizieren, was einen guten optischen Eindruck von den mittleren Einstellungsdistanzen zwischen den Vergleichsgruppen verleiht. Das ist in Abbildung 23 zu erkennen, in der die Lage der Punkte zusätzlich durch ein interpretatives Koordinatenkreuz strukturiert ist.

Tab. 35: Politische Regimepräferenzen von Elite, Intelligenz und Bevölkerung nach Ost/West: Spaltenprozent

Regimepräferenz	Elite		Intelligenz		Bevölkerung	
	West	Ost	West	Ost	West	Ost
maximalistisch	11	43	36	60	31	52
inputorientiert	15	15	14	12	11	6
outputorientiert	18	13	28	23	46	37
minimalistisch	56	29	22	5	12	5
N	*1.994*	*266*	*151*	*96*	*1.815*	*933*
Cramer's V		*.37*		*.28****		*.21****

Ein Blick in Tabelle 36 und Abbildung 23 verrät, daß erstens in beiden Teilgesellschaften Statusdifferenzen und zweitens in allen Statusgruppen Ost-West-Differenzen bestehen. Was die Ost-West-Differenzen angeht, ist zu sehen, daß sie von der Bevölkerung über die Intelligenz zur Elite zunehmen. Und in bezug auf die Statusunterschiede ist festzustellen, daß sie die westdeutsche Gesellschaft stärker differenzieren als die ostdeutsche. Die Aufspreizung in der Vertikalen ist vor allem auf die exponierte Stellung der Westelite zurückzuführen. Um die inhaltliche Fundierung der Herkunfts- und Statusdistanzen zu erkennen, ist wiederum ein Blick in Tabelle 35 erforderlich.

Herkunftsunabhängige Statuseffekte sind in dreifacher Weise zu erkennen: Erstens wird das maximalistische Regimekonzept in beiden Teilgesellschaften am stärksten von der Intelligenz unterstützt, beziehungsweise innerhalb der Intelligenz bildet es das am stärksten befürwortete Modell. Zweitens erhält das minimalistische Regimekonzept in beiden Teilgesellschaften von den Eliten die größte Zustimmung. Drittens findet das outputorientierte Regimekonzept innerhalb der Bevölkerungen den stärksten Rückhalt.

Statusunabhängige Herkunftseffekte treten insofern zu Tage, als innerhalb aller drei Statusgruppen der jeweilige Ostpart das maximalistische Regimekonzept stärker und das minimalistische schwächer befürwortet als der Westpart.

Tab. 36: Distanzmatrix für die Verteilung der sechs Vergleichsgruppen auf der Regimekonzept-Skala: Euklidische Distanzen der Prozentverteilungen

	Ostelite	Westelite	Ostbevöl.	Westbev.	Ostintell.	Westint.
Ostelite	0					
Westelite	63	0				
Ostbevölk.	67	121	0			
Westbevölk.	66	98	40	0		
Ostintellig.	56	109	29	58	0	
Westintellig.	32	71	50	34	50	0

Man kann also sagen, daß die minimalistische Regimepräferenz durch westdeutsche Herkunft und Elitestatus, die maximalistische Regimepräferenz dagegen durch ostdeutsche Herkunft und Intelligenzstatus gefördert wird.

Die herkunftsbedingten Unterschiede sind *sozialisations*theoretisch zu begründen. So läßt sich die vergleichsweise stärkere Präferenz für den Maximalismus in allen drei ostdeutschen Statusgruppen am plausibelsten auf die Internalisierung sozialistischer Werte zurückführen. Diese Werte waren durch eine Betonung der kollektiven Bezüge sowohl hinsichtlich der Input- als auch der Outputstrukturen des politischen Systems gekennzeichnet. Dem entspricht der Fokus auf erweiterte Mitbestimmungsmöglichkeiten und erweiterte staatliche Verantwortung, wie er für die maximalistische Regimepräferenz kennzeichnend ist. Daß sich ein großer Teil der Ostdeutschen dennoch gegen die sozialistische Diktatur gewendet hat, steht dann in keinem Widerspruch zu diesem Befund, wenn man unterstellt, daß die Ostdeutschen zwischen den sozialistischen *Werten* und dem „real existierenden" *Regime* zu unterscheiden wußten. Wie bekannt, war insbesondere der demokratische Gehalt dieser Werte, nämlich die kollektive Mitbestimmung, angesichts der allseits autoritären Entscheidungsstrukturen in sein Gegenteil verkehrt worden. Eine starke Verinnerlichung dieser Werte kann daher gerade zu einer besonders kritischen Haltung gegenüber dem Regime geführt haben.

Die statusbedingten Präferenzunterschiede sind dagegen *nutzen*theoretisch zu begründen. So verleiht die innerhalb beider Teilgesellschaften zu beobachtende stärkere Präferenz der Elite für den Minimalismus der Tatsache Ausdruck, daß die Elite aufgrund ihres privilegierten Status den geringsten Nutzen von direktdemokratischer Mitbestimmung und staatlichen Leistungen hat. Die Intelligenz wiederum hat von staatlichen Leistungen zweifelsohne einen höheren Nutzen als die Elite. Zudem verfügt sie im Vergleich zur Bevölkerung in höherem Maße über die kognitiven Kompetenzen, die zur Nutzung erweiterter demokratischer Partizipationsmöglichkeiten notwendig sind.

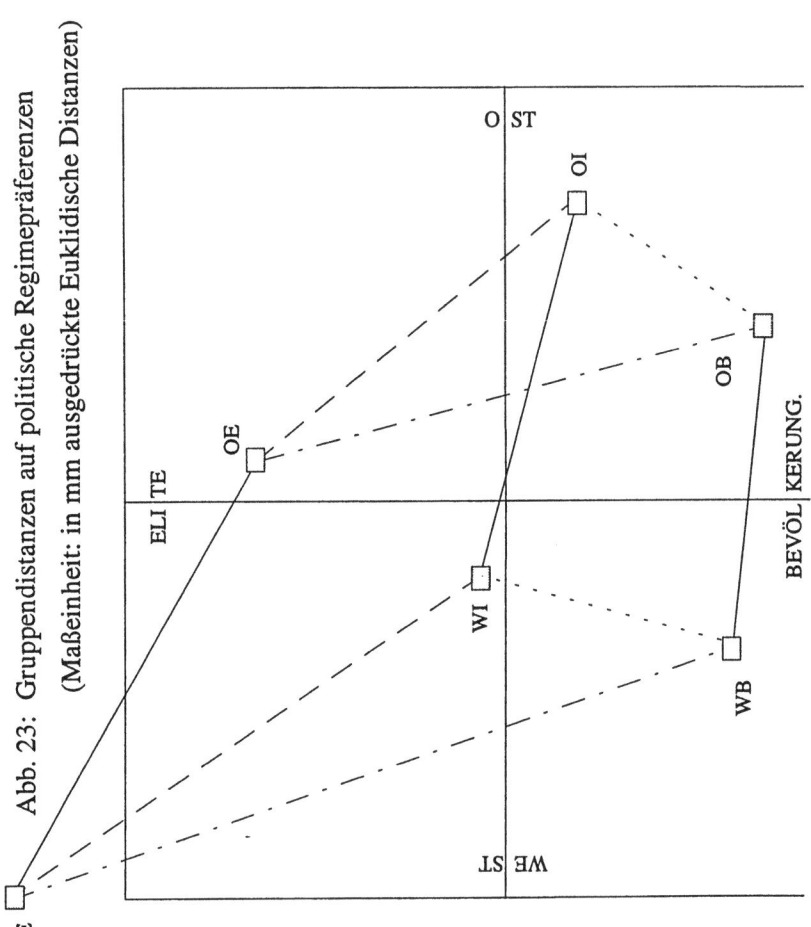

Abb. 23: Gruppendistanzen auf politische Regimepräferenzen (Maßeinheit: in mm ausgedrückte Euklidische Distanzen)

Deshalb ist in der Intelligenz beider Teilgesellschaften die Unterstützung des maximalistischen Regimekonzepts am stärksten. Die Bevölkerung wiederum hat gegenüber der Elite einen höheren Nutzen von staatlichen Leistungen, aber gegenüber der Intelligenz einen geringeren Nutzen von erweiterten demokratischen Mitbestimmungsmöglichkeiten. Die Bevölkerung weist daher eine relativ stärkere Affinität zum outputorientierten Regimekonzept auf.

Aus der Kombination der Herkunfts- und Statusprägungen ergeben sich *Kreuzungseffekte*. So bildet die westdeutsche Elite die stärkste Unterstützungsgruppe des Minimalismus und die ostdeutsche Intelligenz die stärkste des Maximalismus. Die Ostelite steht demgegenüber unter konkurrierenden Einflüssen: Aufgrund ihrer Herkunft bringt sie dem Maximalismus eine deutlich höhere Unterstützung entgegen als die Westelite; wegen ihres Elitestatus ist diese Unterstützung jedoch erheblich geringer als in der Ostintelligenz. Die Ostelite steht somit in Äquidistanz zu Westelite und Ostintelligenz als den beiden Hauptantagonisten. Dergestalt nimmt sie eine integrationspolitisch wichtige Vermittlungsposition ein (vgl. Kaina 1997).

2.2 Ordnungspolitischer Maximalismus im Schnittfeld dreier *cleavage*-Linien

Die Daten der Potsdamer Elitenstudie erlauben es, die relative Stärke der Herkunfts- und Statuseffekte auf die maximalistische Regimepräferenz zu ermitteln. In diesem Zusammenhang ist von besonderem Interesse, wie stark diese Einflüsse im Verhältnis zur Parteisympathie sind. Sollten sie etwa bei Kontrolle nach Parteisympathie sehr klein werden, wäre von einer hohen Integration der Status- und Herkunftsdifferenzen in die parteienbasierte Konfliktstruktur zu sprechen. Genau das haben wir für den Herkunftseffekt innerhalb der Elite feststellen können. Es ist jedoch nicht von vornherein ausgemacht, daß dieser Befund auch für den Statuseffekt gilt. Selbst für den Herkunftseffekt ist dies nicht selbstverständlich, wenn man nicht nur die Elite, sondern auch die Intelligenz und die Bevölkerung in die Analyse miteinbezieht.

Zur Prüfung dieser Vermutungen wurden die Elitenstudie und die Parallelbefragung in der Bevölkerung zu einem Datensatz gepoolt und mit diesem dann Varianzanalysen auf die maximalistische Regimepräferenz berechnet.[71] Tabelle 37 dokumentiert die Analyseresultate.

---

71 Als „Elite" werden alle aus der Elitenbefragung übernommenen Fälle klassifiziert. Als „Intelligenz" werden alle aus der Bevölkerungsumfrage eingeflossenen Personen mit Hochschulabschluß klassifiziert. Als „Bevölkerung" werden alle übrigen Befragten eingestuft. Der gepoolte Datensatz steht natürlich jenseits inferenzstatistischer Annahmen, insbesondere weil die Elite hierin weit überproportional zu ihrem Bevölkerungsanteil vertreten ist. Die Fragestellung dieses Analysedesigns ist allerdings auch nicht inferenzstatistischer, sondern

Tab. 37: Varianzanalysen zum Status-, Herkunfts- und Parteieneffekt auf die maximalistische Regimepräferenz

	Anteil an der erklärten Varianz	bereinigter beta-Koeffizient
abhängige Variable „politischer Maximalismus"		
Modell 1		
Effekte		
Status (Elite-Intelligenz-Bevölkerung)	43%	.21
Herkunft (Ost-West)	27%	.20
Sympathie zu Linksparteien (SPD, B90, PDS oder mehrere davon)	20%	.19
Status* Symp. Linksparteien	10%	
Anteil der erklärten an der Gesamtvarianz (R^2)	17% (.15)	
Modell 2		
Status/Herkunft (WE-WI-WB-OE-OI-OB)	64%	.30
Parteisympathie (alle Parteien)	23%	.21
Status/Herkunft * Parteisympathie	13%	
Anteil der erklärten an der Gesamtvarianz (R^2)	19% (.16)	

Quelle: Kumulierter Datensatz aus Potsdamer Elitenstudie und Parallelbefragung 1995.

---

experimenteller Natur. Das heißt, es geht hier darum, wie sich die Einstellungsunterschiede zwischen den sechs Vergleichsgruppen *unabhängig von ihrer gesellschaftlichen Größenordnung* darstellen. Diese Fragestellung ist theoretisch insofern gerechtfertigt, als Eliten und Intelligenz - ungeachtet ihrer geringen Größenordnung - besonders relevante Statusgruppen darstellen, deren Einstellungen für die Entwicklung einer Gesellschaft überdurchschnittliches Gewicht haben.

Modell 1 zeigt, daß die Stärken der Haupteffekte mit beta-Koeffizienten von .21 für Status, .20 für Herkunft und .19 für die Parteisympathie dicht beisammen liegen, wobei der Statuseffekt allerdings deutlich mehr zur erklärten Varianz beiträgt als die anderen beiden Effekte, nämlich 43 gegenüber 27 und 20 Prozent. Der Statuseffekt hat also den stärksten Einfluß auf die maximalistische Regimepräferenz. Außerdem kann diesmal keine Rede davon sein, daß die Parteisympathie alle anderen Einflüsse auf die maximalistische Regimepräferenz an sich binde. Stattdessen bilden Status, Herkunft und Parteisympathie voneinander unabhängige und in ihrer Kombination additive Einflußgrößen der maximalistischen Regimepräferenz. Bei gesamtgesellschaftlicher

Tab. 38: Über- und unterdurchschnittliches Auftreten der maximalistischen Regimepräferenz in der gesamtdeutschen Gesellschaft: Abweichungen von den Mittelwerten in Prozent

			N	politischer Maximalismus	
				Modell 1	Modell 2
Ø (%)					29
	Status	Elite	2260	-14	
		Intelligenz	247	17	
		Bevölkerung	2748	10	
eta					.27
	Herkunft	West	3960	-7	
		Ost	1295	22	
eta					.26
	Sympath. Zu Linksparteien	nein	3116	-8	
		ja	2139	12	
eta					.23
R^2					.15

wird fortgesetzt ...

Betrachtung erweist sich die ideologische Integrationskraft der Parteisympathien als nicht stark genug, um den Maximalismus-Minimalismus-Gegensatz, über Status- und Herkunftsunterschiede hinweg, auf eine einzige *cleavage-*

Fortsetzung Tab. 38:

			N	politischer Maximalismus	
				Modell 1	Modell 2
Ø (%)				29	
	Status/Herkunft	Westelite	1956		-18
		Westbevölk.	1795		3
		Westintelligenz	150		6
		Ostelite	261		14
		Ostbevölker.	923		23
		Ostintelligenz	95		31
eta					.35
	Parteisympathie	Republikaner	35		
		Union	1767		-9
		FDP	237		-15
		rechtes Spektr.	254		-14
		Zwischenspektr.	748		-4
		linkes Spektr.	301		16
		SPD	866		2
		B90	776		14
		PDS	196		43
eta					.28
R^2					.16

Linie reduzieren zu können. Vielmehr nährt sich der Gegensatz aus drei mindestens teilweise voneinander unabhängigen *cleavage*-Linien, nämlich Elite versus Intelligenz (Status), Ost versus West (Herkunft) und Links versus Rechts (Parteisympathien).

Nichts anderes läßt sich feststellen, wenn man die sechs, aus Herkunft und Status gekreuzten Vergleichsgruppen in einer Skala zusammenfaßt und die Parteisympathie in der vollen Differenzierung ihrer Ausprägungen betrachtet (Modell 2, Tab. 37). Die zu Modell 2 gehörende multiple Klassifikationsanalyse (Tab. 38) zeigt nämlich, wie weit über oder unter dem Durchschnitt die maximalistische Regimepräferenz in den einzelnen Merkmalskategorien liegt, und läßt dadurch die Links-Rechts-, Ost-West- und Elite-Intelligenz-Differenzierung klar erkennen. In der Kombination dieser drei Effekte bilden die mit den Bonner Koalitionsparteien sympathisierenden Angehörigen der westdeutschen Elite und die mit der PDS sympathisierenden Angehörigen der ostdeutschen Intelligenz die Gegenpole auf der regimekonzeptuellen Konfliktachse von Minimalismus versus Maximalismus.

Es bleibt festzuhalten, daß sich die Polarisierung auf dieser Achse mit der Inkorporierung der ostdeutschen Gesellschaft nachhaltig verstärkt hat, weil der maximalistische Extrempol vorher nicht so stark besetzt war. Hierfür ist insbesondere die PDS-nahe Intelligenz verantwortlich, die in der Unterstützung des Maximalismus nochmals deutlich aus dem linken Spektrum herausragt (vgl. Tab. 38). Da die PDS als ostspezifische Partei nicht in das gesamtdeutsche Parteiengefüge integriert ist, kann man sagen, daß sich in ihr eine regional gebundene Gegenelite zur dominierenden westdeutschen Elite manifestiert.

3. *Die PDS-nahe Intelligenz als ostdeutsche Gegenelite*

In modernen (nach)industriellen Gesellschaften formieren sich politische Gegeneliten in Gestalt neuer sozialer Bewegungen, deren sozialstrukturelles Einzugsfeld in erster Linie durch Angehörige der professionellen Intelligenz aus der Humandienstklasse bestimmt ist. In Anbetracht dieses mehrfach erwähnten Befundes wäre die PDS um so mehr als eine moderne gegenelitäre Partei zu betrachten, desto besser es ihr gelingt - neben ihrem elektoralen Standbein in der vergänglichen Schicht früherer DDR-Funktionäre - auch Unterstützung im Bewegungsreservoir zu finden. Eine solche Entwicklung zeichnet sich in der Tat ab: Haben 1991 noch 46 Prozent des ostdeutschen Bewegungsreservoirs (Grundmenge aus Intelligenz und Humandienstklasse) ihre Wahlabsicht für die SPD, 14 Prozent für das Bündnis 90 und nur 12 Prozent für die PDS bekundet, so lagen die Anteile 1994 bei 34 Prozent für die SPD, 20 Prozent für Bündnis 90 und 21 Prozent für die PDS. Im Jahr 1996 liegen die Anteile bei 16 Prozent für die SPD, 26 Prozent für die Bündnisgrünen und 32 Prozent für die PDS, die damit die Bündnisgrünen als natürlichen Konkurrenten um dieses Reservoir bereits deutlich überflügelt (Abb. 24). Dabei ist die Parallelität zur Unterstützung der Bündnisgrünen durch die typischen Bewegungsgruppen in Westdeutschland offenkundig (Abb. 25).

Abb. 24: Entwicklung der Wahlabsicht für die PDS in Ostdeutschland (Prozentanteile): Intelligenz, Humandienstklasse (HDK), Bewegungsreservoir (NSB) und Bevölkerung

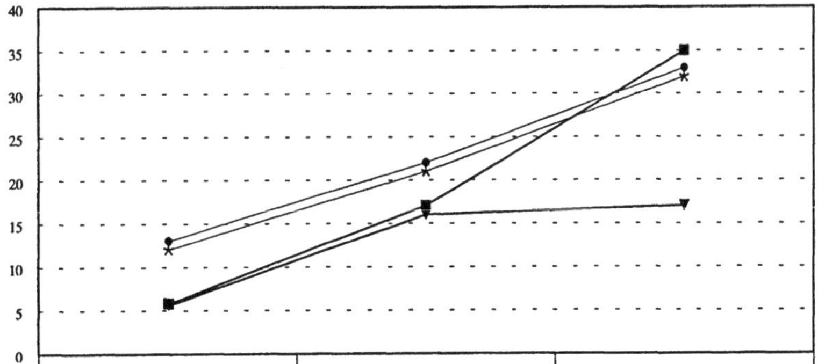

	1991	1994	1996
Intell.	13	22	33
NSB	12	21	32
HDK	5,8	17	35
Bevölk.	5,6	16	17

♦ Intell. ✶ NSB ■ HDK ▼ Bevölk.

Datenbasis: ALLBUS 1991, 1994, 1996.

Beide Parteien finden im jeweiligen Republikteil in etwa gleiche Unterstützung durch bewegungstypische Gruppen und bei beiden öffnet sich eine Schere zwischen der Unterstützung durch diese Gruppen und der Durchschnittsbevölkerung. Diese Parallelität charakterisiert die PDS als das wahlpolitische Grünen-Äquivalent in Ostdeutschland (sic).

Was die Zugehörigkeit zur Humandienstklasse und damit die Bildung der Variable *Bewegungsreservoir* angeht, sind diese Analysen mit den Potsdamer Bevölkerungsdaten nicht durchführbar. Überprüfbar ist allerdings, inwieweit die PDS-Sympathie in Ostdeutschland durch andere bewegungstypische Merkmale in bezug auf Bildungsstatus, politische Wertprioritäten und Regimepräferenzen sowie die Einstellung zu sozialen Bewegungen und Bürgerinitiativen bestimmt wird. Aus der Sicht der Gegenelitenthese ist zu erwarten, daß der *Intelligenzstatus*, die *maximalistische Regimepräferenz*, die *Wert-*

priorität für mehr Bürgereinfluß (gemäß dem Inglehart-Index) und der *Wunsch nach einem größeren Einfluß von sozialen Bewegungen und Bürgerinitiativen* sich auf die primäre Parteisympathie zugunsten der PDS auswirken.

Abb. 25: Entwicklung der Wahlabsicht für die Bündnisgrünen in Westdeutschland (Prozent): Intelligenz, Humandienstklasse (HDK), Bewegungsreservoir (NSB) und Bevölkerung

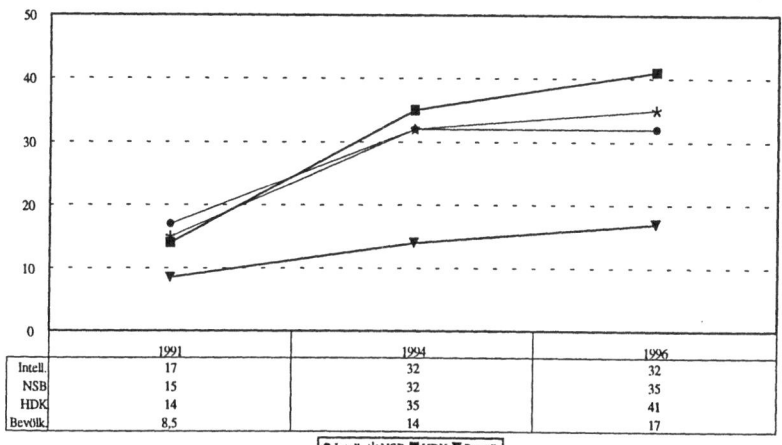

	1991	1994	1996
Intell.	17	32	32
NSB	15	32	35
HDK	14	35	41
Bevölk.	8,5	14	17

[◆ Intell. ✶ NSB ■ HDK ▼ Bevölk.]

Datenbasis: ALLBUS 1991, 1994, 1996.

Die Varianzanalyse und die multiple Klassifikationsanalyse in den Tabellen 39 und 40 bestätigen diese Erwartungen. Der Stärke der beta-Koeffizienten (Tab. 39) zufolge hat die politische Regimepräferenz den stärksten Einfluß auf die PDS-Sympathie, gefolgt vom Status und den politischen Wertprioritäten: Über dem Durchschnitt liegt die Quote der primären PDS-Sympathisanten (Tab. 40) unter den maximalistischen Regimepräferenten um 9, in der Intelligenz um 12, unter den Präferenten von mehr Bürgereinfluß ebenfalls um 9 und unter den Anhängern sozialer Bewegungen und Bürgerinitiativen um 17 Prozent.

Wie aber verhält sich die überdurchschnittliche PDS-Neigung der Ostintelligenz zu der These, die PDS sei die Partei der Vereinigungsverlierer (vgl. Moreau u.a. 1995 und die Diskussion bei Neugebauer/Stöß 1996: 299-306 und Zelle 1997)? Ein Indikator für Deprivationsgefühle, die durch überwiegende Abwärtsmobilität verursacht sein könnten, ist die Frage, ob sich eine

Person aufgrund der vereinigungsbedingten Umbrüche zu den sozialen Absteigern zählt.[72]

Tab. 39: Varianzanalyse zu Status- und Einstellungseffekten auf die primäre PDS-Sympathie (Ostdeutsche 1995)

	abhängige Variable „primäre PDS-Sympathie"	
Effekte	Anteil an der erklärten Varianz[1]	bereinigter beta-Koeffizient
Status (Elite-Intelligenz-Referenzbevölk.)	23%	.17
politische Regimepräferenz (Regimekonzept-Skala)	27%	.20
politische Wertprioritäten (Inglehart-Skala)	8%	.14
mehr Einfluß von SB/BI ?	4%	.08
Status * politische Regimepräferenz	8%	
mehr Einfl. v. SB/BI * politische Wertpriorität	18%	
Anteil der erklärten an der Gesamtvarianz (R^2)	22% (.13)	

[1]   Unter dieser Rubrik ist der Anteil der Quadratsumme der Effekte an der Quadrat-summe der erklärten Varianz ausgewiesen. Da in das Modell Inter-aktionseffekte eingeflossen sind, ergibt sich eine höhere erklärte Varianz als der Wert von R^2 anzeigt. Dies liegt daran, daß in die Berechnung des R^2 in der multiplen Klassifikationsanalyse nur die Haupteffekte eingehen.

In dieser Frage rechnet sich nun in der Tat ein überproportionaler Anteil der Intelligenz zu den sozialen Absteigern, nämlich 36 im Vergleich zu 22 Prozent in der Bevölkerung. Tabelle 41 demonstriert dabei sehr anschaulich den kumulativen Effekt von Intelligenzzugehörigkeit und Abstiegsperzeption:

---

72 Auf die Frage nach der subjektiven Schichteinstufung folgte die Nachfrage: „Hat sich da nach der Wiedervereinigung etwas verändert? Würden Sie sich heute höher einstufen als davor, niedriger oder ist das unverändert?".

Diejenigen, die der Intelligenz angehören und sich zugleich als soziale Absteiger wahrnehmen, sind zu 42 Prozent primäre Sympathisanten der PDS,

Tab. 40: Über- und unterdurchschnittliches Auftreten der primären
PDS-Sympathie bei Ostdeutschen 1995: Abweichungen vom
Mittelwert in Prozent

			primäre PDS-Sympathie
Ø (%)			19
	Status	Ostelite	-6
		Ostintelligenz	12
		Ostbevölkerung	-6
eta			.22
	politische Regime-präferenz	maximalist. RK	9
		inputorient. RK	4
		outputorient. RK	-11
		minimalist. RK	-18
eta			.27
	Wertprioritäten	Bürgereinfluß	9
		Meinungsfreih.	-15
		Ruhe+Ordnung	-3
		Preisstabilität	-14
eta			.22
	mehr Einfluß von SB/BI ?	Ja	17
		Rest	-17
eta			.16
R²			**.13**

wohingegen die Anhängerschaft der PDS in den Teilen der Referenzbevölkerung, die sich nicht als Absteiger betrachten, nur 11 Prozent ausmacht. Die
Abstiegsperzeption erhöht den Anteil der PDS-Anhänger sowohl innerhalb
der Intelligenz als auch innerhalb der Referenzbevölkerung, in der Intelligenz
ist die Steigerung aber noch deutlicher und setzt auf einem höheren Niveau an
PDS-Sympathisanten an.

Tab. 41: Intelligenzeffekt auf die PDS-Sympathie kontrolliert nach
sozialer Abstiegsperzeption: Prozentanteil der PDS-
Sympathisanten in der jeweiligen Kategorie (N)

Alle:			
14,0 (143)			
Referenzbevölkerung:		Intelligenz:	
12 (114)		30 (29)	
Cramer's V: .15**			
kein Abstieg:	Abstieg:	kein Abstieg:	Abstieg:
11 (74)	20 (38)	26 (15)	42 (14)
Cramer's V: .12*		Cramer's V: .17*	

Der Umstand, daß sich in der ostdeutschen Intelligenz ein größerer Anteil
subjektiv Deprivierter findet als in der Bevölkerung, ist jedoch nicht mit der
These vom Statusverlust ehemals privilegierter Gruppen erklärbar (vgl. Ca-
ballero/Klein 1996, die in diesem Zusammenhang vom „Fall der Eliten" sprechen). Hierbei handelt es sich um eine aus der Unkenntnis sozialistischer Regimes geborene Fehldeutung, denn - wie in B/I ausführlich dargelegt - handelte es sich bei der sozialistischen Intelligenz um eine institutionell nachhaltig deprivierte und keineswegs um eine privilegierte Statusgruppe. Aufgrund
der vereinigungsbedingten Westkonkurrenz und der weitreichenden Abwicklung von DDR-Institutionen kamen die Angehörigen der Intelligenz jedoch
nicht so zum Zuge, wie es bei einem Regimewechsel in einer fortbestehenden
DDR zu erwarten gewesen wäre. Insofern haben Teile der DDR-Intelligenz
einen Zyklus von Deprivierung (in der DDR), kurzzeitiger Entdeprivierung
(Regimewechsel vor der Vereinigung) und Redeprivierung (seit der Vereinigung) durchlaufen. Aus diesem Grunde standen größere Teile der Ostintelligenz der Wiedervereinigung skeptisch gegenüber (vgl. die Umfrageergebnis-

se von Mühler/Wilsdorf 1991) und sehen sich heute in ihren gesellschaftspolitischen Wirkungsmöglichkeiten beeinträchtigt. Gesamtdeutsch sind ihren Einflußchancen in der Tat ungleich engere Grenzen gesetzt als das in einer demokratisierten DDR der Fall gewesen wäre.

Sofern dieses Potential - mangels tradierter Bindungen an die marginale DDR-Opposition - den Bündnisgrünen fern steht, wird es vor allem durch die PDS aufgefangen. Ihr gelingt es offenbar mit zunehmenden Erfolg, zugleich intelligenztypische Partizipationsanreize und ostdeutsche Deprivationsempfindungen anzusprechen. Bei fehlender institutioneller Einbindung bleibt der gegenelitäre Impetus partizipativer Ziele für diese Gruppierung nicht minder aktuell wie zu DDR-Zeiten. Aus integrationspolitischer Perspektive wäre daher vor einer allzu harschen politischen Ausgrenzung der PDS zu warnen, zumal sich die Wählerpotentiale strukturell zu verlagern scheinen und entgegen so mancher Prognose alles andere als flüchtig sind. Zu empfehlen wären stattdessen Bemühungen, sie an die demokratischen Normen und Institutionen zu binden. Das ist natürlich nicht in erster Linie das Geschäft der bürgerlichen Parteien. Die Verantwortung liegt hier eher bei der SPD, worum sie freilich niemand beneiden wird.

Zusammenfassende Interpretation der Ergebnisse

> „Je demokratischer die Machtverhältnisse in
> einem System sind, um so ungehemmter kann
> sich die Intelligenz entwickeln, und um so hö-
> her wird ihre Leistung sein. Das Verhältnis der
> Intelligenz zur Politik hängt erstrangig von
> den jeweiligen Machtverhältnissen ab."
> (Belitz-Demiriz/Voigt 1987: 28)

Der thematische Schwerpunkt dieser Studie lag auf der Problematik des demokratischen Elitenwandels in einer ehemals sozialistischen Gesellschaft. Die
Übertragung dieser Problematik auf das ostdeutsche Transformationsbeispiel
ging von der Annahme aus, daß ein demokratischer Elitenwandel - sofern er
aus der Gesellschaft selbst heraus getragen werden sollte - die Existenz eines
schon zu Vor-Wende-Zeiten bestehenden, aber blockierten Reservoirs demokratischer Gegeneliten voraussetze. Aus dieser Annahme resultierte der drei-
geteilte Untersuchungsaufbau der Studie: In Teil A war zu erkunden, welche
gesellschaftlichen Statusmerkmale für demokratische Gegeneliten generell
typisch sind und inwiefern die Nutzenerwartungen, die sich an eine Demokratisierung richten, aus solchen Statusmerkmalen abgeleitet werden können
(generelles Status-Motiv-Muster). Teil B sollte zeigen, in welchem Umfang in
der DDR gesellschaftliche Gruppen entstanden sind, die diesem Status-
Motiv-Muster entsprechen. Teil C untersuchte, inwieweit sich Angehörige der
bundesdeutschen Elite mit DDR-Herkunft aus diesen Gruppen rekrutieren
und deren politische Ordnungspräferenzen teilen.

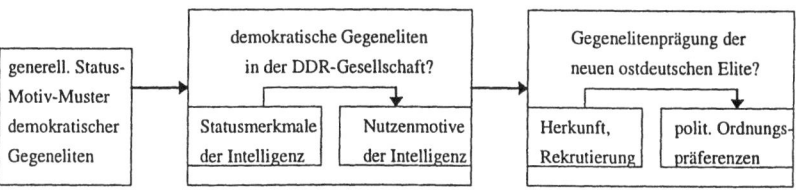

Der vordergründig naheliegende Einwand, der demokratische Elitenwandel in den neuen Bundesländern speise sich gar nicht aus der ostdeutschen
Gesellschaft, sondern aus westdeutschen Personaltransfers, ließ sich schon
angesichts der bisher vorliegenden Studien ausräumen, denn sie zeigen, daß
westdeutsche Personaltransfers sektorspezifisch konzentriert sind und gerade
im politischen Sektor nur einen geringen Umfang besitzen. Dieses Muster

wurde durch die Daten der Potsdamer Elitenstudie bestätigt, so daß die hier formulierten Untersuchungsziele keineswegs von minderer Relevanz für das ostdeutsche Transformationsbeispiel sind. Ganz im Gegenteil binden sie es erst in einen *demokratie-soziologischen Problemkontext* ein. Gerade die Frage, ob sich postsozialistische Eliten aus genuinen Trägerschichten der Demokratie rekrutieren und warum solche Trägerschichten auch unter sozialistischen Bedingungen entstanden sein könnten, ist von der bisherigen Zirkulationsforschung praktisch ignoriert worden. Im folgenden seien die Hauptbefunde dieser Studie nochmals zusammengefaßt (vgl. die Übersicht in Tab. 42).

Befunde von Teil A:
Anknüpfend an die mikrotheoretische Protest- und Mobilisierungsforschung konnte in Kapitel I zunächst gezeigt werden, daß sich Angehörige politischer Gegeneliten in aller Regel durch Statusinkonsistenz auszeichnen. Sie besteht ganz allgemein gesprochen in einer Diskrepanz zwischen Statusbenachteiligungen (relative Deprivation) und hohen Statuserwartungen, die ihrerseits aus einer überdurchschnittlichen kognitiven Kompetenz resultieren. Gegeneliten im Sinne von Protest- und Bewegungsaktivisten sind in ihren Individualmerkmalen also durch eine Schlüsselkombination, nämlich die Verbindung von relativer Deprivation und kognitiver Kompetenz, gekennzeichnet. Mit der Betonung der kognitiven Kompetenz rückt natürlich deren Hauptträgergruppe, namentlich die Intelligenz, als Reservoir politischer Gegeneliten in den Vordergrund. Im Hinblick auf die innere Gefährdung politischer Regimes sind die politischen Regimepräferenzen der Intelligenz somit von herausragender Bedeutung.

Mit Statusinkonsistenz oder relativer Deprivation kann freilich die Intelligenzführerschaft jeder beliebigen politischen Gegenbewegung erklärt werden, gleich ob es sich um die Anführer kommunistischer Revolutionen, nationaler Befreiungskämpfe, die Rädelsführer terroristischer Zirkel oder die führenden Aktivisten von Bürgerrechtsbewegungen handelt. Ohne weitere Spezifikationen sind Statusinkonsistenz und Deprivation also viel zu ungenaue Bedingungen, um bestimmen zu können, wann eine oppositionelle Intelligenz ausgerechnet demokratische Ziele verfolgt.

Diese Unbestimmtheit bietet die entscheidende Anschlußstelle an die Modernisierungstheorie (A/II), weil sie nach den sozialstrukturellen Voraussetzungen dafür fragt, daß sich demokratische Orientierungen in einer Gesellschaft verankern. Im Prinzip, und darin besteht auch Übereinstimmung mit der Postmaterialismustheorie, wird die Verankerung demokratischer Werte als eine Funktion erweiterter Humanressourcen betrachtet. Aus diesem Blickwinkel avancieren ressourcenreiche gesellschaftliche Statusgruppen zu den Trägerschichten demokratischer Orientierungen. Ganz im Unterschied zu

Tab. 42: Zusammenfassende Darstellung der Untersuchungsergebnisse

UNTERSUCHUNGSTEILE						
Teil A			**Teil B**		**Teil C**	
Generelles Status-Motiv-Muster demokrat. Gegeneliten			das soziale Reservoir demokrat. Gegeneliten in der DDR		die neue ostdeutsche Elite: Rekrutierung und Einstellungsübernahme aus dem Reservoir demokrat. Gegeneliten d. DDR	
Statusmerkmale	Kontextbedingungen	Einstellungsmerkmale	Statusmerkmale	Einstellungsmerkmale	Rekrutier.merkmale	Einstellungsmerkmale
ökonom. etablierte + institutionell deprivierte Angehörige einer großen NDK-Intelligenz ⇓ Statusmuster: Inkonsistenz zw. Machstatus (niedrig) u. Kompetenzstatus (hoch)	ökonom. Entwicklg. + Bildg.expansion unter autokrat. Machtstruks. ⇓ Allokationsmuster: Entkopplg. Zw. Machtallokation (exklusiv) u. Kompetenzzallokation (inklusiv)	demokrat. Orientierg. + regime-opposition. Haltung ⇓ individuelle Zielfunktion: Konsistenzherstellg. zw. Macht- u. Kompetenzstatus ⇓ systemare Zielfunktion: Kopplung zw. Macht- u. Kompetenzallok.	DDR-Intelligenz: seit 60ern stark angewachsen, ökonom. etabliert m. überdurchschnittl. Wohlfahrtsanteil + institution. durch Restriktion profession./polit. Handlungsfreiheiten depriviert sozialisiert in kollektivist. Wertesystem + Etablierg. als Staatsdienstklasse	stärkeres regime-oppos. Engagement als Bevölkerg. + stärkere demokrat. Orientierg.en Ausrichtg. demokrat. Orientierg.en stärker partizipativ als libertär Staatsorientierg.en etatistisch partizipativ-etatist. Regimepräferenzen	Herkunft aus struktur. Gegeneliten-Reservoir d. DDR: ideologieneutral qualifiz., jüngere bis mittelalte NDK-Intell. aus mittleren Posinsc.-ebenen m. geringer Involvierg. i. regime-konf. polit. Engagem.	partizipativ-etatisti-sche Regimepräferenz, allerdings schwächer als in Ostintell. (als Resultat d. Statuseffekts d. Elitezugehörigk.) + stärker als in Westelite (als Resultat d. sozialist. Herkunftseffekts)

den mikrotheoretischen Ansätzen interpretiert die Modernisierungstheorie die hierbei wirksamen Mechanismen jedoch nicht als Individual-, sondern als Kontexteffekte. So gelangt ein Individuum nicht deshalb zu demokratischen Orientierungen, weil es als Einzelperson über reichhaltige Ressourcen verfügt, sondern deshalb, weil es sich einer großen Gruppe von Menschen zugehörig weiß, die über ähnliche Ressourcen verfügen (Begründung folgt). Der Fokus auf die Größenordnung ressourcenreicher Gruppen legt natürlicherweise die Analyse von Makrodaten nahe, durch die sich der gesellschaftliche Anteil solcher Gruppen ermitteln läßt. Auf diese Weise kann man den Umfang gesellschafts*immanenter* Demokratisierungspotentiale bestimmen.[73]

Wenig Einigkeit besteht darüber, welche Ressourcen beziehungsweise welche Trägergruppen als besonders demokratierelevant zu betrachten seien. Klassischerweise stellt die Modernisierungstheorie insbesondere auf ökonomische Ressourcen ab, womit automatisch die bürgerliche Mittelschicht beziehungsweise die kommerzielle Dienstklasse als Trägergruppe demokratischer Orientierungen in den Blickpunkt rücken. Da diese Schichten in den sozialistischen Gesellschaften auf vernachlässigbare Reste reduziert wurden, haben Modernisierungstheoretiker die immanenten Demokratisierungspotentiale in diesen Gesellschaften verkannt. Dabei hätte eine Kenntnisnahme der *new class*-Theorie zu durchaus anderen Schlußfolgerungen führen können, weil es nach dieser Theorie gerade die Angehörigen der hoch qualifizierten Dienstleistungsberufe im öffentlichen Sektor sind, die in besonderem Maße demokratische Orientierungen entwickeln.

Darüber hinaus ließ sich in II/2 der Nachweis führen, daß die globale Verbreitung von Demokratien beziehungsweise das Demokratisierungsniveau verschiedener Länder viel unmittelbarer mit dem *kognitiven* als dem ökonomischen Ressourcenreichtum einer Gesellschaft zusammenhängt. Demokratiebegünstigende Effekte des ökonomischen Ressourcenwachstums sind zwar vorhanden, werden aber weitgehend über das Wachstum kognitiver Ressourcen vermittelt. Die kognitiven Ressourcen einer Gesellschaft steigen insbesondere über die Bildungsexpansion und die Professionalisierung der Dienstklasse. Im Zuge ökonomischer und kognitiver Ressourcenexpansion wächst die materiell relativ besser gestellte Dienstklasse-Intelligenz. Um so höher ihr Wohlstandsniveau und um so größer ihr prozentualer Anteil an der Bevölkerung ist, desto größer ist auch der Anteil überzeugter Demokraten (im

---

73 Genau hierauf beschränkt sich mein Erkenntnisanspruch. Wie es zu den experimentellen Ausnahmesituationen kommt, unter denen sich diese Potentiale erst entfalten können, und welchen konkreten Verlauf Demokratisierungsprozesse nehmen, ist hier nicht Gegenstand der Erklärung.

Sinne reiner Postmaterialisten) innerhalb der Intelligenz. Unter den Bedingungen ökonomischer Entwicklung und expandierender Bildung stellt die Intelligenz also *kein in seinen Regimezielen beliebiges, sondern ein demokratisch orientiertes* Mobilisierungsreservoir. Unter autokratischen Machtverhältnissen verknüpfen sich demokratische Orientierungen automatisch mit einer regime-oppositionellen inneren Einstellung. Damit avanciert die Intelligenz zu einem - wenn auch zeitweise blockierten - demokratischen *Gegeneliten*-Reservoir.

Diese Befunde verweisen auf eine Verbundwirkung von ökonomischer Entwicklung und Bildungsexpansion, die als Aspekte der Modernisierung in aller Regel gemeinsam auftreten. Diese Wirkungen lassen sich nutzentheoretisch als ein Status-Motiv-Zusammenhang interpretieren:

1. Ökonomische Entwicklung führt zur sozio-ökonomischen Etablierung der Intelligenz in der oberen Dienstklasse. Sozio-ökonomische Deprivationsmomente treten damit in den Hintergrund. Dafür gewinnen aber politisch-institutionelle Deprivationsmomente an Bedeutung, und diese sind ein Wesensmerkmal autokratischer Machtstrukturen. Die Institutionalisierung professioneller und politischer Handlungsfreiheiten rückt damit ins rationale Interesse der Intelligenz. Im Prinzip läuft das auf eine Liberalisierung und Demokratisierung der Institutionen hinaus. Angesichts ihrer kognitiven Kompetenzvorteile hat die Intelligenz starke selektive Anreize, sich für demokratische Reformen zu engagieren.

2. Bildungsexpansion führt zum Wachstum der Intelligenz und ist mit einem Exklusivitätsverlust verbunden, der antidemokratischen Bestrebungen nach Machtkonzentration abträglich ist, denn konzentrierte Machtverhältnisse versprechen nur exklusiven Statusgruppen einen Nutzen. Wo hier der Schwellenwert des Exklusivitätsverlustes anzusiedeln ist, kann nur schwer ausgemacht werden. Tentativ zeigen unsere Daten aber (Tab. 2, Abb. 5), daß die stark demokratiebegünstigende Zone ab einem Jahrgangsanteil der Besucher höherer Bildungseinrichtungen von etwa 20 bis 24 Prozent beginnt; angesichts ihres Anteils von knapp 34 Prozent hat die DDR diese Zone zur Vor-Wende-Zeit längst erreicht.

Voraussetzung einer prodemokratischen Regimeentfremdung der Intelligenz bleibt gleichwohl, daß sie nicht sozio-ökonomisch, sondern politisch-institutionell depriviert ist. Folglich ist es gerade die Verbindung von sozio-ökonomischer Etabliertheit und politisch-institutioneller Deprivation, die demokratische Reformneigungen erzeugt. Diese Verbindung ergibt sich geradezu zwangsläufig, wenn eine bestimmte Form sozialen Wandels mit einer bestimmten Institutionenstruktur zusammentrifft, konkret: wenn sich autokratische Regimes entwickeln und dabei eine Bildungsexpansion durchlaufen. Tritt diese Konstellation auf, dann bleibt die Machtallokation exklusiv, während kognitive Kompetenzen breiter alloziiert werden, das heißt, es kommt zu einer gesellschaftlichen Entkopplung zwischen Macht- und Kompetenzallokation. Die besondere Ausprägung dieser Entkopplung als die eines Widerspruchs zwischen Machtkonzentration und Kompetenzexpansion schlägt sich auf der individuellen Ebene in Gestalt einer spezifischen Form der Statusinkonsistenz nieder, nämlich der Inkonsistenz zwischen hohem sozioökonomischen Status (Berufs- und Bildungsstatus) einerseits und geringen politisch-institutionellen Entfaltungsmöglichkeiten andererseits (vgl. Abb. 7, S. 63). Das ist die für die Ausprägung demokratischer Reformbestrebungen typische Form der Statusinkonsistenz. Sie ist durch die vier auf S. 44 f. entwickelten Indikatoren empirisch indizierbar. Kausal ist sie einer sich öffnenden Schere zwischen Machtkonzentration und Kompetenzexpansion auf der Systemebene zuzurechnen. Mit der Frage der allokativen Kopplung der Ressourcen „Macht" und „Kompetenz" ist der archimedische Punkt der Stabilität institutioneller Ordnungen berührt.

Befunde von Teil B:

In scharfem Kontrast zu einigen der Thesen Meulemanns (1996) konnte für die DDR-Intelligenz konzise belegt werden, daß sie in allen Belangen dem Status-Motiv-Muster einer demokratischen Gegenelite entsprach (Kapitel I-II):

Erstens war sie zwischen 1961 und 1989 zu einem beachtlichen Größenfaktor, nämlich von 2,2 auf 9 Prozent der Erwerbstätigen (in den urbanen Ballungszentren bis zu 20 Prozent) und damit stärker als in der Bundesrepublik angewachsen. Damit war die Bedingung des Exklusivitätsverlusts erfüllt, zumal nicht nur die Intelligenz im engeren Sinne, sondern überhaupt der Anteil der tertiären Bildungsgruppen angestiegen ist, nämlich auf zuletzt knapp 34 Prozent der relevanten Jahrgänge. Zweitens war die Intelligenz zu 87 Prozent in der oberen Dienstklasse plaziert und somit sozio-ökonomisch etabliert. Drittens war sie jedoch durch manifeste Aufstiegsbarrieren zur Elite sowie durch institutionelle Restriktionen ihrer professionellen und politischen Handlungsfreiheiten nachhaltig depriviert (vgl. B/I/2). Die DDR-Intelligenz war also durch eben jene Kombination von sozio-ökonomischer Etablierung und politisch-institutioneller Deprivation gekennzeichnet, welche eine pro-demokratische Regimeentfremdung fördert.

Schließlich konnte in B/II ebenfalls gezeigt werden, daß die Intelligenz sich im Umbruch politisch stärker engagiert hat und dabei in signifikant höherem Maße an demokratischen Zielen orientiert war als der ostdeutsche Bevölkerungsdurchschnitt. Die sozialistische Industriegesellschaft hat demzufolge

ungewollt eine genuine Trägerschicht der Demokratie in Gestalt der professionellen Dienstklasse-Intelligenz geschaffen. Sie bildete zu sozialistischer
Zeit ein durch staatliche Sanktionsdrohungen eingedämmtes Gegeneliten-
Reservoir, aus dem der demokratische Elitenwandel nach der Wende schöp-
fen konnte. Posthum wird damit Ludz (1970) bestätigt, der bereits gegen Ende der sechziger Jahre die Entstehung einer „institutionalisierten Gegenelite"
in der DDR antizipiert hat. Dabei deutet der Befund, daß sich das Niveau de-
mokratisch-postmaterialistischer Einstellungen in der ostdeutschen Intelligenz
ziemlich treffsicher aus den gleichen Prädiktoren (ökonomische Entwicklung
und Bildungsexpansion) bestimmen ließ wie das der westdeutschen Intelligenz, auf das Wirken „evolutionärer Universalien" in bezug strukturelle und
kulturelle Demokratiebedingungen hin.

Allerdings zeichnet sich die ostdeutsche Intelligenz in ihren Einstellungen
durch einige Besonderheiten aus, die nicht generell intelligenz-typischer, sondern sozialismus-spezifischer Natur sind (vgl. B/II/3). Hinsichtlich ihres Demokratieverständnisses zeigte sich das darin, daß sie im Vergleich zur westdeutschen Intelligenz sehr viel stärker die partizipative als die libertäre Demokratiekomponente unterstützt. Bürgereinfluß als Ausdruck der partizipativen und Meinungsfreiheit als Ausdruck der libertären Komponente stehen bei
der ostdeutschen Intelligenz nicht in einem gleichberechtigten, sondern in einem hierarchischen Verhältnis: Meinungsfreiheit gilt zwar als zentrale Voraussetzung von Bürgereinfluß; letztlich ist Bürgereinfluß aber das entscheidende Ziel. Das impliziert, daß in dem Moment, wenn der Bürgereinfluß als
zu gering wahrgenommen wird, die Meinungsfreiheit an Wertschätzung ver-
liert. Mit anderen Worten, Meinungsfreiheit wird nicht unabhängig von dem
Beitrag bewertet, den sie zu stärkerem Bürgereinfluß leistet.

Vergleichbare Unterschiede zur westdeutschen Intelligenz waren auch in
punkto sozialstaatlicher Orientierungen festzustellen, die in der ostdeutschen
Intelligenz ebenfalls ungleich stärker verankert sind. Während sie sich hierin
aber *nicht* von der ostdeutschen Bevölkerung unterscheidet, tut sie dies sehr
wohl in der Stärke, mit der sie hinter den partizipativen Demokratievorstellungen steht. Folglich ist die sozialstaatliche Orientierung als ein allgemein
sozialismus-typischer Effekt zu kennzeichnen, der unabhängig von Statusdifferenzen in der ostdeutschen Gesellschaft existiert, wohingegen die partizipative Orientierung ein nur zum Teil sozialismus-typischer Effekt ist, der zum
anderen Teil durch die Intelligenzzugehörigkeit erklärt wird. Immerhin weist
auch die westdeutsche Intelligenz stärkere partizipative Prägungen als ihre
Referenzbevölkerung auf.

Insgesamt zeichnet sich die ostdeutsche Intelligenz durch dominant partizipativ-etatistische Ordnungspräferenzen aus. Man kann von daher annehmen,

daß sich die Entfremdung der Intelligenz gegenüber dem „Realsozialismus" viel stärker gegen die mangelnden demokratischen Mitbestimmungsmöglichkeiten als gegen den Umfang der staatlichen Aufgabenverantwortung gerichtet hat. Demokratie und Sozialismus bilden innerhalb dieses Einstellungsmusters keine Gegensätze, weil sozialistische Prinzipien allein auf den staatlichen Aufgabenumfang (Output), nicht jedoch auf die Möglichkeiten der demokratischen Mitgestaltung dieser Aufgaben (Input) bezogen wird (vgl. Westle 1994).

Befunde von Teil C:
Teil C hat zunächst gezeigt, daß sich die ostdeutsche Elite tatsächlich weitestgehend aus dem demokratischen Gegeneliten-Reservoir der DDR-Gesellschaft rekrutiert (Kapitel I). Gegenüber der DDR-Zeit hat damit eine Verlagerung und keine Reproduktion der sozialen Rekrutierungsbasis der Eliten stattgefunden. Das alternative und institutionell blockierte Elitenreservoir schält sich dabei klar heraus: Es ist bestimmt durch die ideologieneutral qualifizierte, in der DDR vorrangig im Wissenschafts- und Humandienstleistungssektor und dort auf professionellen und unteren subelitären Positionen plazierte, aber parteipolitisch marginalisierte Intelligenz der Nachkriegsgenerationen (vgl. Kap. I/1). Dieses Reservoir ist weitgehend identisch mit dem typischen sozialstrukturellen Einzugsfeld neuer sozialer Bewegungen. Das zeigt, daß bei mobilisierungsintensiven demokratischen Regimewechseln in entwickelten Gesellschaften vor allem Angehörige des Bewegungsreservoirs politisch aktiv werden. Freilich ist zu erwarten, daß dieses Spezifikum der Ostelite einen umbruchsbedingten Übergangseffekt darstellt.

Die Nähe der Ostelite zu sozialen Bewegungen ist auch darin zu erkennen, daß ihre Angehörigen vor der Wende zu immerhin einem Viertel, wenngleich damit nicht mehrheitlich in der oppositionellen Bürgerbewegung aktiv waren. Letzteres war aber auch nicht zu erwarten in einem autokratischen Regime, das der Mobilisierung politischen Dissenses erhebliche Repressionsdrohungen entgegensetzte. Erst als mit der Preisgabe der Breshnew-Doktrin seitens der sowjetischen Parteiführung und der schweren Erkrankung Honeckers im Spätsommer 1989 erste Zweifel an der Handlungsfähigkeit der SED-Führung manifest wurden, kam es zu einer - dann allerdings spontanen und massiven - Mobilisierung des alternativen Elitenreservoirs.

Darüber hinaus kommen die Charakteristika sozialer Bewegungseliten auch in den progressiveren politischen Einstellungen der ostdeutschen Elite zum Ausdruck. Hinsichtlich ihrer persönlichen Handlungsmaßstäbe ist die ostdeutsche Elite an einem engagementbetonten Idealismus orientiert, während in der Westelite die traditionellen Pflicht- und Akzeptanzwerte noch ein größeres Gewicht haben. Hinsichtlich ihrer politischen Regimepräferenzen bevorzugt die Ostelite ein partizipatives oder „eliten-lenkendes" Demokratiemodell, wohingegen die Westelite das „eliten-gelenkte" und somit eher autoritäre Demokratiemodell traditioneller Prägung bevorzugt. Und in bezug auf die Outputpräferenzen ist die Ostelite an sozial-ökologisch ausgerichteten Staatsaktivitäten orientiert, während die Westelite eine Ausrichtung an neo-liberalen Zielen unterstützt.

Als bester Indikator für die politischen Einstellungsspezifika der Ostelite und damit auch für bestehende Ost-West-Differenzen erwies sich das maximalistische Regimekonzept, das von einer relativen Mehrheit der ostdeutschen Elite unterstützt wird (vgl. II/1). Darin kommt die Verbindung von einerseits stark partizipativen und andererseits stark etatistischen Ordnungspräferenzen zum Ausdruck. Diese Regimekonzeption darf schon deshalb als gegeneliten-typisch angesehen werden, weil sie im Widerspruch zum dem steht, was Eliten in westlichen Gesellschaften normalerweise auszeichnet, nämlich eine relativ zu anderen Statusgruppen geringere Unterstützung für direktdemokratische Mitbestimmungsmöglichkeiten und staatliche Leistungen. Entsprechend findet das minimalistische Gegenkonzept zum Maximalismus, das genau diese Präferenzen beinhaltet, auch die Unterstützung einer absoluten Mehrheit der westdeutschen Elite. Zwischen West- und Ostelite besteht also ein regimekonzeptueller Maximalismus-Minimalismus-Gegensatz.

Der Maximalismus-Minimalismus-Gegensatz berührt nicht nur periphere Meinungsverschiedenheiten, sondern Unterschiede in ordnungspolitischen Grundsatzfragen, die für die institutionelle Entwicklung des politischen Systems der Bundesrepublik von konstitutiver Bedeutung sind. Das ist daran zu erkennen, daß die „Maximalisten" im allgemeinen sowie die ostdeutschen Maximalisten im besonderen einen erhöhten Reformbedarf des politischen Systems wahrnehmen. Dabei ist die regimekonzeptuelle Polarisierung der beiden Teileliten zum Teil durch die andersartige sozialstrukturelle Zusammensetzung der Ostelite bedingt; sie besteht anderteils aber auch unabhängig von generationalen, sektoralen und qualifikatorischen Kompositionsmerkmalen, wenngleich die Polarisierung weitgehend an die parteienbasierte Konfliktstruktur gebunden ist. Eine solche Bindung besteht insofern, als die Sympathisanten linker Parteien den Maximalismus überdurchschnittlich stark unterstützen und die Ostelite überwiegend Sympathien für die Parteien des linken Spektrums zeigt. Allerdings enthält das neue gesamtdeutsche Parteiengefüge seinerseits ein desintegratives Element in Gestalt der PDS. Unter ihren Anhängern ragt die Unterstützung des maximalistischen Regimekonzepts nochmals deutlich aus dem ohnehin höheren Durchschnitt der linken Parteien heraus. Im geo-politischen Sinne desintegrierend wirkt das insofern, als die

PDS de facto eine regional gebundene Partei des Ostens ist und damit das „Beitrittsgebiet" zum Träger eines Konfliktpols erhebt. Die dadurch bedingte wechselseitige Überlagerung des Zentrum-Peripherie- mit dem Links-Rechts-Konflikt verstärkt die ordnungspolitische Polarisierung zwischen den Idealen des Minimalismus und des Maximalismus.

Im gesamtgesellschaftlichen Vergleich, das heißt unter Einbeziehung der Bevölkerung und der Intelligenz, wird deutlich (vgl. II/2), daß der ordnungspolitische Maximalismus-Minimalismus-Gegensatz zunächst durch zwei voneinander unabhängige *cleavage*-Linien getragen wird: der Herkunft (Ost versus West) und dem Status (Elite, Intelligenz, Bevölkerung). Dabei wird Maximalismus durch Intelligenzstatus und Ostherkunft, und Minimalismus durch Elitestatus und Westherkunft unterstützt. Damit bilden die westdeutsche Elite und die ostdeutsche Intelligenz ordnungspolitische Antipoden. Die ostdeutsche Elite steht dagegen unter konkurrierenden Einflüssen: durch ihre ostdeutsche Herkunft unterstützt sie das maximalistische Regimekonzept erheblich stärker als die westdeutsche Elite; aufgrund ihres Elitestatus unterstützt sie es aber auch beträchtlich schwächer als die ostdeutsche Intelligenz. Die Ostelite steht folglich in Äquidistanz zu Westelite und Ostintelligenz und nimmt auf diese Weise eine strategisch zentrale Vermittlungsposition ein.

Vor diesem Hintergrund sind die Statuseffekte auf die Regimepräferenzen nutzentheoretisch begründet: Die starke Unterstützung des Minimalismus (begrenzte Demokratie, reduzierte Staatsaufgaben) durch die Elite verleiht der Tatsache Ausdruck, daß die Elite aufgrund ihres privilegierten Status den geringsten Nutzen von demokratischer Massenpartizipation und staatlichen Leistungen hat. Dagegen hat die Bevölkerung gegenüber der Elite einen höheren Nutzen von staatlichen Leistungen. Zugleich hat sie gegenüber der Intelligenz einen geringeren Nutzen von erweiterten demokratischen Mitbestimmungsmöglichkeiten, weil sie nicht in dem Maße über die kognitiven Kompetenzen verfügt, die zur Wahrnehmung solcher Möglichkeiten erforderlich sind. Die Bevölkerung weist daher zum größten Teil eine outputorientierte Regimepräferenz auf (begrenzte Demokratie, umfangreiche Staatsaufgaben). Die Intelligenz wiederum hat angesichts ihres Kompetenzvorsprungs gegenüber der Bevölkerung einen höheren Nutzen von demokratischen Mitbestimmungsmöglichkeiten. Gleichzeitig hat sie von staatlichen Leistungen einen immer noch höheren Nutzen als die privilegierte Elite. Deshalb ist in der Intelligenz beider Teilgesellschaften die Unterstützung des maximalistischen Regimekonzepts am stärksten (extensive Demokratie, umfangreiche Staatsaufgaben).

Die Herkunftseffekte auf die Regimepräferenzen sind dagegen nicht nutzen-, sondern sozialisationstheoretisch zu erklären. Die ostdeutsche Herkunft fördert die maximalistische Regimepräferenz vor allem deshalb, weil die östlichen Regimes ein kollektivistisches Gesellschaftsmodell vertreten haben. Durch dieses Modell wurden die Werte der umfassenden staatlichen Verantwortlichkeit für kollektive Risiken und der umfassenden demokratischen Mitbestimmung an öffentlichen Angelegenheiten sozialisiert. Damit soll keineswegs gesagt werden, daß die „realsozialistischen" Regimes die von ihnen propagierten Werte auch verwirklicht hätten. Dies haben sie nur im Bereich der staatlichen Aufgabenverantwortung erreicht, wohingegen die Verknüpfung des staatlichen Aufgabenumfangs mit einer konsequent autokratischen Machtstruktur den Implikationen demokratischer Mitbestimmung diametral zuwiderlief. Daß dies von weiten Teilen der Gesellschaft auch so gesehen wurde, läßt sich zumindest rückschließend aus all den Umfrageanalysen ableiten, die zeigen, daß die zentralen Kernelemente des sog. „westlichen" Demokratieverständnisses auch im Bewußtsein der Bevölkerungen ehemals sozialistischer Länder fest verankert sind (für alle osteuropäischen Länder inklusive Ostdeutschlands: Klingemann 1997). Hauptquelle der Regimedelegitimierung war insofern nicht die *etatistische*, sondern die *autokratische* Strukturkomponente des „Realsozialismus".

Im Vergleich zur isolierten Perspektive auf die Elite zeigt sich bei gesamtgesellschaftlicher Betrachtung, daß die ordnungspolitischen Präferenzunterschiede relativ schwach an die parteienbasierte Differenzierung gebunden sind. Die Differenzierung der Parteianhängerschaften bildet lediglich eine zusätzlich zu Herkunft und Status bestehende Dimension, in der sich der Minimalismus-Maximalismus-Gegensatz ausrichtet. Er reduziert sich demnach nicht auf eine, sondern wird aus drei *cleavage*-Linien genährt, nämlich Intelligenz versus Elite, Ost versus West, und Links versus Rechts (wobei allerdings der statusgebundenen Differenzierung die statistisch größere Relevanz zukommt). In ihrer kumulativen Wirkung führen die *cleavage*-Linien dazu, daß die den Bonner Koalitionsparteien nahe stehenden Teile der westdeutschen Elite und die der PDS nahe stehenden Teile der ostdeutschen Intelligenz die Extrempole in der ordnungspolitischen Konfliktdimension besetzen. Mit der Inkorporierung der ostdeutschen Gesellschaft hat sich die Polarisierung auf dieser Achse verstärkt, weil der linke Extrempol vorher nicht so stark besetzt war wie seit Etablierung der PDS. Dergestalt bildet die PDS-nahe Intelligenz eine geo-politisch desintegrierend wirkende Gegenelite im bundesrepublikanischen politischen System.

Weiterführende Thesen:
Die vorliegende Studie beinhaltet einige theoretische Implikationen, die für das Verständnis der postsozialistischen Demokratisierungsprozesse und die

weitere Forschung anregend sein könnten. Diese Implikationen seien abschließend in 4 Thesen zusammengefaßt:

1. Aus der allokationstheoretischen Perspektive auf Humanressourcen ist die gesellschaftliche Verankerung demokratischer Orientierungen eine Funktion der *Expansion* von Humankapital. Dabei handelt es sich jedoch weniger um Effekte der individuellen Kapitalausstattung, sondern um Kontexteffekte der gesellschaftlichen Größenordnung kapitalreicher Gruppen. Gerade der Größenfaktor verweist auf gesellschaftliche Makroprozesse, die sich der ausschließlichen Analyse von Individualdaten entziehen und deshalb eine Mehr-Ebenen-Perspektive unter Einschluß von Aggregatdaten erfordern.

2. Es hat sich gezeigt, daß ökonomisches insbesondere in Verbindung mit kognitivem Humankapital für die Ausprägung demokratischer Orientierungen eine zentrale Rolle spielt. Bei der Suche nach gesellschaftlichen Trägerschichten demokratischer Reformprojekte sollte daher besonderes Augenmerk auf die Intelligenz und dabei insbesondere auf ihre Größenordnung sowie ihre sozio-ökonomische und politisch-institutionelle Stellung gelegt werden. Hierzu wurden unter B/II/1.3 geeignete Indikatoren entwickelt.

3. Die Expansion des Humankapitals ist in ihrer Wirkung universell: Sie verleiht demokratischen Regimes eine ebenso stabile kulturelle Grundlage wie sie autokratischen Regimes die ihrige entzieht. Im Zuge der Modernisierung einsetzende Prozesse der Humankapitalbildung waren auch in den entwickelteren sozialistischen Gesellschaften des mitteleuropäischen Bogens (sowie auch in Slowenien und mit einigen Abstrichen in den baltischen Ländern) zu beobachten. Sie haben zur Ausdifferenzierung genuiner Trägerschichten für demokratische Reformprojekte geführt. Der Umbruch in der DDR wurde von diesen Schichten getragen und war zweifelsohne eine demokratische Revolution. Die ostdeutsche Gesellschaft der 90er Jahre verfügt über gefestigtere kulturelle Grundlagen der Demokratie als die westdeutsche der 50er Jahre, der damals noch das Signum der „Schönwetterdemokratie" anhaftete. War die Ausbildung demokratischer Orientierungen in der westdeutschen Gesellschaft die Folge einer längeren Sozialisation unter demokratischen Bedingungen, so war sie in Ostdeutschland die Voraussetzung des Aufbruchs gegen das autokratische Regime.

4. Die Ausdifferenzierung gesellschaftlicher Trägerschichten der Demokratie verlief in den sozialistischen Gesellschaften aber insofern spezifisch, als sie sich ausschließlich in der öffentlichen Staatsdienstklasse und unter der offiziellen Kultur eines kollektivistischen Gesellschaftsmodells vollzog.

Beides hat seine Spuren in den politischen Regimepräferenzen hinterlassen, indem ihnen eine partizipativ-etatistische Prägung verliehen wurde. Diese Prägung, die einem im weitesten Sinne sozial-demokratischen Ordnungsverständnis gleichkommt, gab es natürlich auch in der westdeutschen Gesellschaft. Mit der Inkorporierung der neuen Bundesländer haben sich aus westdeutscher Sicht aber die Gewichte deutlich zugunsten dieses Ordnungsverständnisses verlagert.

GLOSSAR

Autokratien (→ Demokratien): Alle politischen Regimes, die nur eines oder keines der beiden Kernmerkmale von (→) Demokratien aufweisen, werden in der vorliegenden Studie als Autokratien gekennzeichnet. Die sozialistischen Regimes gehören nach den unten beschriebenen Demokratiekriterien eindeutig zur Kategorie der Autokratien.

Demokratien (→ Autokratien): Für demokratische Regimes hat sich die *polyarchie*-Definition Dahls weitgehend durchsetzen können. Nach Dahl (1973) bestehen zwei Kernprinzipien, die gleichzeitig realisiert sein müssen, um von einer Demokratie sprechen zu können. Das eine ist die *competitiveness*, womit gemeint ist, daß politische Unterstützung aus der Bevölkerung in einem freien und formal chancengleichen Wettbewerb zwischen autonomen politischen Organisationen generiert wird. Das zweite Prinzip besteht darin, daß von den regelmäßigen Wettbewerbsentscheidungen in Wahlen möglichst geringe Teile der Bevölkerung ausgeschlossen sind. Dahl bezeichnet letzteres als das Prinzip der *inclusiveness*. Diese Minimalkriterien sind erfüllt, sofern die Freiheit der politischen Assoziierung gewährleistet ist und die legislativen Kompetenzen bei einer Volksvertretung liegen, die aus allgemeinen und freien Wahlen hervorgeht. Wenn im folgenden von demokratischen Regimes oder Demokratien die Rede ist, sind Regimes mit diesen formalen Mindestkriterien gemeint.

Von *Demokratisierung* soll die Rede sein, wenn in einem Regime die Mindeststandards einer Demokratie eingerichtet werden. Es wird jedoch nicht impliziert, daß Demokratisierung bei diesen Mindeststandards stehenbleiben muß. Stattdessen wird jede weitergehende *Institutionalisierung von Selbst- und Mitbestimmungsrechten* ebenfalls als Demokratisierung bezeichnet (Fortschreibung des Demokratieprinzips).

demokratische Orientierungen: Politische Einstellung, nach der demokratische Machtstrukturen autokratischen Machtstrukturen vorzuziehen sind (demokratische Regimepräferenz) und nach der die demokratischen Werte der Selbst- und Mitbestimmung gegenüber jenen der materiellen und physischen Existenzsicherung ein größeres Gewicht haben (Postmaterialismus).

Eliten (→ Subeliten, Gegeneliten): Den Prämissen des *Positionsansatzes* gemäß wird hier unter der Elite einer beliebigen Gesellschaft die Menge der Personen verstanden, die als Träger von kollektiv verbindlichen Entscheidungen fungieren (vgl. Zapf 1966; Meyer 1991; Hoffmann-Lange 1992; Schneider 1994). Mit Burton/Higley (1989: 18) können Eliten somit definiert werden als *„top position-holders in the largest or most resourcerich political, governmental, economic, military, professional, communications, and cultural organizations in a society.“*

Fachsektoren: Hinsichtlich des Begriffs der Fachsektoren lehne ich mich an Endruweit (1987) an. Für sozialistische Regimes ist dabei zu differenzieren zwischen *politischen Sektoren*, die über die ideologische Richtlinienkompetenz verfügen und mit politischen Kontroll- und Mobilisierungsfunktionen ausgestattet sind (Parteiapparate, Apparate der Massenorganisationen, politische Staatsorgane), und *Fachsektoren*, die unter Maßgabe der ihnen gesetzten Richtlinien entweder die Funktionsabläufe der Gesellschaft sichern (*technokratische* Fachsektoren: nachgeordnete Verwaltung, Wirtschaft, Justiz, Sicherheitsorgane) oder bestimmte Kollektivgüter „höherer Ordnung“ bereit stellen (*kulturelle* Fachsektoren: Bildung, Wissenschaft, Kunst, Humandienstleitungen).

Gegeneliten/Gegeneliten-Reservoir/blockierte Gegeneliten (→ Eliten, Subeliten): Gruppen, die in Opposition zu den etablierten Eliten oder auch zum Regime agieren, sind *aktive* Gegeneliten. Sie gehören definitionsgemäß nicht zur Elite, doch können ihr auch Subeliten angehören. Die gesellschaftlichen Gruppen, aus denen sich aktive Gegeneliten verstärkt rekrutieren, werden als Gegeneliten-Reservoir bezeichnet. Gruppen, die eine oppositionelle Haltung zu den etablierten Eliten oder zum Regime besitzen, aber durch institutionelle Barrieren und Sanktionsdrohungen an oppositionellem Engagement gehindert werden, sind *blockierte* Gegeneliten.

Humandienstklasse (→ obere Dienstklasse; non-kommerzielle Dienstklasse; neue Dienstklasse): Angehörige von pädagogischen, heilenden und sozialfürsorgerischen Berufen. In Marktwirtschaften besteht eine große Schnittmenge zur non-kommerziellen Dienstklasse, da Angehörige der Humandienstklasse zumeist in *non-profit* Bereichen des staatlichen und des „dritten“ Sektors tätig sind. Dies muß aber nicht so sein, wie beispielsweise bei freien niedergelassenen Ärzten. In sozialistischen Wirtschaften dagegen gehört praktisch die gesamte Dienstklasse zur non-kommerziellen Dienstklasse, so daß die Humandienstklasse dort nur eine Teilmenge der non-kommerziellen Dienstklasse bildet. Unabhängig vom Wirtschaftssystem zählen Humandienstklasse-Angehörige, die eine professionelle oder leitende Tätigkeit ausüben, zur oberen Dienstklasse. Sie bilden darüber hinaus auch eine Teilmenge der neuen Dienstklasse.

(wissenschaftliche) Intelligenz: Bei den vielfältigen Versuchen, den Begriff der Intelligenz zu definieren (vgl. Geiger 1949; Gouldner 1980, Lipset

1991; Sterbling 1993) bestehen häufig Überschneidungen mit den Begriffen „Intellektuelle" oder „Akademiker". Die empirisch am leichtesten handhabbare und deshalb auch hier zugrundegelegte Definition ist die der Absolventen eines Hochschulstudiums. Insofern besteht Übereinstimmung mit dem Begriff der Akademiker. Dennoch habe ich mich für den Begriff der Intelligenz entschieden, weil er über die Tatsache einer wissenschaftlichen Qualifikation hinausgehend auch auf die gesellschaftliche Bedeutung der Intelligenz abstellt, indem er sie als die gesellschaftliche Schicht ausweist, in der die kognitiven Kompetenzen konzentriert sind. Vom Begriff der 'Intellektuellen' habe ich abgesehen, weil er eine gesellschaftskritische Funktion impliziert (Lepsius 1990), die hier nicht als notwendiges Definitionskriterium miteinfließen soll. Hiervon klar zu unterscheiden ist die offizielle Definition der Intelligenz als einer sozialen Gruppe durch die sozialistischen Länder. Diese Definition findet hier keine Anwendung, da sie nicht nur Hochschulabsolventen umfaßte.

komparative Plazierungschancen: Angesichts der Knappheit von Elitepositionen sind die durchschnittlichen individuellen Plazierungschancen in der Elite stets sehr gering. Die Zugehörigkeit zu bestimmten gesellschaftlichen Gruppen kann diese geringen Plazierungschancen aber um ein vielfaches steigern oder verringern. Der Begriff der komparativen Plazierungs- oder Aufstiegschancen stellt auf diese gruppengebundenen Differenzen ab.

neue Dienstklasse/*new class* (→Humandienstklasse, non-kommerzielle Dienstklasse, obere Dienstklasse): Die neue Dienstklasse besteht aus Dienstleistungsberufen, die im Zuge der Tertiärisierung sowie der Bildungsexpansion und des Wachstums des öffentlichen und „dritten" Sektors (letztere bilden die non-kommerzielle Dienstklasse) anwachsen. Es handelt sich insofern um alle *hochqualifizierten* Dienstleistungsberufe, die das typische Etablierungsfeld der Intelligenz bilden (oder bilden sollten). Sie umfassen ein größeres Spektrum als die non-kommerzielle Dienstklasse, weil zu ihnen auch moderne Managementberufe in kommerziellen Bereichen gehören. Sie umfassen auch ein größeres Spektrum als die Humandienstklasse, weil sie nicht nur humanitäre, sondern beispielsweise auch wissenschaftliche Dienstleistungen umfassen. Humandienstklasse und non-kommerzielle Dienstklasse bilden gleichwohl starke Schwerpunkte der neuen Dienstklasse.

non-kommerzielle Dienstklasse (→ Humandienstklasse; obere Dienstklasse; neue Dienstklasse): Angehörige von Dienstleistungsberufen, die in *non profit*-Bereichen des staatlichen und des „dritten" Sektors tätig sind. In sozialistischen Regimes gehörte hierzu praktisch die gesamte Dienstklas-

se, da es nur einen kleinen Prozentsatz kommerziell tätiger Handwerks-
und Gastronomiebetriebe gab.

obere Dienstklasse (→ Humandienstklasse; non-kommerzielle Dienstklasse):
Der Begriff „Dienstklasse" geht ursprünglich auf Renner (1953) zurück.
Empirisch versteht die heutige Soziologie unter der Dienstklasse alle Angehörigen von Dienstleistungsberufen. Die obere Dienstklasse umfaßt dagegen nur die Inhaber von a) hoch qualifizierten und weitgehend selbstän-
dig auszuführenden Tätigkeiten, die aber keine Führungsposition bedingen, sowie b) von leitenden Tätigkeiten mit Organisations- und Personal-
kontrolle (Goldthorpe 1980). Gruppe a) ist mit den (→) Professionen *im
engeren Sinne* gleichzusetzen, während Gruppe b), die sich allgemein als
Führungspersonal beschreiben läßt, mit (→) Subeliten identisch ist (Herz
1990).

Professionen/Professionelle/*professionals* (→ obere Dienstklasse): Unter Professionen werden berufliche Tätigkeiten verstanden, deren Schwierig-
keitsgrad im allgemeinen ein Hochschulstudium erfordert. Als Professionelle oder *professionals* sollen die Inhaber dieser Berufspositionen verstanden werden. Professionelle sind Bestandteil der oberen Dienstklasse.

Regimewechsel/Regimetransition: Diese beiden synonymen Begriffe beziehen sich auf nationale politische Systeme und deren institutionelle Veränderung. Institutionelle Transformationsprozesse erfolgen entweder kontinuierlich im Rahmen der bestehenden Ordnung oder aber einschnittartig
unter deren Aufhebung. Im ersten Fall handelt es sich um einen Regime-
wandel, im zweiten um einen Regime*wechsel*, der von
O'Donnell/Schmitter (1986) auch als das zwischen zwei unterschiedlichen
Regimeformationen liegende Intervall definiert wird. Insofern stellen Regimewechsel eine historisch-institutionelle Wasserscheide dar, die zwischen einem Vor- und einem Nach-Wende-Regime trennt.

Subeliten (→ Eliten, Gegeneliten): Unter Subeliten seien alle Inhaber von
Leitungspositionen verstanden, die unterhalb der Elite angesiedelt sind.
Die Subelite ist eine Teilmenge der (→) oberen Dienstklasse. Dabei lassen sich nochmals eine *untere* und eine *obere* Subelite unterscheiden. Die
untere Subelite umfaßt Leitungspositionen innerhalb von Organisationen,
die obere Subelite dagegen Leitungspositionen an der Spitze von Organisationen.

Quellen- und Literaturverzeichnis

A. Quellen

1. Archivalien[1]

Protokolle der Kaderkommission der SED-Bezirksleitung Potsdam, 1987-1989 (Repositur 530, Nr. 441-443, Bdl. 29/30).

Kaderanalyse für die Betriebe des Bauwesens des SED-Bezirks Potsdam, 1988/89 (Repositur 530, Nr. 521, Bdl. 34).

Kaderanalysen aus den Kreisen des Bezirks Potsdam, 1988/89 (Repositur 530, Nr. 523, Bdl. 34).

Kaderarbeit der FDJ-Bezirksleitung Potsdam, 1987 (Repositur 530, Nr. 627, Bdl. 39).

Kaderprogramm der SED-Bezirksleitung Potsdam, 1986-90 (Repositur 530, Nr. 106, Bdl. 5).

Kaderentwicklungspläne der Fachorgane der örtlichen Räte in der Zuständigkeit des Rates des Bezirks/Potsdam, 1986 (Repositur 401, Nr. 244-1610).

2. Andere Quellen

Das Bildungswesen der DDR, 1983 (hrsg. v. der Akademie der Pädagogischen Wissenschaften der DDR), Berlin (Ost).

DDR-Handbuch, 1985 (hrsg v. Bundesministerium für Innerdeutsche Beziehungen), 2 Bde., Köln.

Der Staat im politischen System der DDR, 1986 (hrsg. v. Autorenkollektiv unter Leitung v. W. Weichelt), Berlin (Ost).

Der Staats- und Parteiapparat der DDR. halbj. (Beilage zu „Informationen des Bundesministeriums für Innerdeutsche Beziehungen"), Bonn.

Die sozialistische Verfassung der Deutschen Demokratischen Republik, 1982 (hrsg. u. kommentiert v. S. Mampel), Frankfurt/ M.

---

[1] Aus dem Brandenburgischen Landeshauptarchiv, Potsdam.

Freedom in the World. Political Rights & Civil Liberties, 1988, 1994 (hrsg. v. Freedom House), New York.

Gesetz über die örtlichen Volksvertretungen in der Deutschen Demokratischen Republik, 1986 (GBl. DDR), Berlin (Ost).

Handbuch der DDR-Wirtschaft, 1984 (hrsg. v. Deutschen Institut für Wirtschaftsforschung), Reinbek.

Handbuch der Volkskammer der DDR, 1986/87, Berlin (Ost).

Handbuch Deutsche Demokratische Republik, 1984, Leipzig.

Handbuch gesellschaftlicher Organisationen in der DDR, 1985 (hrsg. v. der Akademie für Staats- und Rechtswissenschaften der DDR), Berlin (Ost).

Materialien zum Bericht zur Lage der Nation, 1988/89 (hrsg. v. Bundesministerium für Innerdeutsche Beziehungen), Bonn.

Namen und Daten wichtiger Personen der DDR, 1987 (hrsg. v. G. Buch), Berlin/Bonn.

Protokolle der Parteitage der SED, 1986, Berlin (Ost).

Staats- und Rechtsgeschichte der DDR, 1983 (hrsg. v. der Akademie für Staats- und Rechtswissenschaften der DDR), Berlin (Ost).

Statistisches Jahrbuch der DDR, 1972, 1989, 1990 (hrsg. v. der Staatlichen Zentralverwaltung für Statistik), Berlin (Ost).

Wer war wer - DDR, 1992 (hrsg. v. J. Cerny), Berlin,.

Weltentwicklungsbericht, 1990, 1992, 1994 (hrsg. v. Weltbank), Washington.

World Handbook of Political and Social Indicators, 1982, (hrsg. v. Taylor, Ch./Jodice, D.), New Haven.

Zahlenspiegel Bundesrepublik Deutschland - Deutsche Demokratische Republik, 1988 (hrsg. v. Bundesministerium für Innerdeutsche Beziehungen), Bonn,.

B. Literatur

Abraham, M./Prosch, B., 1991: Die Revolution in der DDR. Eine strukturell-individualistische Erklärungsskizze, in: Kölner Zeitschrift für Soziologie und Sozialpsychologie, Jg. 43, 291-301.

Abramson, P. R., 1983: Political Attitudes in America. Formation and Change, San Francisco.

Acse, T./Meray, T., 1961: Die Revolte des Intellekts. Die geistigen Grundlagen der ungarischen Revolution, München.

Adler, F., 1991: Ansäze zur Rekonstruktion der Sozialstruktur des DDR-Realsozialismus, in: Berliner Journal für Soziologie, H. 2, 157-175.

Agh, A., 1993: The „Comparative Revolution" and the Transition in Central and Southern Europe, in: Journal of Theoretical Politics, Jg. 5, 231-252.

Agh, A. (Hrsg.), 1994: The Emergence of East Central European Parliaments, Budapest.

Almond, G. A./Verba, S., 1963: The Civic Culture, Princeton.

Almond, G. A./Powell, G. B. Jr., 1966: Comparative Politics. A Developmental Approach, Boston.

Almond, G. A./Roselle, L., 1993: Model Fitting in Communism Studies, in: Fleron/Hoffmann (Hrsg.), a.a.O., 27-75.

Ammer, Th., 1994: Strukturen der Macht. Die Funktionäre im SED-Staat, in: Weber, J. (Hrsg.), Der SED-Staat. Neues über eine vergangene Diktatur, München, 5-22.

Anderson, R./Hanley, E./Yershova, N., 1995: Russia. Old Wine in a New Bottle? The Circulation and Reproduction of Russian Elites, in: Theory and Society, Jg. 24, 639-668.

Andorka, R., 1993: Regime Transition in Hungary in the 20th Century. The Role of National Counter Elites, in: Derlien/Szablowski (Hrsg.), a.a.O., 358-371.

Arzheimer, K./Klein, M., 1995: Die friedliche und die stille Revolution. Die Entwicklung gesellschaftspolitischer Wertorientierungen in Deutschland seit dem Beitritt der fünf neuen Länder (Expertise im Rahmen des KSPW-Projekts „Wandlungen der politischen Orientierungen und Verhaltensmuster seit dem Beitritt der fünf neuen Länder"), Dresden (mimeo).

Bahro, R., 1977: Die Alternative. Zur Kritik des real existierenden Sozialismus, Köln.

Baker, K./Dalton, R. J./Hildebrandt, K., 1981: Germany Transformed. Political Culture and the New Politics, Cambridge/Mass.

Balla, B., 1972: Kaderverwaltung, Stuttgart.

Balla, B., 1973: „Bürokratische" oder Kaderverwaltung? Zur Idealtypisierung der „Bürokratie" sowjetisch-volksdemokratischen Typs, in: Zeitschrift für Soziologie, H. 2, 101-127.

Banac, I. (Hrsg.), 1992: Eastern Europe in Revolution, Ithaca/London.

Barnes, S. H./Kaase, M. u.a., 1979: Political Action. Mass Participation in Five Western Democracies, Beverly Hills.

Barton, A. H., 1984: Determinants of Elite Policy Attitudes, in: Linden, R. H./Rockman, B. A.: (Hrsg.), Elite Studies and Communist Politics, Pittsburgh, 191-235.

Bauer, P., 1991: Politische Orientierungen im Übergang. Eine Analyse der politischen Einstellungen der Bürger in West- und Ostdeutschland 1990/1991, in: Kölner Zeitschrift für Soziologie und Sozialpsychologie, Jg. 43, 433-453.

Bauman, Z., 1987: Intellectuals in East Central Europe. Continuity and Change, in: Eastern European Politics and Societies, Jg. 1, 162-186.

Baylis, Th. A., 1974: The Technical Intelligentsia and the East German Elite, London.

Baylis, Th. A., 1994a: Leadership Change in Eastern Germany. From Colonization to Integration?, in: Merkl, P. H. (Hrsg.), The Federal Republic at 45, New York.

Baylis, Th. A., 1994b: Plus ca Change? Transformation and Continuity Among East European Elites, in: Communist and Post-Communist Studies, Jg. 27, 315-328.

Beck, C./Fleron, F. Jr. u.a. (Hrsg.), 1973: Comparative Communist Political Leadership, New York.

Belitz-Demiriz, H./Voigt, D., 1987: Zum Bildungsniveau der Eltern von Promovierten im deutsch-deutschen Vergleich, in: Voigt (Hrsg.), a.a.O., 25-134.

Bell, D., 1979: Die nach-industrielle Gesellschaft (engl. Original 1973), Reinbek b. Hamburg.

Benford, R. D./Snow, D. A., 1988: Ideology, Frame Resonance, and Participant Mobilization, in: Klandermans, B./Kriesi, H./Tarrow, S. (Hrsg.), From Structure to Action. Comparing Social Movement Research across Cultures, Greenwich/Conn., 197-218.

Berg-Schlosser, D., 1985: Zu den Bedingungen von Demokratie in der Dritten Welt, in: Nuscheler, F. (Hrsg.), Dritte-Welt-Forschung (PVS-SH 16), Opladen, 233-266.

Berg-Schlosser, D., 1988: Politische Systemtypen als Determinanten wirtschaftlicher und sozialer Entwicklung in Afrika. Vergleichende Fallstudien, in: Schmidt, M. G. (Hrsg.), Staatstätigkeit. International und historisch vergleichende Studien (PVS-SH 19), Opladen, 330-359.

Bernhard, M., 1993: Civil Society and Democratic Transition in East Central Europe, in: Political Science Quarterly, H. 2, 307-326.

Beyme, K. v., 1990: Transition to Democracy - or Anschluß? The Two Germanies and Europe, in: Government and Opposition, H. 2, 170-191.

Beyme, K. v., 1993: Regime Transition and Recruitment of Elites in Eastern Europe, in: Derlien/Szablowski (Hrsg.), a.a.O., 409-425.

Beyme, K. v., 1994: Systemwechsel in Osteuropa, Frankfurt a. M.

Blattert, B./Rink, D./Rucht, D., 1995: Von den Oppositionsgruppen der DDR zu den neuen sozialen Bewegungen in Ostdeutschland, in: Politische Vierteljahresschrift, Jg. 36, 397-422.

Bollen, K. A./Jackman, R. W., 1985: Economic and Non-Economic Determinants of Political Democracy in the 1960s, in: Research in Political Sociology, Jg. 1, 27-48.

Bos, E., 1994: Die Rolle von Eliten und kollektiven Akteuren in Transitionsprozessen, in: Merkel, W. (Hrsg.), Systemwechsel 1. Theorien, Ansätze und Konzeptionen, Opladen, 81-110.

Bourdieu, P., 1983: Ökonomisches Kapital, kulturelles Kapital, soziales Kapital, in: Kreckel, R. (Hrsg.), Soziale Ungleichheiten, Göttingen.

Bourdieu, P., 1991: Die Intellektuellen und die Macht, Hamburg.

Bourdieu, P./Coleman, J. S. (Hrsg.), 1991: Social Theory for a Changing Society, Boulder/Col.

Bova, R., 1991: The Political Dynamics of the Post-Communist Transition. A Comparative Perspective, in: World Politics, Jg. 44, 113-138.

Brandt, H.-J., 1985: Die Kandidatenaufstellung zu den Volkskammerwahlen in der DDR. Entscheidungsprozesse und Auswahlkriterien, Baden-Baden.

Brandt, H.-J./Dinges, M., 1984: Kaderpolitik und Kaderarbeit in den „bürgerlichen" Parteien und Massenorganisationen der DDR, Berlin.

Brint, St., 1984: 'New Class' and Cumulative Trend Explanations of the Liberal Political Attitudes of Professionals, in: American Journal of Sociology, Jg. 90, 30-71.

Brocket, Ch. D., 1993: A Protest-Cycle Resolution of the Repression/Popular-Protest Paradox, in: Social Science History, Jg. 17, 457-484.

Bruckmeier, K./Haufe, G. (Hrsg.), 1993: Die Bürgerbewegung in der DDR und in den ostdeutschen Bundesländern, Opladen.

Brunner, G., 1979: Einführung in das Recht der DDR, 2. Aufl., München.

Brzezinski, Z./Friedrich, C. J., 1965: Totalitarian Dictatorship and Autocracy (1.Aufl. 1956), Cambridge/ Mass.

Brzezinski, Z./Huntington, S. P., 1964: Political Power. USA - USSR, New York.

Bürklin, W. P., 1984: Grüne Politik. Ideologische Zyklen, Wähler und Parteiensystem, Opladen.

Bürklin, W./Rebenstorf, H. u.a. , 1997: Eliten in Deutschland. Rekrutierung und Integration, Opladen.

Bunce, V., 1976: Elite Succession, Petrification, and Policy Innovation in Communist Systems, in: Comparative Political Studies, Jg. 9, 3-42.

Burkhart, R. E./Lewis-Beck, M. S., 1994: Comparative Democracy. The Economic Development Thesis, in: American Political Science Review, Jg. 88, 903-910.

Burton, M. G., 1984: Elites and Collective Protest, in: The Sociological Quarterly, Jg. 25, 45-66.

Burton, M./Higley, J., 1987: Elite Settlements, in: American Sociological Review, Jg. 52, 295-307.

Burton, M./Higley, J., 1989: The Elite Variable in Democratic Transitions and Breakdowns, in: American Sociological Review, Jg. 54, 17-32.

Cammack, P., 1990: A Critical Assessment of the New Elite Paradigm, in: American Political Science Review, Jg. 55, 415-420.

Colburn, F. D., 1994: The Vogue of Revolutions in Poor Countries, Princeton, N. J.

Collier, D./Norden, D. L., 1992: Strategic Choice Models of Political Change in Latin America, in: Comparative Politics, Jg. 24, 229-243.

Cotgrove, St./Duff, A., 1980: Environmentalism. Middle Class Radicalism and Politics, in: Sociological Review, Jg. 28, 333-351.

Cusack, T., 1996: Democracy and Local Governance in Germany (WZB-Paper), Berlin.

Cutright, Ph. C., 1963: National Political Development. Measurement and Analysis, in: American Sociological Review, Jg. 28, 253-264.

Dahl, R. A., 1973: Polyarchy. Participation and Opposition (1. Aufl. 1971), New Haven/ London.

Dahl, R. A., 1991: Transition to Democracy, in: Szoboszlai (Hrsg.), a.a.O., 9-20.

Dahrendorf, R., 1957: Soziale Klassen und Klassenkonflikt in der industriellen Gesellschaft, Stuttgart.

Dalton, R. J., 1994: Communists and Democrats. Democratic Attitudes in the Two Germanies, in: British Journal of Political Science, Jg. 24, 469-493.

Dalton, R. J./Küchler, M. (Hrsg.), 1990: Challenging the Political Order. New Social and Political Movements in Western Democracies, Cambridge.

Davies, J. Ch. (Hrsg.), 1971: When Men Revolt and Why. A Reader in Political Violence and Revolution, New York.

Denisow, K./Stieler, B., 1993: Der Funktions- und Organisationswandel von der Kaderarbeit zur Personalwirtschaft (Graue Reihe der KSPW Nr. 301), Halle.

Deppe, R./Dubiel, H./Rödel, U. (Hrsg.), 1991: Demokratischer Umbruch in Osteuropa, Frankfurt a. M.

Derlien, H.-U., 1991: Regimewechsel und Personalpolitik. Beobachtungen zur politischen Säuberung und zur Integration der Staatsfunktionäre der DDR in das Berufsbeamtentum, in: Verwaltungswissenschaftliche Beiträge, Nr. 27, Universität Bamberg (mimeo).

Derlien, H.-U., 1993a: German Unification and Bureaucratic Transformation, in: International Political Science Review, Jg. 14, 319-334.

Derlien, H.-U., 1993b: Integration der Staatsfunktionäre der DDR in das Berufsbeamtentum. Professionalisierung und Säuberung, in: Benz, A./Mäding, H./Seibel, W. (Hrsg.), Verwaltungsreform und Verwaltungspolitik im Prozeß der deutschen Einigung, Baden-Baden, 190-206.

Derlien, H.-U./Szablowski, G. J. (Hrsg.), 1993: Regime Transitions, Elites, and Bureaucracies in Eastern Europe (Schwerpunktthema in: Governance, Jg. 6), Oxford.

Derlien, H.-U./Lock, S., 1994: Eine neue politische Elite? Rekrutierung und Karrieren der Abgeordneten in den fünf neuen Landtagen, in: Zeitschrift für Parlamentsfragen, Jg. 25, 61-94.

Derlien, H.-U., 1997: Elitezirkulation zwischen Implosion und Integration. Abgang, Rekrutierung und Zusammensetzung ostdeutscher Funktionseliten 1989-1994, in: Wollmann, H. u.a. (Hrsg.), Transformation der politisch-administrativen Strukturen in Ostdeutschland, Opladen, i.E.

Deutsch, K. W. u.a., 1967: France, Germany, and the Western Alliance, New York.

Diamond, L., 1992: Economic Development and Democracy Reconsidered, in: Diamond, L./Marks, G. (Hrsg.), Reexamining Democracy, Newbury Park/London, 93-139.

Diewald, M./Sørensen, A., 1994: Entwertung und Umwertung von Laufbahnkapital? Erwerbsverläufe und soziale Mobilität von Frauen und Männern in Ostdeutschland (Arbeitsberichte aus dem Projekt „Lebensverläufe und historischer Wandel in der ehemaligen DDR", Nr. 13), Max-Planck-Institut für Bildungsforschung, Berlin.

DiPalma, G., 1990: To Craft Democracies. An Essay on Democratic Transition, Berkeley/ Cal.

Djilas, M., 1957: The New Class. An Analysis of the Communist System (dt. Ausgabe 1961), New York.

Dümcke, W./Vilmar, F., 1995: Die Kolonialisierung der DDR, Münster.

Duch, R./Taylor, M. A., 1993: Postmaterialism and the Economic Condition, in: American Journal of Political Science, Jg. 37, 747-779.

Easterlin, R. A., 1980: Birth and Fortune. The Impact of Numbers on Personal Welfare, New York.

Easton, D., 1965: A Systems Analysis of Political Life (Neuauflage 1979), New York u.a.

Edinger, L. J., 1960: Post-Totalitarian Leadership. Elites in the German Federal Republic, in: American Political Science Review, Jg. 54, 58-82.

Endruweit, G., 1987: Wissenschaftler als potentielle Elite in der DDR, in: Voigt (Hrsg.), a.a.O., 13-25.

Ersson, S./Lane, J.-E., 1996: Democracy and Development. A Statistical Exploration, in: Leftwich, A. (Hrsg.), Democracy and Development. Theory and Practice, Cambridge/Mass., 45-73.

Etzioni-Halevy, E., 1993: The Elite Connection. Problems and Potential in Western Democracy, Boston.

Feierabend, I. K./Feierabend, R. L. u.a., 1969: Social Change and Political Violence. Cross-National Patterns, in: Graham, H. D./Gurr, T. R. (Hrsg.), Violence in America, New York.

Feist, U., 1991: Zur politischen Akkulturation der vereinten Deutschen, in: Aus Politik und Zeitgeschichte, B 11-12, 21-32.

Findeis, H./Pollack, D./Schilling, M. (Hrsg.), 1994: Die Entzauberung des Politischen. Was ist aus den politisch alternativen Gruppen der DDR geworden. Interviews mit ehemals führenden Vertretern, Berlin.

Finifter, A. W., 1970: Dimensions of Political Alienation, in: American Political Science Review, Jg. 64, 389-410.

Finkel, St./Muller, E. N./Opp, K.-D., 1989: Personal Influence, Collective Rationality, and Mass Political Action, in: American Political Science Review, Jg. 83, 885-903.

Fireman, B./Gamson, W. A., 1979: Utilitarian Logic in the Resource Mobilization Perspective, in: McCarthy, J. D./Zald, M. N. (Hrsg.), The Dynamics of Social Movements. Resource Mobilization, Social Control, and Tactics, Cambridge/Mass.

Flanagan, Sc. C., 1987: Value Change in Industrial Societies, in: American Political Science Review, Jg. 81, 1303-1319.

Fleron, F. Jr., 1969: Cooptation as a Mechanism of Adaptation to Change. The Soviet Political Leadership System, in: Polity, H. 2, 177-201.

Fleron, F. Jr./Hoffmann, E. P. (Hrsg.), 1993: Post-Communist Studies and Political Science. Methodology and Empirical Theory, Boulder/Col.

Fricke, K.-W., 1984: Opposition und Widerstand in der DDR, Köln.

Friedheim, D. K., 1993: Regime Collapse in Democratic Transition. The East German Revolution of 1989, in: German Politics, H. 2, 97-112.

Fritze, L., 1995: Irritationen im deutsch-deutschen Vereinigungsprozeß, in: Aus Politik und Zeitgeschichte, B 27, 3-9.

Fuchs, D., 1997: Welche Demokratie wollen die Deutschen? Einstellungen zur Demokratie im vereinigten Deutschland, in: Gabriel, O. W. (Hrsg.), Politische Einstellungen und politisches Verhalten im Transformationsprozeß, Opladen, 83-115.

Gabriel, O. W., 1990: Politischer Protest und politische Unterstützung. Entsteht eine neue Subkultur des Protestes in Westeuropa?, in: Politische Bildung, Jg. 23, 34-52.

Gabriel, O. W., 1995: Politischer Protest und politische Unterstützung in den neuen Bundesländern, in: Bertram, H. (Hrsg.), Ostdeutschland im Wandel. Lebensverhältnisse - politische Einstellungen, Opladen, 173-205.

Galbraith, J. K., 1968: Die moderne Industriegesellschaft, München/Zürich.

Gamson, W. A., 1968: Power and Discontent, Homewood/Illin.

Geiger, Th., 1949: Aufgaben und Stellung der Intelligenz in der Gesellschaft, Stuttgart.

Geißler, R., 1991: Transformationsprozesse in der Sozialstruktur der neuen Bundesländer, in: Berliner Journal für Soziologie, H. 2, 177-194.

Gensicke, Th., 1994: Modernisierung, Wertewandel und Mentalitätsentwicklung in der DDR, in: Bertram, H./Hradil, St./Kleinhenz, G. (Hrsg.), Sozialer und demographischer Wandel in den neuen Bundesländern, Berlin, 101-140.

Geschwender, J. A., 1968: Explorations in the Theory of Social Movements and Revolutions, in: Social Forces, Jg. 47, 127-135.

Glaeßner, G.-J., 1977: Herrschaft durch Kader. Leitung der Gesellschaft und Kaderpolitik in der DDR, Opladen.

Glaeßner, G.-J., 1982: Sozialistsiche Systeme. Einführung in die Kommunismus- und DDR-Forschung, Opladen.

Glaeßner, G.-J., 1989: Die andere deutsche Republik. Politik und Gesellschaft in der DDR, Opladen.

Glaeßner, G.-J., 1994: Demokratie nach dem Ende des Kommunismus. Regimewechsel, Transition und Demokratisierung im Postkommunismus, Opladen.

Glaeßner, G.-J., 1995: Verwaltungskultur in den neuen Bundesländern. Werte und Einstellungen von Führungskräften in der brandenburgischen und sächsischen Ministerialverwaltung, Humboldt-Universität, Berlin (mimeo).

Glotz, P./Ladensack, K., 1995: Personeller Wandel im Management ostdeutscher Unternehmen, in: Lutz/Schmidt (Hrsg.), a.a.O., 245-272.

Gluchowski, P. M./Zelle, C., 1992: Demokratisierung in Ostdeutschland. Aspekte der politischen Kultur in der Periode des Übergangs, in: Gerlich, P./Plasser, F./Ulram, P. A. (Hrsg.), Regimewechsel. Demokratisierung und politische Kultur in Mittel-Osteuropa, Wien, 231-274.

Gluchowski, P. M./Zelle, C., 1993: Vom Optimismus zum Realismus. Ostdeutschland auf dem Weg in das bundesrepublikanische politische System, in: Plasser, F./Ulram, P. A. (Hrsg.), Transformation oder Stagnation. Aktuelle politische Trends in Osteuropa, Wien, 133-154.

Goetz, K. H., 1993: Rebuilding Public Administration in the New German Länder. Transfer and Differentiation, in: West European Politics, Jg. 16.

Goldstone, J. A./Gurr, T. R./Moshiri, F. (Hrsg.), 1991: Revolutions of the Late Twentieth Century, Boulder/Col.

Goldthorpe, J., 1980: Social Mobility and Class Structure in Modern Britain, Oxford.

Gouldner, A., 1980: Die Intelligenz als neue Klasse, Frankfurt a.M./New York.

Gurr, T. R., 1970: Why Men Rebel, Princeton.

Gurr, T. R./Jaggers, K./Moore, W. H., 1990: The Transformation of the Western State. The Growth of Democracy, Autocracy, and State Power since 1800, in: Studies in Comparative Institutional Development, Jg. 25, 73-106.

Gurr, T. R./Jaggers, K., 1995: Tracking Democracy's Third Wave with Polity III Data, in: Journal of Peace Research 32, 469-482.

Hankiss, E., 1991: Reforms and the Conversion of Power, in: Brunner, G./Tokes, R. L./Weilemann, P. R. (Hrsg.), Upheaval against the Plan, Oxford/New York, 27-39.

Hartmann, J., 1983: Politik und Gesellschaft in Osteuropa. Eine Einführung, Frankfurt/M.

Havel, V., 1980: Versuch in Wahrheit zu leben, Reinbek b. Hamburg.

Heller, F., 1988: Unbotmäßiges von 'Grenzfall' bis 'Wendezeit'. Inoffizielle Publizistik in der DDR, in: Deutschland Archiv, H. 11, 1188-1196.

Helliwell, J. F., 1993: Empirical Linkages Between Democracy and Economic Growth, in: British Journal of Political Science, Jg. 24, 225-248.

Herz, Th. A., 1990: Die Dienstklasse. Eine empirische Analyse ihrer demographischen, kulturellen und politischen Identität, in: Berger, P. A./Hradil, St. (Hrsg.), Lebenslagen, Lebensläufe, Lebensstile, Göttingen, 231-252.

Herzog, D., 1975: Politische Karrieren. Selektion und Professionalisierung politischer Führungsgruppen, Opladen.

Herzog, D., 1982: Politische Führungsgruppen. Probleme und Ergebnisse der modernen Elitenforschung, Darmstadt.

Herzog, D. u.a. (Hrsg.), 1990: Abgeordnete und Bürger, Opladen.

Herzog, D., 1991: Brauchen wir eine politiche Klasse?, in: Aus Politik und Zeitgeschichte, B 50, 3-13.

Heyse, V./Ladensack, K., 1994: Management für die Planwirtschaft. Personal- und Organisationsentwicklung in der DDR, Münster/New York.

Higley, J. u.a., 1991: Elite Integration in Stable Democracies. A Reconsideration, in: European Sociological Review, Jg. 7, 35-53.

Higley, J./Gunther, R., 1992: Elites and Democratic Consolidation in Latin America and Southern Europe, New York.

Higley, J./Pakulski, J., 1995: Elite Transformation in Central and Eastern Europe, in: Australian Journal of Political Science, Jg. 30, 415-435.

Higley, J./Kullberg, J./Pakulski, J., 1996: The Persistence of Postcommunist Elites, in: Journal of Democracy, Jg. 7, 133-147.

Hilmer, R./Köhler, A., 1989: Der DDR läuft die Zukunft davon, in: Deutschland Archiv, 1383-1387.

Hirschman, A. O., 1974: Abwanderung und Widerspruch, Tübingen.

Hoerning, E. M., 1995: Biographische Ressourcen und sozialer Wandel, in: Berger, P. A./Sopp, P. (Hrsg.), Sozialstruktur und Lebenslauf, Opladen, 235-252.

Hoffmann-Lange, U., 1991: Kongruenzen in den politischen Einstellungen von Eliten und Bevölkerung als Indikator für politische Repräsentation, in: Klingemann u.a. (Hrsg.), a.a.O., 275-289.

Hoffmann-Lange, U., 1992: Eliten, Macht und Konflikt in der Bundesrepublik, Opladen.

Horsky, V., 1991: Die samtene Revolution in der Tschechoslowakei, in: Deppe/Dubiel/Rödel, a.a.O., 281-300.

House, J. S./Martin, St. S./Mason, W. M., 1985: On the Dimensions of Political Alienation in America, in: Tuma, N. B. (Hrsg.), Sociological Methodology, San Francisco, 111-150.

Huber, E./Rueschemeyer, D./Stephens, J. D., 1993: The Impact of Economic Development on Democracy, in: Journal of Economic Perspectives, Jg. 7, 71-85.

Huinink, J./Mayer, K. U., 1993: Lebensverläufe im Wandel der DDR-Gesellschaft, in: Joas/Kohli (Hrsg.), a.a.O., 151-171.

Huinink, J./Mayer, K.-U./Trappe, H., 1995: Staatliche Lenkung und individuelle Karrierechancen. Bildungs- und Berufsverläufe, in: Dies. (Hrsg.), Kollektiv und Eigensinn. Lebensverläufe in der DDR und danach, Berlin, 89-143.

Huntington, S. P., 1968: Political Order in Changing Societies, New Haven.
Huntington, S. P., 1970: Social and Institutional Dynamics of One-Party-Systems, in: Huntington, S. P./Moore, C. H. (Hrsg.), Authoritarian Politics in Modern Society, New York.
Huntington, S. P., 1991: The Thrid Wave. Democratization in the Late Twentieth Century, Norman/London.

Inglehart, R., 1977: The Silent Revolution. Changing Values and Political Styles Among Western Publics, Princeton.
Inglehart, R., 1989: Kultureller Umbruch. Wertwandel in der westlichen Welt, Frankfurt a. M./New York.
Inglehart, R., 1990: Values, Ideology, and Cognitive Mobilization in New Social Movements, in: Dalton, R. J./Küchler, M. (Hrsg.), Challenging the Political Order. New Social and Political Movements in Western Democracies, Oxford, 43-66.
Inkeles, A./Smith, D. H., 1974: Becoming Modern. Individual Change in Six Developing Countries, Cambridge/Mass.
Inkeles, A., 1983: Exploring Individual Modernity, New York.
Joas, H./Kohli, M. (Hrsg.), 1993: Der Zusammenbruch der DDR, Frankfurt a. M.
Johnson, Ch., 1964: Revolution and the Social System (Hoover Institution Studies, Nr. 3), Stanford/Cal.
Johnson, Ch. u.a. (Hrsg.), 1970: Change in Communist Systems, Stanford/Cal.
Johnson, J. T., 1992: Does Democracy „Travel"? Some Thoughts On Democracy and Its Cultural Context, in: Ethics and International Affairs, Jg. 6, 41-55.
Joppke, Chr., 1993: Why Leipzig? „Exit" and „Voice" in the East German Revolution, in: German Politics, Jg. 2, 393-414.
Joppke, Chr., 1994: Revisionism, Dissidence, Nationalism. Opposition in Leninist Regimes, in: British Journal of Sociology, Jg. 45, 543-561.

Kaase, M., 1976: Bedingungen unkonventionellen politischen Verhaltens in der Bundesrepublik Deutschland, in: Kielmansegg, P. Gr. (Hrsg.), Legitimationsprobleme politischer Systeme (PVS-Sonderheft, Nr. 7), Opladen, 179-216.
Kaase, M., 1990: Social Movements and Political Innovation, in: Dalton, R. J./Küchler, M. (Hrsg.), Challenging the Political Order, New Social and Political Movements in Western Democracies, Oxford.

Kaina, V., 1997: Wertorientierungen im Eliten-Bevölkerungs-Vergleich. Vertikale Distanzen, geteilte Loyalitäten und das Erbe der Trennung, in: Bürklin/Rebenstorf u.a., Eliten in Deutschland, Opladen, 351-390.

Kamrava, M., 1992: Political Leadership in Revolutionary Regimes, in: Journal of Social, Political, and Economic Studies, Jg. 17, 417-432.

Karl, T. L./Schmitter, Ph. C., 1991: Modes of Transition in Latin America, Southern and Eastern Europe, in: International Social Science Journal, 269-284.

Karl, T. L./Schmitter, Ph. C., 1994: The Conceptual Travels of Transitologists and Consolidologists. How Far to the East Should they Attempt to Go?, in: Slavic Review, Jg. 53, 173-185.

Keller, S., 1963: Beyond the Ruling Class. Strategic Elites in Modern Society, New York.

Kennedy, M. D., 1990: The Constitution of Critical Intellectuals. Polish Physicians, Peace Activists, and Democratic Civil Society, in: Studies in Comparative Communism, Jg. 23, 281-303.

Kennedy, M. D./Sadkowski, K., 1991: Constraints on Professional Power in Soviet-Type Society. Insights from the Solidarity Period in Poland, in: Jones, A. (Hrsg.), Professionals and the State. The Organization of Professional Work in the Soviet Union and Eastern Europe, Temple.

Kersten, H., 1957: Aufstand der Intellektuellen. Wandlungen in der kommunistischen Welt, Stuttgart.

Kitschelt, H. P., 1986: Political Opportunity Structures and Political Protest. Anti-Nuclear Movements in Four Democracies, in: British Journal of Political Science, Jg. 16, 57-85.

Kitschelt, H., 1992a: Political Regime Change. Structure- and Process-Driven Explanations?, in: American Political Science Review, Jg. 86, 1028-1034.

Kitschelt, H., 1992b: The Formation of Party Systems in East Central Europe, in: Politics & Society, Jg.20, 7-50.

Klandermanns, B., 1984: Mobilization and Participation. Socialpsychological Explanations of the Resource Mobilization Theory, in: American Sociological Review, Jg. 49, 583-600.

Kleßmann, Chr., 1991: Opposition und Dissidenz in der Geschichte der DDR, in: Aus Politik und Zeitgeschichte, B 41, 52-62.

Klingemann, H.-D./Stöss, R./Weßels, B. (Hrsg.), 1991: Politische Klasse und politische Institutionen, Opladen.

Klingemann, H.-D., 1997: The Impact of Perceived Economic and Democratic Performance on Democratic Consolidation in Central and Eastern Europe (Vortragsmanuskript zum WZB-Workshop „Structure and Performance of Democratic Systems", 9.-10. Mai, Berlin).

Kloth, H. M., 1991: Einige Zahlen zur 10. Volkskammer, in: Zeitschrift für Parlamentsfragen, Jg. 22, 467-473.

Kluckhohn, Cl., 1951: Values and Value Orientation in the Theory of Action. An Exploration in Definition and Classification, in: Parsons, T./Shils, E. (Hrsg.), Toward a General Theory of Action, Cambridge/Mass., 388-433.

Knabe, H., 1987: Neue Soziale Bewegungen als Problem der sozialistischen Gesellschaft. Zur Entstehung und Bedeutung neuartiger Bewußtseinslagen in der DDR und Ungarn, in: Spittmann, I. (Hrsg.), Das Profil der DDR in der sozialistischen Staatengemeinschaft (20. Tagung zum Stand der DDR-Forschung in der Bundesrepublik), Köln, 106-119.

Knabe, H., 1988: Neue Soziale Bewegungen im Sozialismus. Zur Genesis alternativer politischer Gruppen in der DDR, in: Kölner Zeitschrift für Soziologie und Sozialpsychologie, Jg. 40, 551-569.

Knabe, H., 1990: Politische Opposition in der DDR. Ursprünge, Programme, Perspektiven, in: Aus Politik und Zeitgeschichte, B 1-2, 21-32.

König, K. (Hrsg.), 1991: Verwaltungsstrukturen der DDR, Baden-Baden.

König, K., 1993: Bureaucratic Integration by Elite Transfer, in: Governance, Jg. 6, 386-396.

Konrad, G./Szelenyi, I., 1978: Die Intelligenz auf dem Weg zur Klassenmacht, Frankfurt a. M.

Konrad, G./Szelenyi, I., 1991: Intellectuals and Domination in Post-Communist Societies, in: Bourdieu/Coleman (Hrsg.), a.a.O., 337-361.

Krenz, E., 1990: Wenn Mauern fallen, Wien 1990.

Kriesi, H., 1987: Neue soziale Bewegungen. Auf der Suche nach ihrem gemeinsamen Nenner, in: Politische Vierteljahresschrift, Jg. 28, 315-334.

Kühnel, W./Schulz, M./Wielgohs, J., 1990: Die neuen politischen Bewegungen auf dem Weg vom Protest zur parlamentarischen Interessenvertretung. Soziale Bewegungen im Umbruch der DDR-Gesellschaft, in: Zeitschrift für Parlamentsfragen, Jg. 21, 22-37.

Kühnel, W./Sallmon-Metzner, C., 1991: Protestkulturen und Protestdiskurse im Wandel der DDR-Gesellschaft, in: Berliner Journal für Sozialforschung, H. 3, 369-382.

Kuran, T., 1992: Now Out of Never. The Element of Surprise in the East European Revolution of 1989, in: World Politics, Jg. 44, 7-48.

Lamont, M., 1987: Cultural Capital and the Liberal Political Attitudes of Professionals, in: American Journal of Sociology, Jg. 92, 1501-1505.

Lapalombara, J., 1975: Monoliths or Plural Systems. Through Conceptual Lenses Darkly, in: Studies in Comparative Communism, Jg. 8, 305-332.

Lapp, P. J., 1972: Der Staatsrat im politischen System der DDR, Opladen.

Lapp, P. J., 1975: Die Volkskammer der DDR, Opladen.

Lapp, P. J., 1982: Der Ministerrat der DDR, Opladen.

Lapp, P. J., 1982: Wahlen in der DDR. Wählt die Kandidaten der Nationalen Front, Berlin.

Lasswell, H. D./Lerner, D., 1965: World Revolutionary Elites, Cambridge/Mass.

Lasswell, H. D./Lerner, D./Rothwell, C. E., 1952: The Comparative Study of Elites, Stanford.

Lawson, S., 1993: Conceptual Issues in the Comparative Study of Regime Change and Democratization, in: Comparative Politics, Jg. 25, 183-205.

Lehmbruch, G., 1987: Administrative Interessenvermittlung, in: Windhoff-Héritier, A. (Hrsg.), Verwaltung und ihre Umwelt (Festschrift für Thomas Ellwein), Opladen, 11-43.

Lehmbruch, G., 1991: Die deutsche Vereinigung. Strukturen und Strategien, in: Politische Vierteljahresschrift, Jg. 32, 585-604.

Lehmbruch, G., 1993: Institutionentransfer. Zur politischen Logik der Verwaltungsintegration in Deutschland, in: Benz, A./Mäding, H./Seibel, W. (Hrsg.), Verwaltungsreform und Verwaltungspolitik im Prozeß der deutschen Einigung, Baden-Baden, 41-66.

Lehmbruch, G., 1994: Institutionen, Interessen und sektorale Variationen in der Transformationsdynamik der politischen Ökonomie Ostdeutschlands, in: Journal für Sozialforschung, Jg. 34, 21-44.

Leif, Th. u. a. (Hrsg.), 1992: Die politische Klasse in Deutschland. Eliten auf dem Prüfstand, Bonn.

Lenski, G., 1966: Power and Privilege, New York.

Lepsius, M. R., 1990: Kritik als Beruf. Zur Soziologie der Intellektuellen, in: Ders., Interessen, Ideen und Institutionen, Opladen, 270-285.

Lepsius, M. R., 1993: Zum Aufbau der Soziologie in Ostdeutschland, in: Kölner Zeitschrift für Soziologie und Sozialpsychologie, Jg. 45, 305-337.

Lerner, D., 1958: The Passing of Traditional Society, New York.

Liebe, G., 1973: Entwicklung von Nachwuchskadern für die örtlichen Staatsorgane, Berlin (Ost).

Liebert, U., 1995: Modelle demokratischer Konsolidierung. Parlamente und organisierte Interessen in der Bundesrepublik Deutschland, Italien und Spanien (1948-1990), Opladen.

Limongi, F./Przeworski, A., 1993: Political Regimes and Economic Growth, in: Journal of Economic Perspectives, Jg. 7, 51-69.

Linde, J., 1991: Der Neubau eines Landes. Das Beispiel Brandenburg, in: Staatswissenschaften und Staatspraxis, Jg. 2, 282-303.

Linden, R. H./Rockman, B. A., 1984: Elite Studies and Communist Politics (Essays in Memoriam of Carl Beck), Pittsburgh.

Linz, J. J., 1975: Totalitarian and Authoritarian Regimes, in: Greenstein, F. I./Polsby, N. W. (Hrsg.), Handbook of Political Science, Bd. 3: Macropolitical Theory, Reading/ Mass., 175-411.

Linz, J. J./Stepan, A., 1996: Problems of Democratic Transition and Consolidation, Baltimore.

Lipset, S. M., 1981: Political Man. The Social Bases of Politics (1. Aufl. 1960), New York.

Lipset, S. M., 1991: Comments (Korreferat zu Konrad/Szelenyi), in: Bourdieu/Coleman, a.a.O., 364-369.

Lipset, S. M./Seong, K.-R./Torres, J. Ch., 1993: A Comparative Analysis of the Social Requisites of Democracy, in: International Social Science Journal, Nr. 136, 155-175.

Lock, St., 1995: Elitenzirkulation im Bereich der Wirtschaft im Gebiet der ehemaligen DDR (Expertise für die KSPW-Berichtsgruppe „Politische Interessenvermittlung, Kommunal- und Verwaltungspolitik"), Bamberg (mimeo).

Löwenthal, R., 1968: Totalitäre und demokratische Revolution, in: Jenkner, S./Seidel, B. (Hrsg.), Wege der Totalitarismusforschung, Darmstadt, 359-381.

Lötsch, M., 1985: Arbeiterklasse und Intelligenz in der Dialektik von wissenschaftlich-technischem, ökonomischem und sozialem Fortschritt, in: Deutsche Zeitschrift für Philosophie, Jg. 33, 31-41.

Lötsch, M., 1988: Sozialstruktur in der DDR. Kontinuität und Wandel, in: Aus Politik und Zeitgeschichte, B 32, 13-27.

Ludz, P. Chr., 1970: Parteielite im Wandel. Funktionsaufbau, Sozialstruktur und Ideologie der SED-Elite (1. Aufl. 1968), Opladen.

Lutz, B./Schmidt, R. (Hrsg.), 1995: Chancen und Risiken der industriellen Restrukturierung in Ostdeutschland, Berlin.

Machatzke, J., 1995: Nationale Führungspositionen in der Bundesrepublik Deutschland. Beschreibung der Positionenauswahl für die Studie „Erste gesamtdeutsche Elitenstudie 1995", maschinenschriftl. Ms., Universität Potsdam (demnächst beziehbar über das ZA, Köln).

Mänicke-Gyöngyösi, K., 1994: Alte und neue Machteliten in Osteuropa, in: WeltTrends, H. 3, 43-55.

Mampel, S., 1982: Die sozialistische Verfassung der Deutschen Demokratischen Republik (Kommentar), Frankfurt a.M.

Mannheim, K., 1958: Mensch und Gesellschaft im Zeitalter des Umbruchs, Darmstadt.

Mason, D. S., 1992: Revolution in East-Central Europe. The Rise and Fall of Communism and Cold War, Boulder/Col.

Mateju, P./Rehakova, B., 1993: Revolution for Whom? Analysis of Selected Patterns of Intragenerational Mobility in 1989-1992, in: Czech Sociological Review, Jg. 1, 73-90.

Meck, S./Voigt, D./Voss, W., 1987: Sozialstruktur der DDR. Eine Einführung, Darmstadt.

Merkel, W., 1991: Warum brach das SED-Regime zusammen? Der „Fall" (der) DDR im Lichte der Demokratisierungstheorien, in: Merkel, W./Liebert, U. (Hrsg.), Die Politik zur deutschen Einheit. Probleme - Strategien - Kontroversen, Opladen, 19-50.

Merkel, W. (Hrsg.), 1996: Systemwechsel 1. Theorien, Ansätze und Konzeptionen der Transitionsforschung (1. Aufl. 1994), Opladen.

Merkl, P. H., 1993: Which Are Today's Democracies?, in: International Social Science Journal, Jg. 45, 257-270.

Meulemann, H., 1996: Werte und Wertewandel. Zur Identität einer geteilten und wieder vereinten Nation, Weinheim.

Meyer, A. G., 1976: Authority in Communist Political Systems, in: Edinger, L. J. (Hrsg.), Political Leadership in Industrial Societies, New York.

Meyer, G., 1985: Zur Soziologie der DDR-Machtelite. Qualifikationsstruktur, Karrierewege und politische Generationen, in: Deutschalnd Archiv, H. 5, 506-528.

Meyer, G., 1991: Die DDR-Machtelite in der Ära Honecker, Tübingen.

Meyer, G./Schröder, J. (Hrsg.), 1988: DDR heute. Wandlungstendenzen und Widersprüche einer sozialistischen Industriegesellschaft, Tübingen.

Mink, G./Szurek, J.-Ch., 1992: Adaptation and Conversion Strategies of Former Communist Elites, Paris.

Moore, B. Jr., 1966: Social Origins of Dictatorship and Democracy. Lord and Peasant in the Making of the Modern World, Boston.

Moreau, P., 1992: Die PDS, Bonn.

Moreau, P./Lang, J. P./Neu, V., 1995: Auferstanden aus Ruinen? Die PDS nach dem Superwahljahr 1994 (Interne Studien der Konrad-Adenauer-Stiftung, Nr. 111), Sankt Augustin.

Mühler, K./Wilsdorf, St. H., 1991: Die Leipziger Montagsdemonstration. Aufstieg und Wandel einer basisdemokratischen Institution des friedlichen Umbruchs im Spiegel empirischer Meinungsforschung, in: Berliner Journal für Soziologie, H. 1, 37-45.

Nelson, D. N., 1988: Elite-Mass Relations in Communist Systems, St. Martin.

Neugebauer, G., 1978: Partei und Staatsapparat in der DDR. Aspekte der Instrumentalisierung des Staatsapparates durch die SED, Opladen.

Neugebauer, G./Stöss, R., 1996: Die PDS. Geschichte, Organisation, Wähler, Konkurrenten, Opladen.

Nie, N. H./Powell, B. G./Prewitt, K., 1969: Social Structure and Political Participation, in: American Political Science Review, Jg. 63, 361-378 (June), 808-832 (September).

Nowak, L., 1993: „Post-communist Society"? An Attempt at a Theoretical Analysis, in: Social Theory and Practice, Jg. 19, 249-273.

Oberschall, A., 1973: Social Conflicts and Social Movements, Englewood-Cliffs.

Oberschall, A., 1994: Rational Choice in Collective Protest, in: Rationality and Society, Jg. 6, 79-100.

O'Donnell, G./Schmitter, Ph. C., 1986: Tentative Conclusions about Uncertain Democracies, in: Dies./Whitehead, L. (Hrsg.), Transitions from Authoritarian Rule. Prospects for Democracy, Bd. 4, Baltimore/London, 3-72.

O'Donnell, G., 1992: Transitions, Continuities, and Paradoxes, in: Ders./Mainwaring, S./Valenzuela, J. S. (Hrsg.), Issues in Democratic Consolidation. The New South American Democracies in Comparative Perspective, Notre Dame/Indiana, 17-56.

Offe, C., 1991: Das Dilemma der Gleichzeitigkeit, in: Merkur, Jg. 45, 279-292.

Okun, B./Poldrack, H. (Hrsg.), 1992: Systemtransformation als Systemübertragung? Umbrüche in Mittel- und Osteuropa, Leipzig.

Olsen, M. E., 1968: Multivariate Analysis of National Political Development, in: American Sociological Review, Jg. 33, 699-712.

Olson, M., 1963: Rapid Growth as a Destabilizing Force, in: Journal of Economic History, Jg. 23, 529-552.

Olson, M., 1965: The Logic of Collective Action. Public Goods and the Theory of Groups, Cambridge/Mass.

Olson, M., 1993: Dictatorship, Democracy, and Development, in: American Political Science Review, Jg. 87, 567-576.

Opp, K.-D., 1991: DDR '89. Zu den Ursachen einer spontanen Revolution, in: Kölner Zeitschrift für Soziologie und Sozialpsychologie, Jg. 43, 302-321.

Opp, K.-D., 1992: Legaler und illegaler Protest im interkulturellen Vergleich, in: Kölner Zeitschrift für Soziologie und Sozialpsychologie, Jg. 43, 436-460.

Opp, K.-D./Voß, P., 1993: Die volkseigene Revolution, Stuttgart.

Opp, K.-D./Gern, Chr., 1993: Dissident Groups, Personal Networks, and Spontaneous Cooperation. The East German Revolution of 1989, in: American Sociological Review, Jg. 58, 659-680.

Pareto, V., 1968: The Rise and the Fall of Elites (1.Aufl. 1901), Totowa.

Parkin, F., 1968: Middle Class Radicalism, Manchester.

Parsons, T., 1964: Evolutionary Universals in Society, in: American Sociological Review, Jg. 29, 339-357.

Patzelt, W. J., 1994: Legislators in New Parliaments. The Case of East Germany, in: Agh (Hrsg.), a.a.O., 270-288.

Plasser, F./Ulram, P. A./Waldrauch, H., 1997: Politischer Kulturwandel in Ost-Mitteleuropa. Theorien und Trends, Opladen.

Pohlmann, M./Schmidt, R., 1995: Management in Ostdeutschland, in: Lutz/Schmidt (Hrsg.), a.a.O., 217-243.

Pollack, D., 1993: Religion und gesellschaftlicher Wandel. Zur Rolle der evangelischen Kirche im Prozeß des gesellschaftlichen Umbruchs in der DDR, in: Joas/Kohli (eds.), a.a.O., 246-266.

Polsby, N. W., 1963: Community Power and Political Theory, New Haven.

Potel, J.-Y., 1994: Le „Retour" des Communistes en Europe de l'Est. Nouvelles et Anciennes Elites, in: Le Monde Diplomatique, H. 1.

Powell, G. B. Jr., 1982: Contemporary Democracies. Participation, Stability, and Violence, Cambridge/Mass.

Przeworski, A. u.a. 1996: What Makes Democracies Endure, in: Journal of Democracy, Jg. 7, 39-55.

Przeworski, A./Limongi, F., 1997: Modernization. Theories and Facts, in: World Politics, Jg. 49, 155-183.

Putnam, R. D., 1976: The Comparative Study of Political Elites, Englewood Cliffs/N.J.

Putnam, R. D., 1977: Elite Transformation in Advanced Industrial Societies. An Empirical Assessment of the Theory of Technocracy, in: Comparative Political Studies, Jg. 10, 383-412.

Pye, L. W., 1990: Political Science and the Crisis of Authoritarianism, in: American Political Science Review, Jg. 84, 3-19.

Rau, Z. (Hrsg.), 1991: The Reemergence of Civil Society in Eastern Europe and the Soviet Union, San Francisco/Oxford.

Rebenstorf, H., 1991: Politische Herkunft und politische Karriere, in: Klingemann u.a. (Hrsg.), a.a.O., 217-234.

Rebenstorf, H., 1992: Elitentransformation in Ostdeutschland, in: Leif, Th. u.a. (Hrsg.), a.a.O., 152-171.

Reich, J., 1992: After the Resignation of the East German Intellegentsia. A Time for Clowning, in: German Politics and Society, Issue 27, 88-92.

Reißig, R., 1991: Der Umbruch in der DDR und das Scheitern des „realen Sozialismus", in: Ders./Glaeßner, G.-J. (Hrsg.), Das Ende eines Experiments. Umruch in der DDR und deutsche Einigung, Berlin, 12-59.

Rejai, M., 1973: The Strategy of Political Revolution, New York.

Renner, K., 1953: Wandlungen der modernen Gesellschaft, Wien.

Rink, D., 1991: Soziale Bewegungen in der DDR. Die Entwicklung bis Mai 1990, in: Roth, R./Rucht, D. (Hrsg.), Neue soziale Bewegungen in der Bundesrepublik Deutschland, Opladen, 54-70.

Rohrschneider, R., 1994: Report from the Laboratory. The Influence of Institutions on Political Elites' Democratic Values in Germany, in: American Political Science Review, Jg. 88, 927-937.

Roller, E., 1997: Sozialpolitische Orientierungen nach der deutschen Vereinigung, in: Gabriel, O. W. (Hrsg.), Politische Einstellungen und politisches Verhalten im Transformationsprozeß, Opladen, 116-148.

Roller, E./Weßels, B., 1996: Contexts of Political Protests in Western Democracies, in: Weil, F. D. (Hrsg.), Research on Democracy and Society, Bd. 3, 91-134.

Rose, R./Seifert, W., 1995: Materielle Lebensbedingungen und Einstellungen gegenüber Marktwirtschaft und Demokratie im Transformationsprozeß. Ostdeutschland und Osteuropa im Vergleich, in: Wollmann, H./Wiesenthal, H./Bönker, F. (Hrsg.), Transformation sozialistischer Gesellschaften (Leviathan Sonderheft 15), Opladen, 277-298.

Roth, R., 1991: Gegen Eliten oder Gegeneliten? Grüne und neue soziale Bewegungen in der politischen Kultur der Bundesrepublik, in: Klingemann u.a. (Hrsg.), a.a.O., 436-466.

Scarbrough, E., 1995: Materialist - Postmaterialist Value Orientations, in: Scarbrough, E./van Deth, J. (eds.), The Impact of Values (Beliefs in Government, vol. 4), Oxford, 123-159.

Schabowski, G., 1990: Das Politbüro. Ende eines Mythos, Hamburg.

Scharpf, F., 1985: Die Politikverflechtungs-Falle. Europäische Integration und deutscher Föderalismus im Vergleich, in: Politische Vierteljahresschrift, Jg. 26, 323-356.

Schelsky, H., 1975: Die Arbeit tun die anderen. Klassenkampf und Priesterherrschaft der Intellektuellen, Opladen.

Schelsky, H., 1979: Der Mensch in der wissenschaftlichen Zivilisation (1. Auflage 1961), in: Ders., Auf der Suche nach Wirklichkeit, München, 449-499.

Scheuch, E. K., 1988: Continuity and Change in German Social Structure (verfaßt 1968), in: Historical Social Research, Jg. 13, 31-121.

Schlegelmilch, C., 1993: Deutsche Lebensalter. Erkundungen in einer sächsischen Kleinstadt, in: Prokla, Jg. 23, 269-295.

Schmidt, R. (Hrsg.), 1993: Zwischenbilanz. Analysen zum Transformationsprozeß in der ostdeutschen Industrie, Berlin.

Schmitt-Beck, R./Weins, C., 1995: Neue soziale Bewegungen (Expertise im Rahmen des KSPW-Projekts „Wandel politischer Orientierungen und Verhaltensmuster in Deutschland seit dem Beitritt der fünf neuen Länder"), Dresden (mimeo).

Schneider, E., 1994: Die Funktionselite der DDR, Opladen.

Schöpflin, G., 1991: The Condition of Post-Communism, in: The New Hungarian Quarterly, Jg. 32, 3-15.

Schubert, G./Tetzlaff, W./Vennewald, W. (Hrsg.), 1994: Demokratisierung und politischer Wandel. Theorie und Anwendung des Konzepts der strategischen und konfliktfähigen Gruppen (SKOG), Münster/Hamburg.

Schumpeter, J. A., 1946: Kapitalismus, Sozialismus und Demokratie, Berlin.

Schupp, J./Wagner, G., 1991: Basisdaten für die Beschreibung und Analyse des sozio-ökonomischen Wandels in der DDR, in: Kölner Zeitschrift für Soziologie und Sozialpsychologie, Jg. 43, 322-333.

Schutz, B. M./Slater, R. O., 1990: Revolution and Political Change in the Third World, Boulder, Col.

Schwarzenbach, R., 1976: Die Kaderpolitik der SED in der Staatsverwaltung (1945-1975), Köln.

Skilling, G. H., 1983: Interest Groups and Communist Politics, in: World Politics, Jg. 18, 435-451.

Segert, D., 1994: Political Elite without Experience. The Rise of a New Political Class in East Germany, in: Agh (Hrsg), a.a.O., 223-236.

Šik, O., 1976: Das kommunistische Machtsystem, Hamburg.

Skilling, G. H./Wilson, P., 1991: Civic Freedom in Central Europe, Houndsmill u.a..

Sölter, A., 1993: Zivilgesellschaft als demokratietheoretisches Konzept, in: Jahrbuch für Politik, Halbjahresbd. 1, 145-180.

Solga, H., 1994: „Systemloyalität" als Bedingung sozialer Mobilität im Staatssozialismus am Beispiel der DDR, in: Arbeitsberichte aus dem Projekt „Lebensverläufe und historischer Wandel in der ehemaligen DDR" (Max-Planck-Institut für Bildungsforschung), Nr. 10, Berlin.

Solga, H., 1995: Auf dem Weg in eine klassenlose Gesellschaft? Klassenlagen und Mobilität zwischen Generationen in der DDR, Berlin.

Spilker, D., 1995: Medienelite in den Neuen Bundesländern, Bamberg (mimeo).

Stammen, Th., 1993: Die Rolle der Intellektuellen im Prozeß des osteuropäischen Systemwandels, in: Aus Politik und Zeitgeschichte, B 10, 22-29.

Staniszkis, J., 1991: Patterns of Change in Eastern Europe, in: Brunner, G./Tokes, R. L./Weilemann, P. R. (Hrsg.), Upheaval Against the Plan, Oxford/New York, 5-26.

Sterbling, A., 1993: Überlegungen zur Schlüsselbedeutung der Intelligenz in Südosteuropa, in: Südosteuropa, Jg. 42, 42-59.

Szabo, M., 1991: Soziale Bewegungen, Mobilisierung und Demokratisierung in Ungarn, in: Deppe/Dubiel/Rödel (Hrsg.), a.a.O., 206-220.

Szalai, E., 1990: A Hatolom Metamorfozisa [The Transformation of Power], in: Szalai, E. (Hrsg.), Utelagazas [Cross-Roads], Budapest, 61-114.

Szelenyi, I., 1987: The Prospects and Limits of the East European Class Project, in: Politics and Society, Jg. 15, 103-144.

Szelenyi, I./Szelenyi, S., 1993: Zirkulation der Elite? Wandlungen der Gesellschaftsstruktur in Mitteleuropa in der postkommunistischen Übergangsperiode, in: Bayer, J./Deppe, R. (Hrsg.), Der Schock der Freiheit. Ungarn auf dem Weg in die Demokratie, Frankfurt a. M., 192-198.

Szelenyi, I./Szelenyi, S., 1995: Circulation or Reproduction of Elites during the Postcommunist Transformation of Eastern Europe, in: Theory and Society, Jg. 24, 615-638.

Szelenyi, I./Szelenyi, S./Kovach, I., 1995: The Making of the Hungarian Postcommunist Elite, in: Theory and Society, Jg. 24, 697-722.

Szoboszlai, G. (Hrsg.), 1991: Democracy and Political Transformation. Theories and East-Central European Realities, Budapest.

Tatur, M., 1991: Zur Dialektik der 'civil society' in Polen, in: Deppe/Dubiel/Rödel, a.a.O., 234-255

Thaysen, U., 1990: Der Runde Tisch. Oder: Wer war das Volk?, in: Zeitschrift für Parlamentsfragen, Jg. 21, 71-108.

Tietzel, M./Weber, M., 1994: The Economics of the Iron Curtain and the Berlin Wall, in: Rationality and Society, Jg. 6, 58-78.

Titze, H., 1996: Der Akademikerzyklus. Zur Auswertung historischer Massendaten des Hochschulbesuchs, in: Forschung & Lehre, H. 1, 35-38.

Tocqueville, A. de, 1969: Der alte Staat und die Revolution (1. Aufl. 1856), Hamburg.

Tokes, R. L., 1991: Hungary's New Political Elites. Adaptation and Change, in: Szoboszlai (Hrsg.), a.a.O., 226-286.

Touraine, A. u.a., 1983: Solidarity, New York.

Valenzuela, J. S., 1992: Democratic Consolidation in Post-Transitional Settings, in: Mainwaring, S./O'Donnell, G./Valenzuela, J. S. (Hrsg.), Issues in Democratic Consolidation. The New South American Democracies in Comparative Perspective, Notre Dame/Indiana, 57-104.

Vanhanen, T., 1989: The Level of Democratization Related to Socioeconomic Variables in 147 States 1980-1985, in: Scandinavian Political Studies, Jg. 12, 95-127.

Vanhanen, T., 1994: Global Trends of Democratization in the 1990s. A Statistical Analysis (Vortragsmanuskript zum Weltkongreß der International Political Science Association), Berlin (mimeo).

Verba, S./Nie, N. H./Kim, J.-O., 1978: Participation and Political Equality. A Seven Nation Comparison, Cambridge.

Voigt, D. (Hrsg.), 1987: Elite in Wissenschaft und Politik, Berlin.

Voslensky, M. S., 1980: Nomenklatura. Die herrschende Klasse der Sowjetunion, München u.a.

Waldrauch, H., 1994: Theoretische Erklärungsansätze der Transitionsprozesse der kommunistischen Länder Osteuropas (1988-1990), in: Österreichische Zeitschrift für Politikwissenschaft, Jg. 23, 433-445.

Wasilewski, J., 1994: La Nomenklatura. Vers Quel Destin Social?, in: Revue d'Etudes Comparatives Est-Ouest, Jg. 25, 33-46.

Wasilewski, J./Wnuk-Lipinski, E., 1995: Poland. Winding Road from the Communist to the Post-Solidarity Elite, in: Theory and Society, Jg. 24, 669-696.

Weber, H., 1989: Geschichte der DDR, München.

Weil, F. D., 1993: The Development of Democratic Attitudes in Eastern and Western Germany in a Comparative Perspective, in: Ders. (Hrsg.), Democratization in Western and Eastern Europe, Greenwich, 195-225.

Welch, C. E. Jr./Taintor, M. B., 1972: Revolution and Political Change, North Scituate/Mass.

Welsh, H., 1994: Political Transition Processes in Central and Eastern Europe, in: Comparative Politics, Jg. 26, 379-394.

Welzel, Chr., 1992: Von der SED zur PDS. Eine doktringebundene Staatspartei auf dem Weg zur politischen Partei im Konkurrenzsystem?, Bern u.a.

Welzel, Chr., 1994: Systemwechsel in der globalen Systemkonkurrenz. Ein evolutionstheoretischer Erklärungsversuch, in: Merkel, W. (Hrsg.), Sy-

stemwechsel 1. Theorien, Ansätze und Konzeptionen der Transitionsforschung, Opladen, 47-80 (2. Aufl. 1996).

Welzel, Chr., 1995: Der Umbruch des SED-Regimes im Lichte genereller
Transitionsmechanismen, in: Politische Vierteljahresschrift, Jg. 36, 67-90.

Welzel, Chr., 1997: Repräsentation alleine reicht nicht mehr. Sachabstim-
mungen in einer Theorie der interaktiven Demokratie, in: Schneider-
Wilkes, R. (Hrsg.), Demokratie in Gefahr? Zum Zustand der deutschen
Republik, Münster i. E.

Werner, C., 1991: Direktdemokratische Entscheidungsverfahren in der Bundesrepublik Deutschland? Zum Diskussionsstand und zu den Meinungen
der Abgeordneten des 11. Deutschen Bundestages und der Volkskammer,
in: Klingemann u.a. (Hrsg.), a.a.O., 405-433.

Wesolowski, W., 1992: The Role of Political Elites in Transitions from
Communism to Democracy, in: Sisyphus, Jg. 8, 78-100.

Weßels, B., 1991: Erosion des Wachstumsparadigmas. Neue Konfliktstrukturen im politischen System der Bundesrepublik?, Opladen.

Westle, B., 1992: Politische Partizpation, in: Gabriel, O. W. (Hrsg.), Die EG-
Staaten im Vergleich. Strukturen, Prozesse, Politikinhalte (2. Aufl. 1994),
Opladen, 135-171.

Westle, B., 1994: Demokratie und Sozialismus. Politische Ordnungsvorstellungen im vereingten Deutschland zwischen Ideologie, Protest und No-
stalgie, in: Kölner Zeitschrift für Soziologie und Sozialpsychologie, Jg.
46, 571-596.

Winderl, Th., 1994a: Elitenwechsel in Osteuropa. Versuch einer Typologie,
in: Österreichische Zeitschrift für Politikwissenschaft, Jg. 23, 381-393.

Winderl, Th., 1994b: Machteliten im Systemwechsel. Über Wandel und Kontinuität osteuropäischer Eliten, in: Südosteuropa, Jg. 43, 613-627.

Wright, J. D., 1981: Political Disaffection, in: Long, S. L. (Hrsg.), The Handbook of Political Behavior, Bd. 4, New York/London, 1-79.

Zapf, W. (Hrsg.), 1965: Beiträge zur Analyse der deutschen Oberschicht,
München.

Zapf, W., 1966: Wandlungen der deutschen Elite. Ein Zrikulationsmodell
deutscher Führungsgruppen (1. Aufl. 1965), München.

Zapf, W., 1994: Einige Materialien zu Gesellschaft und Demokratie im vereinten Deutschland, in: Ders./Peisert, H. (Hrsg.), Gesellschaft, Demokratie
und Lebenschancen, Stuttgart.

Zauels, G., 1968: Paretos Theorie der sozialen Heterogenität und Zirkulation
der Eliten, Stuttgart.

Zelle, C., 1997: Why Did PDS-Support Increase?, in: Anderson, Chr. J./Zelle, C. (Hrsg.), Stability and Change in German Elections, i. E.

Zhang, B., 1993: Institutional Aspects of Reforms and the Democratization of Post-Communist Regimes, in: Communist and Post-Communist Studies, Jg. 26, 165-181.

Zimmermann, E., 1981: Krisen, Staatsstreiche und Revolutionen. Theorien, Daten und neuere Forschungsansätze, Opladen.

Zimmermann; H., 1988: Machtverteilung und Partizipationschancen. Zu einigen Aspekten des politisch-sozialen Systems in der DDR, in: Glaeßner, G.-J. (Hrsg.), Die DDR in der Ära Honecker. Politik-Kultur-Gesellschaft, Opladen, 214-283.

Anhang

Tab. I: Positionsraster der bundesdeutschen Elite 1995

Sektor	Untersektor	Positionen
Politik	Regierungen	
	Bund u. Länder	BKanzler, Ministerpräsidenten, Minister
	Bundestag	Präsident u. Vizepräsidenten, (stv.) Vorsitzende d. Ausschüsse, d. Fraktionen u. d. Fraktionsarbeits- kreise/-gruppen
	Landtage	(stv.) Vorsitzende d. Fraktionen
	Parteien	(stv.) Bundesvorsitzende, Generalsekretäre, Schatz- meister, Landesvorsitzende d. i. BT vertretenen· Parteien
brutto: 919; netto: 499 (54,3%)		
Verwaltung	Politische Bundesbeamte	Staatssekretäre u. AL i. Ministerien
	Laufbahn- beamte/Bund	UAL i. Ministerien, (stv.) Leiter oberste Bundesbehörden
	Landesbeamte	Staatssekretäre, Leiter oberster Landesbehörden, Regierungspräsidenten
brutto: 680; netto: 474 (69,9%)		
Wirtschaft	Spitzenunter- nehmen	Vorstandsmitglieder, (stv.) Aufsichtsratsvorsitzende d. Unternehmen m. Jahresumsatz v. mind. 44 Mrd. DM
	Großunter- nehmen	(stv.) Vorstandsvorsitzende, Aufsichtsratsvorsitzende d. Unternehmen m. Jahresumsatz v. mind. 4 Mrd. DM
	bedeutende Unternehmen	(stv.) Vorstandsvorsitzende d. Unternehmen m. Jah- resumsatz v. mind. 3 Mrd. DM
brutto: 473; netto: 147 (31,3%)		
Finanzwirtschaft	Bundesbank	Mitglieder d. Direktoriums u. Zentralbankrats
	Großbanken	Vorstands- u. Aufsichtsratsmitglieder d. 3 umsatz- stärksten Geschäftsbanken

	bedeutende Banken	(stv.) Vorstands- u. Aufsichtsratsvorsitzende d. 6 nächstgrößten Banken nach Umsatz
	Landesbanken/ Girozentralen	s.o.
	Bausparkassen	s.o. (die 3 umsatzstärksten)
	Versicherungs- gesellschaften	Vorstandsvorsitzende, HGF, Aufsichtsratsvorsitzende d. 20 umsatzstärksten Versicherungsgesellschaften
	Sozialversiche- rungsträger	Präsidenten/Vorsitzende, Vorsitzende d. Aufsichts- gremien
	brutto: 235; netto: 102 (43,5%)	
Wirtschaftsverbände	BDI	Vorstandsmitglieder, GF
	Mitgliedsver- bände d. BDI	Präsidenten/Vorsitzende, HGF
	BDA	Präsidiumsmitglieder, GF
	Gemeinschafts- ausschuß d. Dt. Gewerbl. Wirt- schaft	(stv.) Präsident, HGF
	Mitgliedsver- bände d. Gemeinschafts- ausschusses	(stv.) Präsidenten/Vorsitzende
	DIHT	Vorstandsmitglieder, GF
	Landwirt- schaftsverbände	Präsidenten/Vorsitzende, HGF
	brutto: 335; netto: 173 (51,8%)	
Gewerkschaften	DGB	Vorstandsmitglieder, Vorsitzende d. Landesbezirke
	Einzelgewerk- schaften	Vorstandsmitglieder, Landesbezirksvorsitzende d. 4 mitgliedsstärksten, (stv.) Vorsitzende der 10 nächst- größten n. Mitgliedsstärke
	DAG	Vorstandsmitglieder, Bundesberufsgruppenleiter
	brutto: 169; netto: 97 (57,5%)	
Medien	Nachrichten- agenturen	GF, Chefredakteure
	Öffentl-rechtl. Rundfunkan- stalten	(stv.) Intendanten, Verwaltungsdirektoren, Programmdirektoren, Chefredakteure HF/FS, Programmbereichsleiter

	Private Rund- funkanstalten	(stv.) Geschäftsführer, Chefredakteure, Programm- direktoren, Nachrichten- u. Politikredakteure aller Privatfernsehsender (außer reine Spartensender) u. d. priv. Hörfunkanstalt m. höchster Einschaltquote pro Land
	Presse	Herausgeber, (stv.) Chefredakteure, Politik- u. Nachrichtenredakteure d. 45 auflagenstärksten Zeitungen, Magazine u. Illustrierten
	brutto: 484; netto: 281 (58,1%)	
Wissenschaft	BAG d. Großforschgs.- einrichtg.en	Vorsitzender, HGF
	Großforschgs.- einrichtungen	Präsidenten, Geschäftsführer, Vorsitzende d. Auf- sichtsgremien
	Forschungsför- derung	Vorstands- u. Aufsichtsgremienmitglieder d. 11 wichtigsten Einrichtungen (u.a. DFG, Max-Planck- Gesellsch., Fraunhofer Gesellsch., DAAD)
	Wissenschafts- administration	(stv.) Präsidenten/Vorsitzende d. Wissenschaftsrats, d. HRK, d. AG 'Blaue Liste' u. d. KMK
	Gemeinnützige Forschungsein- richtungen	Direktoren u. Leiter wichtiger Abteilungen d. 9 wichtigsten Einrichtungen (u.a. DIW, HWWA, ifo- Institut)
	öffentl. subven- tionierte privat- wirtschaftl. For- schung	Vorstandsvorsitzende von Unternehmen m. subventionierter F&E, Leiter d. F&E-Abteilungen
	Hochschulen	Präsidenten/Rektoren
	brutto: 209; netto: 164 (78,7%)	
Militär	Heer	Generalität ab Brigadegeneral aufwärts
	Luftwaffe	s.o.
	Marine	s.o.
	brutto: 159; netto: 135 (85,5%)	
Kultur	Verlage	GF, Leiter d. polit. Reihen (nur Verlage m. solchen Reihen)

	Verlagsgruppen/ Medienkonzerne	Vorstandsmitglieder, GF d. 5 umsatzstärksten Verlagsgruppen/Medienkonzerne
	Literaturzeitschriften	Herausgeber, GF, Chefredakteure
	Presse	Feuilletonchefs d. überregionalen Qualitätszeitungen
	Öffentl.-rechtl. Rundfunk	HAL f. Kultur
	Private Rundfunkanstalten	Kulturleiter
	brutto: 190; netto: 101 (53,2%)	
Sonstige	Politik/Staatsoberhaupt	Bundespräsident
	Politik/Kommunalelite	Oberbürgermeister (-stadtdirektoren) d. Städte m. über 300 Tsd. Ew., Präsident/Vorsitzender u. GF d. Dt. Städtetages, d. Dt. Landkreistages u. d. Dt. Städte- u. Gemeindebundes
	Politik/EU	dt. Präsidiumsmitglieder u. Ausschußvorsitzende d. EU-Parlaments, dt. Kommissare u. Generaldirektoren d. EU-Kommission, dt. Generalsekretäre i. Ministerrat
	Politik/parteinahe Stiftungen	Direktoren u. Leiter wichtiger Abteilungen
	Berufsverbände	Vorsitzende u. HGF u.a. d. Journalistenverbandes, d. Beamtenbundes, d. Hartmannbundes
	Organisationen d. Neuen Politik	Vorsitzende u. HGF d. Dt. Bundesstiftung Umwelt, v. Greenpeace Dtl., WWF Dtl., BUND, Amnesty International, Bundesverband d. Bürgerinitiativen Umweltschutz u.a.
	Justiz	Richter d. BVG u. d obersten Bundesgerichte
	Religionsgemeinschaften	evangel. Landesbischöfe, Präses d. Synode d. EKD, (stv.) Vorsitzender d. Rates d. EKD, (Erz)Bischöfe d. kathol. Kirche i. Dtl., (stv.) Vorsitzender d. Zentralrates d. Dt. Juden, (stv.) Vorsitzender d. Islamrates f. Dtl.
	brutto: 302; netto: 168 (55,8%)	

AG: Arbeitsgemeinschaft
AL: Abteilungsleiter
BAG: Bundesarbeitsgemeinschaft

DAAD:	Deutscher Akademischer Austauschdienst
DFG:	Deutsche Forschungsgemeinschaft
F&E:	Forschung und Entwicklung
FS:	Fernsehen
GF:	Geschäftsführer
HAL:	Hauptabteilungsleiter
HF:	Hörfunk
HGF:	Hauptgeschäftsführer
HRK:	Hochschulrektorenkonferenz
KMK:	Kultusministerkonferenz
UAL:	Unterabteilungsleiter

Tab. II: Positionsraster der Vor-Wende-Elite der DDR

Sektor	Ebene	Position	n (z.T. geschätzt)
SED- **Apparat**	Top-Elite	Mitglieder u. Kandidaten d. Politbüros	26
		Generalsekrtär u. Sekretäre d. ZK	1 + 9
		AL i. ZK-Apparat	41
		Leiter v. ZRK, ZPKK, Parteihochschulen	8
		Leiter zentraler Kombinatsparteiorganisationen	126
	Bezirks-Elite	Erste Sekretäre u. Sekretäre d. Bezirksleitungen	15 x (1 + 9)
		Leiter d. BRK, BPKK u. Bezirksparteischulen	15 x (3 x 1)
		Leiter d. bezirklichen Kombinatsparteiorganisationen	95
			501
Apparate d. 4 Blockparteien	Top-Elite	Vorsitzende u. hauptamtl. Präsidiumsmitglieder	4 x (1 + 5)
		Leiter v. zentralen Parteiorganisationen	4 x 3
	Bezirks-Elite	Vorsitzende u. hauptamtl. Bezirksvorstandsmitglieder	15 x 4 x (1 +5)
			396
Gewerksch.- apparat	Top-Elite	Vorsitzender u. Sekretäre d. Bundesvorstands d. FDGB	1 + 9
		Vorsitzende d. Zentralvorstände d. Einzel- gewerkschaften	15
	Bezirks-Elite	Vorsitzende u. Sekretäre d. Bezirksvorstände d. FDGB	15 x (1 + 5)
		Vorsitzende d. Bezirksvorstände d. Einzel- gewerkschaften	15 x 15
			340
Apparate d. anderen MO	Top-Elite	Präsident u. Sekretäre d. Nationalrats d. Nationalen Front	1 + 9

		Vorsitzende/Erste Sekretäre u. Sekretäre d. i. d. VK vertretenen MO	4 x (1 + 5)	
		Vorsitzende/Erste Sekretäre d. weiteren MO i. d. NF	21	
	Bezirks-Elite	Vorsitzende u. Sekretäre d. Bezirksausschüsse d. NF	15 x (1 + 5)	
		Vorsitzende/Erste Sekretäre u. Sekretäre d. Bezirksvorstände d. i. d. VK vertretenen MO	15 x 4 x (1 + 5)	
		Vorsitzende/Erste Sekretäre d. weiteren MO i. d. NF	15 x 21	
				820
legislative Staatsorgane	Top-Elite	Präsident u. Vizepräsident d. VK	1 + 1	
		Vorsitzende d. VK-Ausschüsse u. -fraktionen	15 + 10	
	Bezirks-Elite	Vorsitzende d. Ständigen Bezirkstagskommissionen	15 x 13	
				222
gouvernement. Staatsorgane	Top-Elite	Vorsitzender u. Mitglieder d. Staatsrats	30	
		Vorsitzender u. Fachminister d. Ministerrats	44	
		stv. Minister u. Staatssekretäre i. MR	88	
		Leiter zentraler staatlicher Einrichtungen/Behörden	15	
	Bezirks-Elite	Vorsitzende Fachräte d. einzelnen Bezirksräte	15 x (1 + 17)	
				447
Justiz	Top-Elite	(stv.) Präsident d. Obersten Gerichts u. d. Militärobergerichts	1 + 2 + 1	
		(stv.) Generalstaatsanwalt u. Militäroberstaatsanwalt	1 + 3 + 1	
	Bezirks-Elite	Vorsitzende Richter der Bezirksgerichte	15	
		Bezirksstaatsanwälte	15	
		Vorsitzende Richter der Militärgerichte	15	
		Militärstaatsanwälte	15	
				99
bewaffnete Staatsorgane	Top-Elite	Hauptverwaltungsleiter i. d. Ministerien f. Staatssicherheit, f. Nationale Verteidigung u. d. Inneren	3 x 5	
	Bezirks-Elite	Leiter u. Abteilungsleiter d. Bezirksverwaltungen d. MfS, d. Wehrbezirkskommandos d. NVA u. d. Bezirksbehörden d. DVP	15 x 3 x (1 + 3)	
				195
Wirtschaftsapparat	Top-Elite	Vorsitzender u. (Haupt)Abteilungsleiter d. Staatl. Plankommission	1 + 5	
		Leiter u. (Haupt)Abteilungsleiter d. Staatsbank	1 + 5	
		Generaldirektoren d. zentral geleiteten Kombinate	126	
	Bezirks-Elite	Vorsitzende u. Abteilungsleiter d. Bezirksplankommissionen	15 x (1 + 5)	

		Generaldirektoren d. bezirksgeleiteten Kombinate	95
		Direktoren v. Großbetrieben über 5000 Beschäftigte	95
			430
Wissenschaft u. Bildung	Top-Elite	Präsidenten d. zentral geleiteten wissenschaftl. Akademien u. Rektoren d. Hochschulen	52
	Bezirks-Elite	Leiter v. bezirklichen Fachschulen, Instituten u. Akademien	15 x 10
			202
Medien	Top-Elite	Leiter u. Hauptabteilungsleiter d. Presseamtes b. MR-Vorsitzenden	1 + 5
		Leiter u. Hauptabteilungsleiter d. Staatl. Komitees f. Rundfunk	1 + 5
		Leiter u. Hauptabteilungsleiter d. Staatl. Komitees f. Fernsehen	1 + 5
		Intendanten, Chefredakteure u. Abteilungsleiter d. Rundfunkanstalten	7 x (1 + 3)
		Chefredakteure u. Abteilungsleiter d. zentralen Presseorgane	18 x (1 + 3)
		(stv.) Generaldirektor v. ADN	1 + 3
	Bezirks-Elite	Bezirksleiter u. -redakteure d. Rundfunkanstalten	15 x 7
		Chefredakteure u. Abteilungsleiter d. Bezirkszeitungen	15 x 29 x (1 + 3)
			343
Sonstige	Top-Elite	Leiter, Abteilungsleiter u. Inspekteure d. zentralen Komitees d. ABI	1 + 2 + 2
		Präses u. Mitglieder d. Synode d. EKU	1 + 6
		Vorsitzender u. Mitglieder d. Berliner Bischofskonferenz	1 + 6
	Bezirks-Elite	Leiter, Abteilungsleiter u. Inspekteure d. Bezirkskomitees d. ABI	15 x (1 + 2 + 2)
		katholische u. evangelische Bischöfe	15
			109
			4.096

ABI:	Arbeiter- und Bauerninspektion
BPKK:	Bezirkspartei-Kontrollkommission
BRK:	Bezirksrevisionskommission
DVP:	Deutsche Volkspolizei
EKU:	Evangelische Kirchen Union (DDR)
FDGB:	Freier Deutscher Gewerkschaftsbund
MO:	Massenorganisationen
VK:	Volkskammer
ZPKK:	Zentrale Parteikontrollkommission

Quelle: siehe Quellenverzeichnis.

MIX
Papier aus verantwortungsvollen Quellen
Paper from responsible sources
FSC® C105338

If you have any concerns about our products,
you can contact us on
ProductSafety@springernature.com

In case Publisher is established outside the EU,
the EU authorized representative is:
Springer Nature Customer Service Center GmbH
Europaplatz 3, 69115 Heidelberg, Germany

Printed by Libri Plureos GmbH
in Hamburg, Germany